AF411379

MANUEL

PRATIQUE

DU CONSULAT.

MANUEL

PRATIQUE

DU CONSULAT

OUVRAGE CONSACRÉ SPECIALEMENT

AUX

CONSULS DE PRUSSE ET DES AUTRES ÉTATS

FORMANT LE ZOLLVEREIN, OU L'ASSOCIATION DE DOUANES ET DE COMMERCE ALLEMANDE.

SUIVI D'UN TABLEAU DES CONSULATS QU'ONT LES ÉTATS DE CETTE UNION A L'ÉTRANGER.

PAR

F. A. DE MENSCH,

CONSEILLER DE COMMERCE DE S. M. LE ROI DE SAXE, ET CONSEILLER INTIME DE COMMERCE DE S. A. R. LE GRAND-DUC DE SAXE-WEIMAR-EISENACH. CHEVALIER DE L'ORDRE ROYAL DU SAUVEUR.

LEIPZIG

F. A. BROCKHAUS.

1846.

A SON ALTESSE ROYALE

CHARLES-FRÉDÉRIC,

GRAND-DUC DE SAXE-WEIMAR-EISENACH.

Pénétré d'une profonde gratitude pour la haute confiance que Votre Altesse Royale a daigné m'accorder dans le temps, en m'honorant de la charge de son consul auprès des États-Unis d'Amérique, j'ose lui faire respectueusement hommage de ce Manuel, fruit de mon expérience et de mes études dans une branche du service public dont le but principal, de favoriser les progrès du commerce extérieur, est si puissamment appuyé par la protection toute spéciale de Votre Altesse Royale, l'auguste promoteur de tout ce qui peut servir au bien-être et à la prospérité de la patrie.

Daignez, Monseigneur, excuser avec votre indulgence ordinaire les imperfections de mon travail, en n'ayant égard qu'au zèle qui m'a animé pour seconder, selon mes faibles moyens, les généreuses intentions de Votre Altesse Royale.

Je suis avec le plus profond respect

de Votre Altesse Royale

le très-humble et très-obéissant serviteur

Dresde, le 1ᵉʳ octobre 1846.   F. A. DE MENSCH.

AVANT-PROPOS.

Les progrès qu'a faits l'industrie favorisée par la science des machines; l'augmentation des productions de la nature, cette conséquence d'une culture rationnelle sous la zône torride; enfin la tendance du commerce, provoquée par une concurrence plus active et plus développée, pour découvrir des débouchés directs aux produits de l'industrie et pour tirer de première main ceux du sol, ont, pendant les dernières périodes décennales, donné aux rapports du commerce et de la navigation non-seulement une forme et une direction nouvelles, mais aussi une étendue bien plus vaste.

Ces changements ont dû nécessairement exercer une influence décisive sur l'institution des consuls: plus on a été à même de reconnaître la nécessité du commerce étranger dans l'état actuel des choses, plus on a eu lieu de se convaincre que c'est là la source principale de la richesse et du bien-être des peuples, plus aussi les gouvernements ont redoublé de sollicitude pour le développement des consulats à l'étranger.

Bien que, vu l'étendue des rapports politiques entre les divers états et l'introduction générale d'une juridiction réglée.

l'autorité des consuls soit de nos jours plus restreinte que dans les siècles passés, il n'est pas moins incontestable que la sphère d'activité de ces fonctionnaires n'a point diminué d'importance, attendu qu'en suite de la rivalité des intérêts commerciaux existant entre les nations, et des principes libéraux qui viennent d'être généralement adoptés, les consuls sont appelés plus qu'autrefois à défendre, d'une manière éclairée, vigilante et énergique, les intérêts de l'industrie, du commerce et de la navigation.

Chateaubriand, dans son ouvrage sur le Congrès de Vérone, dit prophétiquement que «le temps des ambassadeurs est passé et que celui des consuls est revenu;» — la seconde partie de sa prédiction pourrait bien être aujourd'hui une vérité accomplie.

Les gouvernements des états compris dans l'association de douanes et de commerce allemande (*Zollverein*) ne sont pas non plus restés en arrière des autres états pour une organisation réglée et une augmentation du nombre des consulats. A leur tête on a vu la Prusse, cet état maritime de la **Confédération**, qui remplit sa tâche difficile avec une si haute intelligence et une libéralité si éclairée dans toutes les mesures tendant au véritable bien de l'Union, s'empresser d'envoyer tant dans les échelles du Levant que dans plusieurs autres places des plus importantes, des agents consulaires salariés, pris dans le corps des officiers d'état. Si, tout comme les autres états industriels et commerçants de l'intérieur, qui ne participent pas directement à la navigation, on a trouvé trop dispendieux d'établir et de rétribuer, en dehors de la perception des émoluments légaux, des consuls dans toutes les parties du monde, on n'a pas manqué non plus de confier, dans les villes de commerce étrangères, les intérêts de ces nations à des négociants notables et instruits des relations commerciales et industrielles de ces pays.

C'est particulièrement en faveur de cette classe nombreuse d'agents consulaires qui n'ont point fait les études spéciales que demande l'emploi qu'ils occupent, que nous déposons dans cet ouvrage, essentiellement pratique, le résultat de nos recherches et de l'expérience que nous ont acquise les longues années de nos fonctions consulaires.

Établir des règles d'une application générale sur les devoirs et la gestion des consuls des états du *Zollverein* serait à peine exécutable, vu que les attributions que leur accordent ces gouvernements n'ont pas pour tous la même étendue. L'exercice de leur autorité, à défaut des stipulations explicites au moyen de traités, dépend encore en partie des dispositions législatives et des coutumes adoptées dans les pays étrangers où ils résident. Ces lois et ces pratiques ne diffèrent pas seulement entre elles, mais, de même que les règlements consulaires de plusieurs états, elles renferment assez souvent des contradictions et des divergences sous le rapport du traitement des consuls de la nation et de ceux de l'étranger. Dans quelques pays on refuse à ces derniers les facultés et les pouvoirs qu'on accorde à ses propres consuls résidants à l'étranger; dans d'autres encore on ne reconnaît point à ses consuls les attributions qu'on laisse exercer à ceux de l'étranger et les prérogatives dont on leur permet la jouissance.

Dans ces circonstances l'auteur manquerait de toute base solide pour l'exécution de son entreprise.

C'est le règlement consulaire de Prusse, du plus grand et du plus important des états du *Zollverein*, un ouvrage d'une grande prévoyance et rédigé avec une parfaite précision dans ses détails, qui nous a servi dans cette circonstance, nous ne dirons pas comme point de départ, mais comme un des matériaux auxquels nous avons voué une attention particulière, afin d'établir notre *système consulaire*, exposé dans la *première partie* de ce Manuel, dans le but d'offrir un aperçu commode et intelligible des renseignements que nous allons fournir aux consuls. Bien que, vu les grands changements survenus dans les rapports commerciaux depuis 1796, époque de la promulgation de ce règlement qui est encore la loi principale touchant les attributions et les obligations des consuls de Prusse, on ait été parfois dans le cas de sentir le besoin d'une extension qu'on a tâché d'atteindre par des instructions supplémentaires, il n'est pas moins vrai que les dispositions de ce règlement, qui veille avec une sollicitude scrupuleuse au maintien des rapports internationaux, et qui recommande les plus grands ménagements à l'égard de la liberté du commerce et des intérêts personnels, laisse à la sphère d'opérations des consuls une latitude suffisante pour les mettre à même, partout où il y a urgence, d'être d'une utilité réelle à l'industrie, au commerce et à la navigation de la patrie. Comme nous nous sommes efforcé en même temps de mettre notre système autant que possible en harmonie avec les dispositions générales de la législation consulaire des états étrangers, ainsi qu'à l'enrichir, dans l'intérêt de nos lecteurs, de notes explicatives ou de commentaires, nous espérons avoir réussi non-seulement à offrir, dans les cas douteux, un guide sûr aux consuls du *Zollverein*, mais aussi à rendre notre ouvrage d'une utilité pratique pour les agents consulaires d'autres états que ceux de l'union douanière allemande.

Nous avons en même temps pris particulièrement à tâche,
par l'esprit que nous avons cherché à imprimer à notre
système, de bien faire comprendre aux consuls que c'est leur
premier devoir et qu'il est de la plus haute importance d'étudier avec attention la portée et l'étendue des fonctions dont
ils sont chargés, et combien il est essentiel de ne dévier dans
aucune circonstance de leurs instructions générales et spéciales, afin de ne pas se mettre en contradiction avec les lois
de leur propre pays, ni offenser les droits de la souveraineté
étrangère, en exerçant des actes qui seraient du ressort des
autorités du pays, ou susciter des prétentions relativement à
des prérogatives ou à des attributions non autorisées par les
lois du pays ou fondées sur les traités.

Comme il se peut que dans les instructions dont les consuls ont été pourvus de la part de leurs gouvernements
respectifs, il y ait des lacunes qui ne sont pas toujours l'effet
du hasard, mais qui peuvent bien être celui de la réflexion;
que, d'un autre côté et par la nature même de l'objet, il est
impossible de prévoir toutes les occurrences de leur gestion,
et qu'il faut alors s'en rapporter à leur sagacité pour les mesures à prendre, nous avons essayé, en son temps, d'éclairer
leur jugement, de les guider de manière à ce qu'ils con-
servent en toute circonstance l'honneur de leur poste et ne
compromettent pas leur responsabilité dans les conjonctures
délicates.

Nous avons joint au *système consulaire* un recueil d'*actes*
et *offices* du ressort de l'agent consulaire pour l'expédition
des affaires courantes.

Le *Règlement pour les consuls généraux, consuls, agents et
vice-consuls prussiens*, destiné à leur servir d'instructions gé-

nérales et en même temps de plein pouvoir, ainsi que le *Tarif des droits consulaires* de la Prusse, se trouvent insérés dans la *deuxième partie* de ce Manuel. En y ajoutant un *Précis des stipulations* relatives aux consuls et contenues dans les traités de commerce que les divers états du *Zollverein* ont conclus séparément, nous avons eu pour but de mettre ces fonctionnaires à même de consulter ces stipulations et de les comparer entre elles, afin d'en tirer des conséquences sur les principes qui dirigent leurs gouvernements à l'égard des facultés et des pouvoirs qu'ils leur ont déférés et qu'ils pourraient être disposés à étendre dans l'occasion à d'autres nations par voie de réciprocité.

Les *Traités de commerce et de navigation*, conclus par le *Zollverein* avec plusieurs puissances étrangères, transcrits en entier et contenus dans la *troisième partie* de cet ouvrage, ont le même but dans un sens plus étendu.

En présentant dans cette même partie aux consuls respectifs des *notices statistiques* sur l'association des douanes et de commerce allemande, nous avons cru leur rendre service d'y joindre *un tableau* des résidences qu'ont à l'étranger *les consuls des états du Zollverein*.

S'il est à regretter que les états du *Zollverein* ne soient pas régis par un même code de commerce, que leur législation consulaire manque d'uniformité, nous avons au moins voulu suppléer en quelque sorte à ce dernier inconvénient, en incorporant dans notre ouvrage (*deuxième partie*) les dispositions législatives et administratives contenues dans les diverses lois, ordonnances, instructions et circulaires, en y joignant des notices sur les principes et coutumes qui y sont en vigueur. Nous nous flattons non-seulement d'avoir rendu par ces données notre Manuel d'une utilité toute spéciale pour les consuls des états de l'Union, de même que pour les consuls étrangers établis dans ces états respectifs; mais, vu l'obligation qu'ont ces premiers de défendre, le cas échéant, tout aussi bien les intérêts de leurs compatriotes que ceux des sujets des différents autres membres de l'Union, nous croyons aussi avoir obvié en quelque sorte à un besoin évident.

Enfin nous nous croirons récompensé bien au-delà de notre mérite si, par notre modeste travail, nous avons pu, selon nos faibles moyens, contribuer au succès de l'œuvre bienfaisante que les hautes puissances se sont proposé d'accomplir par la création du *Zollverein*, et cela en vouant notre attention à une de ses parties constitutives qui n'est pas la moins essentielle.

La théorie du consulat reposant sur la base positive du droit international, il est évident que notre ouvrage, y compris notre *système consulaire*, ne saurait être qu'un recueil de matières analogues en forme de Manuel. Notre tâche, que nous avons entreprise, il sera superflu de le dire, sans instigation officielle, a dû plus ou moins se borner à faire des recherches, des investigations et des déductions, et à recueillir avec soin et discernement tout ce que nous avons pu trouver de relatif à notre travail tant dans les instructions, lois, ordonnances et dans les traités et les usages des diverses nations, que dans les ouvrages de nos dévanciers[1]. Nous avons consulté les ouvrages de DE STECK, BOREL, WARDEN, BURSOTTI, LAGET DE

---

[1] L'auteur s'empresse d'exprimer respectueusement à Son Excellence M. DE ZESCHAU, ministre d'état des affaires étrangères, etc., de S. M. le roi de Saxe, sa profonde gratitude pour l'extrême bonté dont il a daigné l'honorer, en voulant bien lui obtenir par son entremise officielle quelques matériaux qui ont été d'une grande utilité dans son entreprise.

Podio, de Miltitz; mais la justice nous fait un devoir de reconnaître l'emprunt de quelques matériaux précieux, fait au *Guide diplomatique,* cet ouvrage classique de M. le baron Ch. de Martens; ainsi qu'au *Traité du consulat* par M. dos Santos et le savant docteur de Castilho Barreto, ouvrage qui, quoique particulièrement écrit pour le Portugal, est néanmoins d'une utilité si universelle qu'il ne devrait manquer dans aucune bibliothèque du consul.

Du reste, nous reconnaissons pleinement combien nos moyens pour l'élaboration de l'ouvrage que nous avons l'honneur d'offrir au public ont été inférieurs à la bonne volonté et au zèle dont nous sommes animé pour les intérêts et la prospérité de notre patrie : aussi sollicitons-nous toute l'indulgence des juges savants et expérimentés qui ne manqueront pas de remarquer les imperfections de notre travail. En outre, notre maniement défectueux de la langue française, dont l'emploi nous a cependant paru nécessaire pour être compris plus facilement par les étrangers accrédités en différents lieux comme consuls de l'union douanière, nous impose d'avoir recours à la bienveillance de nos lecteurs.

Dresde. Septembre 1846.

TABLE DES MATIÈRES

CONTENUES DANS CET OUVRAGE.

PREMIÈRE PARTIE.

DEUXIÈME PARTIE.

Recueil de règlements et de tarifs consulaires; lois, ordonnances, circulaires et notices sur les principes et coutumes en vigueur pour les consulats des principaux états du Zollverein et touchant les priviléges et immunités qu'on accorde aux consuls étrangers; extraits de traités de commerce et de navigation que ces états ont conclus séparément avec des puissances étrangères.

TROISIÈME PARTIE.

Du Zollverein, ou l'association de douanes et de commerce allemande.

MANUEL

PRATIQUE

DU CONSULAT.

PREMIÈRE PARTIE.

DE L'ORIGINE DES CONSULATS

EN PAYS ÉTRANGER.

Les consulats dans les pays étrangers datent de l'époque des croisades. Plusieurs villes maritimes de l'Italie, qui fournirent alors aux armées des croisés des navires de transport, des munitions, des vivres, se trouvaient engagées, par ce commerce qui leur offrait de grands avantages, à former des entrepôts en Asie. Les princes, maîtres des ports de mer où ces établissements furent fondés, favorisant l'esprit d'entreprise de ces négociants par des intérêts de politique, ne se bornèrent pas à les affranchir de tous les droits et impositions pour les marchandises d'importation ou d'exportation, et à leur céder, dans plusieurs villes maritimes, des faubourgs entiers, des rues ou des maisons pour leurs établissements, mais ils leur accordèrent encore l'important privilége de faire juger suivant leurs lois et par leurs juges naturels, et nommés par eux, les contestations qui s'élèveraient entre leurs compatriotes ou entre ceux qui jouissaient de leur protection, soit par convention, soit parce qu'ils s'étaient établis dans l'enceinte de la partie de la ville qu'ils occupaient.

Dès le treizième siècle d'autres villes commerçantes et maritimes de la France et de l'Espagne ne tardèrent pas à se prévaloir des concessions aussi larges qu'avantageuses faites aux Pisans, aux Génois, aux Vénitiens, qui trafiquaient dans ces parages éloignés, et elles n'eurent rien de plus empressé que de se faire accorder le droit d'y envoyer des consuls avec des attributions judiciaires et administratives pour la protection de leur commerce.

L'institution consulaire à l'étranger, née ainsi dans le Levant, se développa par degré pendant le moyen-âge, surtout sous les auspices de quelques villes maritimes qui, à cette époque, exploitaient exclusivement le commerce de la Méditerranée et de la Baltique.

L'usage des consulats à l'étranger n'est toutefois devenu général qu'au seizième siècle, et la nomination de consuls, pratiquée par des villes municipales et par des compagnies de commerce, s'est formée dès lors en droit de souveraineté. Peu à peu toutes les nations maritimes, à mesure que leurs relations de commerce et de navigation se multiplièrent et acquirent de l'importance, adoptèrent une institution féconde en résultats d'une utilité si incontestable, et les souverains établirent, dans les états les uns des autres, des consuls avec des prérogatives et des attributions qui, après avoir été d'une fort grande étendue dans le moyen-âge et jusqu'à la paix de *Westphalie*, furent, dès cette époque, restreintes par suite de l'amélioration des institutions judiciaires, de la consolidation des relations politiques et commerciales entre les états de l'Europe, et de l'établissement des légations permanentes.

Quant à la dénomination de *consuls*, ce mot a eu différentes acceptions. On appela consuls les deux magistrats annuellement élus à Rome, pour gouverner la république[1].

---

[1] Par la constitution de l'an VIII (13 décembre 1799) de la république française, le pouvoir exécutif fut délégué à trois consuls.

Conservé par les empereurs après le partage de l'empire en ceux d'Orient et d'Occident, ce titre fut successivement adopté par les empereurs grecs, les rois de France et d'Italie. Abandonné par les têtes couronnées, vers le commencement du dixième siècle, il échut aux grands seigneurs et aux magistrats en chef des villes indépendantes d'Italie, puis aux officiers municipaux des villes de France. Dans le moyen-âge on désigna par le titre de juges-consuls ou consuls-marchands, les juges des tribunaux intérieurs, institués dans presque toutes les villes maritimes du midi de l'Europe, pour juger les contestations commerciales, et on nommait *consuls à l'étranger,* titre qui leur est resté jusqu'à nos jours, les officiers dont nous nous occuperons dans cet ouvrage.

Avant de procéder à notre travail, nous jugeons à propos de déclarer que nous ne saurions avoir l'intention de l'étendre au-delà des limites de l'institution consulaire dans les pays de la chrétienté.

Le pouvoir et la position spéciale qu'occupent actuellement les *consuls dans le Levant et dans la Barbarie,* ainsi que les priviléges dont ils jouissent, diffèrent si essentiellement de ceux des consuls dans les ports et dans les places de commerce de l'Europe et de l'Amérique, qu'il n'y a presque plus que le nom qui leur soit commun.

Les consuls dans le Levant et dans les États barbaresques sont munis de lettres de créance, ils jouissent de tous les priviléges du droit des gens, et la plupart des grandes puissances leur reconnaissent le caractère de ministres; ce qui n'empêche pas cependant que ceux qui sont établis dans les échelles du Levant ne dépendent en quelque sorte de l'ambassadeur ou du ministre de leur souverain à la Porte. Dans la Barbarie ils portent même souvent le caractère représentatif, et leurs immunités et attributions y sont plus étendues que celles d'aucun autre ministre en Europe.

C'est donc par suite du mode de leur nomination et de
l'organisation de leurs chancelleries, et en vertu de la latitude
de leurs prérogatives, de leurs droits et de leurs facultés, que
ces employés publics sont, à l'égard de leur position, d'une
catégorie non-seulement supérieure, mais aussi toute différente
de celle des consuls dans les pays chrétiens ; et comme la conduite qu'ils ont à observer dans l'exercice de leurs fonctions
leur est distinctement prescrite par leurs instructions spéciales, comme aussi leurs prérogatives, leurs attributions et
leurs pouvoirs sont déterminés par les traités que toutes les
puissances maritimes ont contractés avec les états mahométans, et dont les stipulations sont le plus souvent les mêmes,
nous nous bornerons à en extraire les plus distinctives, dans
le but de mieux démontrer le caractère différent de ces agents,
et de motiver la résolution que nous avons prise de nous
occuper uniquement dans cet ouvrage des consuls en pays
chrétiens.

Les consuls dans le Levant et dans la Barbarie ont entière
liberté de religion, et ont la permission de tenir des chapelles
chez eux et d'admettre leurs compatriotes à l'exercice de leur
culte. Leurs maisons sont des asiles inviolables. On ne peut
ni les arrêter, ni les juger, mais s'ils abusaient de leur position, ils seraient renvoyés à leurs gouvernements. Ils ne sont
point tenus de comparaître personnellement par-devant les tribunaux, où il suffit qu'ils envoient leurs drogmans. Ils peuvent
librement sortir du pays quand ils veulent. On leur accorde
gratuitement une garde de janissaires ou d'autres soldats.
Aucune taxe, aucun impôt n'est payé par eux, par leurs employés ou par leurs domestiques. Ils n'ont pas de droits de
douane à acquitter pour les effets à leur usage. Rien ne peut leur
être confisqué ou retenu. Ils prennent connaissance des biens
de leurs compatriotes décédés sans héritiers sur les lieux. En
cas de naufrage, ils président à toutes les opérations de sauvetage

et recueillent les objets sauvés. Ils sont juges naturels de leurs nationaux, sans que les autorités territoriales y interviennent, excepté dans le cas de la réquisition du consul lui-même. En cas de différend, ou bien lorsqu'un crime a été commis par un individu de leur nation sur un sujet du pays, l'autorité locale à laquelle en appartient la connaissance ne peut, dans la règle, ni procéder, ni prononcer un jugement sans la participation du consul et la coopération de son interprète, présent à la procédure, pour défendre les intérêts de l'individu de sa nation. Ils peuvent recevoir sous leur protection tous les bâtiments ou les individus étrangers qui la leur demanderont. Si un individu qui est sous leur protection doit être arrêté, ils peuvent, en s'en rendant cautions, le réclamer, etc.

SYSTÈME CONSULAIRE.

Pour fournir au consul, autant qu'il a été en notre pouvoir, un exposé de sa position d'employé de la couronne à
l'étranger, et pour lui procurer la connaissance de ses prérogatives et de ses attributions, ainsi qu'un précis des devoirs
qu'il a à remplir et des fonctions qu'il a à exercer, nous avons
jugé utile de grouper les parties essentielles de l'objet que
nous allons traiter dans un *système consulaire*, tel qu'il nous
a paru réunir les principaux éléments de la théorie de l'institution du consulat, et concilier ces éléments avec la pratique
et les principes qui dirigent les cabinets à l'égard de cet établissement dans les temps modernes et en pays chrétien.

On comprend facilement que cette tâche a souvent éprouvé
des entraves, à cause de la grande divergence des règlements
consulaires, des traités, des lois et des usages respectifs, et
nous avons été quelquefois mis dans la nécessité de rapporter
simplement les maximes de la pluralité des gouvernements,
en mettant de côté les dispositions des divers codes consulaires qui peuvent être considérées comme des exceptions.
Nous nous sommes en même temps attaché à ne pas trop
perdre de vue, dans l'exposé de notre système, le règlement
consulaire de la *Prusse* (voyez *deuxième partie*), du seul état
maritime de l'Union des douanes allemandes.

Par ce que nous venons d'observer, il est évident que les
principes généraux, énoncés dans les chapitres suivants,
doivent néanmoins subir des modifications: les consuls auront

donc à se régler, quant aux spécialités de leur mission, sur leurs instructions particulières.

CHAPITRE PREMIER.

BUT DE L'INSTITUTION CONSULAIRE.

§ 1. L'institution des consuls a pour objet :

1° De protéger le commerce et la navigation des sujets de leur souverain dans les pays étrangers; de maintenir leurs droits et priviléges; de veiller à l'exécution des traités et conventions existants entre leur gouvernement et celui auprès duquel ils résident, ainsi qu'à celle des ordonnances de leur souverain relatives au commerce et à la navigation; de prêter secours et appui aux nationaux;

2° D'exercer la juridiction sur les sujets de leur souverain, en tant que celui-ci la conserve sur eux, pendant leur séjour à l'étranger;

3° De procurer à leur gouvernement tous les renseignements et documents qui peuvent le mettre à même d'assurer la prospérité de l'industrie, du commerce et de la navigation de la nation.

CHAPITRE II.

CARACTÈRE, QUALITÉ DE L'AGENT CONSULAIRE.

§ 1. Les opinions des cabinets, pas plus que celles des publicistes qui ont traité cet objet, ne se trouvent d'accord sur la condition des agents consulaires.

Les points essentiels de cette matière, discutés par des auteurs célèbres, sans que tous aient cependant motivé spécialement leurs assertions, se réduisent à cette question : Les consuls sont-ils ministres publics, et peuvent-ils réclamer la protection spéciale du droit des gens?

§ 2. Quelques-uns de ces publicistes leur assignent le caractère de ministres publics d'un rang inférieur, jouissant de la protection du droit des gens; d'autres leur refusent le caractère de ministres, en leur assurant la protection du droit international; et un petit nombre, tout en leur contestant le caractère de ministres, leur refusent encore la protection du droit des gens [1].

§ 3. Qu'il nous soit permis d'exposer, en toute déférence pour les avis des auteurs illustres qui se sont occupés de cette question, les raisons qui nous déterminent à revendiquer pour les consuls le caractère public, et leur participation, jusqu'à un certain degré, à la protection du droit des gens.

Les publicistes qui ne considèrent pas les consuls comme ministres publics, allèguent, pour justifier leur opinion, que ces fonctionnaires ne sont pas munis de lettres de créance, qu'ils ne peuvent entrer en fonctions qu'après avoir obtenu l'*exequatur*, et qu'ils ne sont pas chargés d'affaires d'état.

Cette distinction serait-elle bien fondée? Les lettres patentes ou de provision (*formule, chap.* XIX, n⁰ 1) de ces employés sont signées par le souverain respectif et adressées au souverain étranger comme les lettres de créance des am-

---

[1] Nous allons faire connaître ici les opinions émises sur cette matière par deux publicistes allemands du plus grand mérite.

C. F. DE MARTENS regarde cette divergence comme une simple dispute de mots. Il est trop éclairé pour méconnaître le *caractère public* des consuls, et pour ne pas s'apercevoir qu'il ne s'agit que du rang, du degré de dignité, du plus ou moins d'immunités, de privilèges et d'honneurs dont les consuls jouissent. Voyez son *Précis du droit des gens moderne,* t. I, livr. IV, chap. III, § 148, p. 268.

J. J. MOSER, en décidant cette question, reconnaît le *caractère public* dont sans contredit les consuls sont revêtus. Il convient qu'ils sont ministres publics, quoique d'un genre et d'un rang inférieurs à ceux du premier et du second ordre. Voyez son *Versuch eines europäischen Völkerrechts,* Th. VII, B. 13, Cap. 19, § 1, 2, p. 818.

bassadeurs, et si l'un des deux vient à décéder, il est de nécessité que les lettres patentes soient renouvelées. Les lettres de créance des chargés d'affaires émanent simplement du ministre des relations extérieures, elles sont adressées au ministre étranger, et restent en vigueur lors du décès d'un des souverains respectifs.

Vu que l'*exequatur* est accordé par le souverain ou le gouvernement, c'est en réalité près du souverain ou du gouvernement que le consul est accrédité, et si, dans les états où il y a une mission diplomatique, les affaires d'état proprement dites sont à la charge de la légation, il est d'usage général que les consuls, qui ordinairement correspondent avec les autorités judiciaires et administratives du pays, là où il n'y a point d'agent diplomatique, s'adressent directement au gouvernement, lorsqu'ainsi le réclament les intérêts du commerce et de la navigation. Rien n'empêche d'ailleurs un gouvernement de donner aux attributions et aux fonctions de ses agents telle latitude qu'il jugera convenable à ses intérêts, et il n'est pas rare qu'un agent consulaire ait été chargé de missions considérées comme du ressort de l'agent diplomatique.

Pour ce qui concerne la nécessité de l'*exequatur*, tout agent étranger, quelle que soit sa condition, a besoin du consentement du gouvernement auprès duquel il est accrédité, et peu importe que ce consentement soit donné par écrit ou par toute autre démonstration extérieure. Mais le consul ne traite pas seulement, de même que l'agent diplomatique, avec le gouvernement, il est aussi obligé, comme il a été dit, vu ses fonctions variées, de correspondre avec les autorités judiciaires et administratives du pays: c'est donc par l'*exequatur*[1]

---

[1] L'*exequatur* est l'acte par lequel le souverain du pays où le consul doit résider, le reconnaît et l'admet à l'exercice de ses fonctions, en lui assurant les prérogatives et les droits attachés à son emploi, et en ordonnant aux autorités judiciaires et administratives de le recevoir en cette qualité.

(*formule, chap.* XIX, n⁰ 3) que le consul obtient l'autorisation nécessaire pour que cette correspondance puisse avoir lieu.

De plus, le consul est chargé par son souverain de protéger le commerce et la navigation de ses sujets dans les pays étrangers, de prêter secours et appui aux nationaux, d'exercer à un certain degré la juridiction sur eux, de tenir un registre civil, de donner des certificats et de légaliser des actes de nature quelconque, de délivrer des passeports, de veiller à l'observation des ordonnances de son souverain et à l'exécution des traités existants entre les deux états respectifs, et de faire en cas de besoin des représentations à ce sujet, enfin de représenter les intérêts généraux de sa nation. Or, quiconque est appelé à exercer des actes de cette nature et émanés de la souveraineté, doit, ce nous semble, porter nécessairement le caractère public, et participer à la protection du droit des gens, au moins dans un sens limité, modifié et déterminé par les usages et par les conventions.

Aussi, d'après ce que nous venons d'exposer, les consuls, officiers publics du souverain à l'extérieur, ne sont dans notre opinion pas plus *ministres* qu'ils ne sont simples *agents de commerce*. En vertu des attributions qu'on leur délègue et qu'on leur accorde, et vu que particulièrement de nos jours les intérêts du commerce extérieur sont intimement liés avec les intérêts politiques, nous osons soutenir, et il suit de la nature des choses, que les consuls sont des *agents politiques* non moins que *commerciaux*, dans l'acception indiquée ci-dessus; et c'est aussi comme tels qu'ils sont effectivement considérés, soit expressément, soit indirectement, par presque tous les gouvernements, et qu'on les a généralement subordonnés aux ministères des affaires étrangères [1].

---

[1] Les instructions du gouvernement de S. M. le roi de Grèce définissent leur caractère comme suit :

« Ce sont des *agents politiques*, mais seulement en ce sens, qu'ils sont

CHAPITRE III.

ORGANISATION DES CONSULATS. — PERSONNEL.

§ 1. Il n'y a pas de principe généralement suivi par les cabinets dans l'organisation de leurs consulats, concernant les limites de ces établissements, l'hiérarchie entre les consuls de différentes classes, et le personnel des consulats. Les dispositions suivantes paraissent former la base la plus logique et la plus systématique.

§ 2. Dans chaque état politique avec lequel une puissance entretient des relations de commerce, il y a un établissement consulaire. Un établissement pourra être divisé en plusieurs départements.

§ 3. A la tête de cet établissement est placé un *consul général*, si le bien du service l'exige.

§ 4. Le *consul* est le chef d'un département; chaque département est subdivisé en arrondissements, sous l'administration d'un *vice-consulat*, et si dans les arrondissements, outre la résidence du vice-consul, il se trouvait une place de commerce où les intérêts des sujets d'un pays exigeraient la présence d'un *agent*, il y serait pourvu par le consul général ou par le consul compétent [1].

§ 5. Les consuls généraux, consuls et vice-consuls sont nommés et brevetés par le souverain [2].

« reconnus par le souverain qui les reçoit comme officiers du souverain « qui les envoie, et que leur mandat a pour principe soit des traités posi-« tifs, soit l'usage commun des nations, ou le droit public général. »

[1] Les gouvernements ont généralement pour principe de choisir, autant que possible, tant pour les consulats salariés que pour ceux qui sont non-salariés, des sujets de leur souverain de préférence à des étrangers, et les consuls, en proposant au ministère des agents consulaires, donneront, à qualités égales, la préférence à leurs compatriotes.

[2] En plusieurs pays ce sont aussi les vice-consuls qui sont nommés et brevetés, après l'approbation souveraine, par les consuls généraux, ou par les consuls compétents.

§ 6. Le bon ordre et l'intérêt du service demandant qu'une exacte subordination soit maintenue entre les agents des différents grades, et cette subordination devant être réglée d'une manière analogue à la nature de l'office du consul, les rapports d'hiérarchie entre les consuls placés dans le même établissement consulaire sont fixés comme suit :

§ 7. Tout consul préposé en chef à un établissement consulaire, quel que soit son grade, correspond directement avec le ministère des affaires étrangères, et est soumis à sa direction; comme il est seul accrédité auprès des autorités du pays et de sa résidence, lui seul peut faire auprès de ces autorités les démarches nécessaires pour la protection du commerce.

§ 8. Les agents des différentes catégories sont indépendants dans les fonctions administratives, judiciaires et de police, parce que la même autorité est remise à chacun d'eux, et que, pour ces sujets, ils correspondent sans intermédiaire avec le ministre des relations extérieures [1].

§ 9. Les consuls généraux, ou consuls placés à la tête des établissements, n'ont donc pas à diriger les consuls et vice-consuls compris dans leurs arrondissements relativement à ces divers objets; mais, comme chargés de la surveillance générale, ils doivent leur donner tous les avis qu'ils croient utiles au bien du service.

§ 10. Ces consuls généraux et ces consuls exercent une inspection plus caractérisée sur les points qui se rapportent au régime intérieur de l'administration consulaire. Ils doivent s'assurer que les dispositions des ordonnances et des règlements qui s'y rapportent sont fidèlement observées, et faire

---

[1] Nous devons déclarer que cette disposition n'est mise en pratique que par un petit nombre de pays pour ce qui regarde les *vice-consuls,* qui assez généralement ne correspondent sur tous les objets du service sans exception qu'avec le consul du district.

connaître tous les abus qui parviendraient à leur connaissance.

§ 11. Comme il est enjoint aux consuls généraux et aux consuls de procurer à leurs gouvernements tous les renseignements et documents qui peuvent les mettre à même d'assurer la prospérité du commerce et de la navigation de la nation, il est recommandé aux vice-consuls et consuls d'adresser toutes les notions qu'ils auraient recueillies sur l'état du commerce et de la navigation, qui est l'objet de leurs recherches, au consul général ou consul chef de l'établissement, qui, après en avoir vérifié l'exactitude par tous les moyens possibles, formera un mémoire général conformément aux vues et à la méthode qui lui auront été indiquées. Les vice-consuls et consuls adresseront copie de leurs travaux particuliers au ministère, afin qu'il puisse en apprécier le mérite.

§ 12. Le vice-consul employé dans une résidence faisant partie du département d'un consul, lui est subordonné comme celui-ci l'est au consul général qui surveille et dirige, dans les limites de ses instructions, soit générales, soit spéciales, les consuls et vice-consuls établis dans l'arrondissement dont il est le chef.

§ 13. Les *agents consulaires* [1] sont nommés par les consuls généraux et par les consuls ayant compétence de consuls généraux, mais jamais par les vice-consuls. (Voyez le *Modèle d'un diplôme*, chap. XIX, n⁰ 2.) Nous allons définir les attributions de ces agents et leur position vis-à-vis de leurs commettants.

§ 14. Les agents consulaires agissent essentiellement sous la responsabilité des consuls généraux et des consuls qui les nomment et dont ils sont les simples correspondants.

---

[1] Il sera à peine besoin de faire observer qu'en parlant dans la suite de consuls et d'agents consulaires, nous entendrons la dénomination collective des consuls de toutes les catégories.

§ 15. Bien que leur nomination, qui ne doit pas avoir lieu sans l'autorisation préalable du ministre des affaires étrangères, soit approuvée et qu'ils reçoivent généralement un titre d'admission de l'autorité locale, à laquelle ce titre devra toujour être demandé de la part du consul général ou du consul, cependant ils n'ont aucun caractère public : les prérogatives et immunités attachées à la qualité de consul ne leur appartiennent pas, et ils ne peuvent prétendre qu'aux avantages autorisés par l'usage du pays.

§ 16. Les agents consulaires ne peuvent recevoir aucun dépôt, ni faire aucun acte de l'état civil, pas même de ceux qui sont par leur essence destinés à être produits en justice : tous ces actes étant exclusivement de la compétence des consuls généraux, des consuls et des vice-consuls [1].

§ 17. Quant aux autres expéditions, les agents consulaires peuvent les délivrer sous la responsabilité des consuls qui les ont commis.

§ 18. Les agents doivent informer leurs commettants de tout ce qui peut, dans l'étendue de leur agence, intéresser le service du souverain, et quant aux fonctions que les consuls seront dans le cas de leur déléguer, ils doivent se conformer exactement aux instructions qu'ils en reçoivent.

§ 19. Il est défendu aux agents consulaires de nommer des sous-agents, ou de déléguer leurs pouvoirs sous quelque titre que ce soit.

§ 20. Les agents peuvent être suspendus de leurs fonctions par leurs commettants, mais ils ne peuvent être définitivement révoqués ni remplacés sans la sanction du ministère des affaires étrangères.

§ 21. Il nous reste encore à parler de *chanceliers* que quelques gouvernements ont attachés aux consulats pour l'as-

---

[1] En *France* cette prescription s'étend aussi aux vice-consuls de nomination royale.

sistance des consuls généraux et des consuls. En cas que leur nomination appartienne aux consuls, ceux-ci restent seuls responsables de leurs actions. S'ils sont nommés et brevetés par le souverain, ils ont le caractère d'officiers publics. Tout acte pratiqué ou dressé par le chancelier doit, pour être valide, être contre-signé par le consul.

§ 22. Il est permis aux consuls de faire choix au besoin d'un homme probe et de s'en servir en qualité de *secrétaire:* mais les gouvernements ne prennent pas connaissance d'un tel sous-employé.

CHAPITRE IV.

PRÉROGATIVES, IMMUNITÉS DES CONSULS.

§ 1. Ces fonctionnaires jouissent de certains priviléges et franchises, conformément soit aux traités existants, soit à l'usage commun des nations ou au droit public général. Sans cela, ces officiers ne pourraient occuper leur emploi avec la dignité convenable, ni remplir le but de l'institution consulaire.

Nous pourrons nous dispenser d'indiquer que les consuls ne peuvent pas prétendre aux prérogatives, aux immunités et aux honneurs déférés aux agents diplomatiques: mais nous devons faire observer que ceux qu'on accorde aux consuls n'ont pas partout la même étendue et la même nature, et qu'en bien peu de pays ils sont déterminés par une loi positive [1]. Un très-petit nombre de traités précisent cette matière [2], et le

[1] Le gouvernement de S. M. danoise les a déterminés dans une circulaire du 25 avril 1821, et S. M. le roi des Pays-Bas par un arrêté du 5 Juin 1822.

[2] De toutes les conventions faites entre les nations de l'Europe au sujet des consuls, c'est celle qui a été conclue entre la France et l'Espagne. le 13 Mars 1769, en neuf articles (voyez MARTENS, *Recueil*, t. I, p. 629),

principe de la réciprocité, quoique assez généralement admis en cette circonstance, n'est pas reconnu dans tous les pays [1].

§ 2. Tout en faisant remarquer que chaque nation a le droit et l'entière liberté d'accorder aux consuls étrangers telles prérogatives et immunités qu'elle juge conforme à ses intérêts, et que ces fonctionnaires, à moins de conventions expresses, auront à se soumettre strictement aux règlements en vigueur dans le pays où ils sont accrédités, nous indiquerons en quoi consistent les principaux priviléges et immunités dans la pratique générale. Quelquefois on les trouve consignés dans l'acte de l'*exequatur*. En Amérique ils sont fréquemment portés plus loin.

1° Aussitôt que l'*exequatur* aura été délivré, le consul pourra placer sur la porte de son habitation les armes de son souverain et, selon l'usage du pays, arborer le pavillon national. On excepte le cas où le gouvernement territorial le défendrait expressément, à moins toutefois que les traités en disposassent autrement. Le consul ne doit pas cependant perdre de vue que la commodité de ses nationaux est le seul objet de cette permission, et qu'elle ne tend nullement à transformer les habitations consulaires en asiles inaccessibles aux autorités locales.

2° Les consuls d'une puissance étrangère qui ne sont pas nés ou reconnus sujets de l'état qui les reçoit, qui y sont en-

qui fixe avec le plus d'exactitude, de précision et de prévoyance, les immunités et prérogatives dont jouissent et les devoirs qu'ont à remplir ces officiers. (D'après Laget de Pomio : *De la juridiction des consuls de France*, 1826, les stipulations de ce traité, à l'exception de l'article III qui traite de la nomination des vice-consuls, sont encore en harmonie avec les nouvelles dispositions des lois.)

[1] La Grande-Bretagne est du petit nombre des états qui contestent aux consuls les prérogatives qui leur sont accordées dans les autres pays, et dont les consuls britanniques jouissent partout ailleurs. Nous avons cependant appris que ces fonctionnaires étrangers jouissent de certaines exemptions, sinon de droit, du moins de fait.

voyés exprès, qui n'y exercent aucun commerce ou profession outre les fonctions consulaires, et n'acquièrent point de propriétés immeubles dans le pays, sont exempts du logement militaire, du service de la garde bourgeoise et des contributions pour ce service, comme aussi de l'impôt personnel, et de plus, de toutes les impositions publiques et municipales qui seraient considérées d'une nature directe et personnelle, de manière que cette franchise ne pourra jamais s'étendre à des impôts indirects ou réels.

3⁰ Les consuls étrangers qui, sans être indigènes ou sujets reconnus des états où ils résident, exercent cependant, outre leurs fonctions consulaires, durant leur séjour dans le pays, un commerce ou une autre profession, ou y acquièrent des propriétés immeubles, ainsi que ceux qui sont sujets du pays, sont tenus, comme tous les autres sujets et habitants, d'acquitter toutes les impositions ou contributions de quelque nature qu'elles puissent être. Ils pourront cependant, s'ils le désirent, se dispenser ordinairement des services purement personnels dans les endroits où ils résident, sauf leur obligation de se faire remplacer au besoin, lorsqu'ils seront appelés à servir dans la garde bourgeoise.

4⁰ Dans la règle, les consuls ne peuvent pas prétendre, comme les agents diplomatiques, à être indépendants de la juridiction du pays. Mais, quoique soumis à la juridiction civile et criminelle du pays où ils résident, ceux desdits employés qui appartiennent à la catégorie indiquée au § 2, 2⁰, de ce chapitre, ne pourraient cependant ni être arrêtés, ni mis en prison, à moins de crimes ; et même quant à ceux qui sont sujets du souverain qui les a reçus, l'usage veut qu'on commence par leur retirer l'*exequatur* avant de procéder au jugement.

5⁰ Il est de droit que les consuls ne sauraient être poursuivis par les tribunaux du pays de leur résidence pour des actes qu'ils y auraient exercés par ordre de leur gouvernement et avec l'autorisation du gouvernement étranger.

6⁰ Quelques gouvernements reconnaissent le principe que pour ce qui regarde les crimes et les délits de la part des consuls qui n'offensent pas l'ordre public du lieu de leur résidence, mais seulement le gouvernement de leur souverain, la connaissance en appartient aux tribunaux de leur pays.

7⁰ Les archives, et en général tous les papiers des chancelleries des consulats sont inviolables, et sous aucun prétexte ils ne pourront être saisis, ni visités par les autorités locales.

CHAPITRE V.

ATTRIBUTIONS DES CONSULS.

§ 1. La latitude donnée aux consuls dans l'exercice des attributions qui leur sont dévolues par leurs gouvernements respectifs, n'est pas la même dans tous les pays; elle est modifiée et limitée différemment suivant les maximes du gouvernement local, les usages et les conventions.

§ 2. Là où ces attributions sont déterminées par des traités, les consuls doivent se régler sur les stipulations.

§ 3. Dans les états avec lesquels il n'existe point de traités ou de conventions, ces fonctionnaires peuvent, dans la règle, prétendre à ce qu'on leur accorde les attributions consulaires, telles qu'elles sont généralement établies par le droit commun de l'Europe. Voici quelles sont ces attributions, qui néanmoins sont susceptibles de restrictions, selon les lois et coutumes particulières du pays, savoir :

1⁰ Le droit de juger *arbitralement* les différends qui pourront s'élever entre les hommes de mer des bâtiments de commerce de leur nation, et d'exercer amiablement la même juridiction sur les négociants et autres nationaux :

2° Le droit de police et d'inspection sur les gens de mer de leur nation, et, le cas échéant, le pouvoir de les faire arrêter, avec l'assistance des autorités du pays;

3° Veiller au maintien des droits et priviléges de leur nation, et à ce que les autorités locales ne poursuivent leurs nationaux coupables que d'après les formes et dans les cas prescrits par les lois; ainsi que défendre les personnes et les propriétés de leurs compatriotes;

4° Recevoir tous les actes publics que ces derniers doivent ou veulent passer ou déposer dans la chancellerie du consulat;

5° Dresser et délivrer à leurs nationaux les certificats et actes ayant pour objet des affaires de commerce et de navigation, et destinés à être produits devant les administrations et tribunaux de leur pays, donner et viser des passeports, reconnaître la griffe des autorités du pays;

6° Légaliser les documents et actes passés par-devant eux, émanant de leurs compatriotes et exécutoires dans leur pays, et leur imprimer le caractère d'authenticité.

7° Recevoir des capitaines de navire les procès-verbaux de relâche et d'avarie et autres déclarations de pareille nature, et faire régler les avaries par experts;

8° Procéder au sauvetage des bâtiments nationaux naufragés, et, en cas de décès d'un sujet de leur souverain, se prêter à tout ce qui pourra être dans l'intérêt des héritiers nationaux. Outre ces actes de la juridiction *volontaire*, il leur est enfin attribué

9° la faculté d'établir des agents sur les points de leur arrondissement consulaire où les besoins du service peuvent l'exiger.

§ 4. Si les autorités des lieux où les consuls sont établis mettaient obstacle à ce qu'ils jouissent des attributions qui auraient été accordées par les traités ou qui auraient été réclamées comme fondées par l'usage, les consuls en rendraient compte à leur gouvernement [1].

[1] Ayant désigné ci-dessus les attributions telles qu'elles sont communément reconnues aux autorités consulaires par les gouvernements territoriaux, nous ferons encore observer que les attributions déférées aux consuls par leurs gouvernements respectifs, sont d'une grande diversité, suivant le droit commercial, maritime et civil des différents pays.

Nous signalerons dans la *seconde partie* de cet ouvrage les attributions que les principaux états du *Zollverein* défèrent à leurs consuls, et nous ajouterons ici les maximes en vigueur à ce sujet en *Autriche*, dont la marine non-seulement occupe une position si éminente parmi celles des états de la Confédération germanique, mais dont le gouvernement porte également le plus grand intérêt au développement de l'institution du consulat, surtout dans l'Orient.

Les attributions que le gouvernement autrichien délègue aux consuls impériaux, sont celles qui sont ordinairement du ressort des agents politiques et commerciaux.

Selon «l'édit politique de navigation marchande sous la date du 25 avril 1774 » qui sert aux consuls autrichiens, à défaut d'instructions générales, de direction dans leurs rapports avec la marine marchande, et à en juger d'après les articles du «tarif des droits à percevoir par les consuls de S. M. I. dans l'*Occident*, émané par suite du décret de la suprême chambre aulique universelle, du 4 mai 1824,» les attributions suivantes sont dévolues à ces employés :

Les capitaines de navire sont tenus de soumettre à la décision du consul toutes les causes relatives au navire et à son équipage.

En cas de crime capital, commis à bord, dans le cours du voyage, il appartient au consul d'en instruire le procès d'après les dépositions des témoins assermentés et les confrontations convenables ;

De rendre une prompte et sommaire justice aux matelots et autres individus de l'équipage, lorsqu'ils éprouvent des torts dans la perception de leurs salaires, etc. :

De rédiger des procès-verbaux, de dresser et de légaliser tous les actes de protêt de procuration, de renonciation, de compromis, de cession, de transfert de propriété et autres de même nature ;

De passer des contrats de société, de nolissement, d'achat et de vente et autres documents semblables ; de délivrer des passeports ; gérer le sauvetage des effets lors d'un naufrage ; recevoir en dépôt, séquestrer, apposer des scellés, inventorier et vendre aux enchères.

Ils sont autorisés à recevoir et à rédiger les actes de l'état civil de l'Empire ; à suivre et à instruire, à la réquisition des parties et par suite d'un compromis d'accord entre elles, des procès consulaires en matière civile, commerciale ou autre ; à prononcer sentence, et, en général, à exercer les fonctions qui sont relatives à l'administration et à la juridiction consulaire.

CHAPITRE VI.

RELATIONS DES CONSULS AVEC LES AUTORITÉS ÉTRANGÈRES.

§ 1. Un des premiers devoirs des consuls est le respect pour l'autorité du souverain dans l'état duquel ils sont établis.

§ 2. L'envoi des consuls supposant une convention expresse ou tacite entre les états respectifs, ces employés doivent donc s'abstenir de l'exercice public de leurs fonctions, jusqu'à ce qu'ils aient reçu les lettres d'*exequatur*. Ces lettres sont sollicitées auprès du souverain par le ministre accrédité près de la cour étrangère; s'il n'y avait pas dans le pays une légation de son souverain, le consul s'adresserait directement au ministre des affaires étrangères du pays.

§ 3. Aussitôt que l'*exequatur* aura été délivré, le consul le présentera aux autorités compétentes de son district consulaire, si toutefois l'usage du gouvernement n'était de faire lui-même cette communication aux autorités locales.

§ 4. Généralement parlant, et hors le cas que nous signalerons ci-après, l'agent consulaire doit éviter de s'immiscer dans les affaires que les sujets de son souverain peuvent avoir pour leurs intérêts privés avec des particuliers ou même avec le gouvernement du pays où il réside. Il ne doit faire d'autres démarches officieuses que celles que comporte une simple recommandation: autrement il courrait souvent le risque de se compromettre.

§ 5. Mais, le but principal de l'institution des consulats étant de faire jouir le commerce extérieur et la navigation nationale de la protection du souverain respectif, les consuls interviennent auprès des autorités étrangères toutes les fois qu'on viole à l'égard des nationaux et à leur détriment, soit la justice naturelle, soit les traités ou les formes établies par les lois du pays.

§ 6. Leur intervention a donc lieu, quand ils en ont été requis, dans le cas d'un déni de justice, d'une prévarication de la part du juge, évidente ou constatée, et dont on n'aurait aucun redressement à espérer par la voie ordinaire de la justice; dans le cas d'un acte arbitraire et contraire aux lois du pays, par exemple dans celui de l'exigence de droits illégaux; et en général lors d'une tentative contre les intérêts légitimes et les priviléges assurés aux nationaux par les traités subsistant entre leur pays et celui de leur résidence.

§ 7. Ce point important exige néanmoins une extrême circonspection : il faut que le consul connaisse parfaitement les lois, les coutumes et les traités existants entre les deux nations, pour ne pas prétendre à des droits qui ne sont pas fondés. Ce qu'il lui appartient de faire dans les cas douteux, c'est d'en adresser un rapport motivé à son gouvernement et d'en attendre la décision.

§ 8. Les consuls doivent s'appliquer de plus à écarter tous les obstacles qui peuvent nuire aux progrès du commerce national en général, et gêner les opérations particulières des négociants, surtout dans leurs rapports avec les douanes, et à solliciter en faveur des négociants et des navigateurs toutes les facilités qui, n'étant point accordées par des traités, peuvent être données, sans porter atteinte aux lois et aux intérêts du pays.

§ 9. Ils adressent officiellement leurs représentations sur ces divers objets aux autorités établies dans l'arrondissement de leur consulat; mais ils doivent toujours parler le langage de la modération. Les discussions portées au-delà des justes bornes sont plus nuisibles qu'utiles au succès des affaires [1].

---

[1] Pour ce qui concerne les rapports des consuls avec les autorités du pays, ces fonctionnaires ne correspondent qu'avec les autorités judiciaires et administratives de leur arrondissement. Cependant il est des cas où il peut être abandonné à la prudence du consul, et vu les cir-

§ 10. Lorsque leurs représentations n'auront pas été accueillies, les consuls en informeront le ministre des affaires étrangères.

constances, pourvu qu'une telle démarche ne lui soit pas expressément interdite, de recourir directement au ministère, mais seulement alors qu'il n'y aurait point de légation de son souverain dans le pays, et que, contre toute attente, les autorités locales se refuseraient à faire droit à de justes réclamations.

Les communications avec les autorités du pays où le consul est établi, et auxquelles les affaires peuvent donner lieu, se font ou de *vive voix* ou *par écrit* en son nom. A moins qu'il ne soit chargé par son gouvernement de faire telle et telle notification ou déclaration, ce n'est que dans les circonstances plus ou moins graves qu'il doit se décider à faire des communications par écrit, et il n'y saurait mettre assez de circonspection, ni trop craindre de se compromettre et de se faire désavouer.

Quels que soient les objets qu'il expose, il faut qu'il les présente d'une manière claire et simple, sans exagération; qu'il soit exact dans les faits qu'il rapporte, qu'il les classe avec ordre et toujours en observant le cérémonial et le style convenables aux circonstances et aux personnages.

La nature des communications des consuls exige qu'elles soient rédigées en formes de *lettres*.

Il peut néanmoins être de quelque intérêt, et, nous osons le croire, de quelque utilité pour nos lecteurs, d'indiquer, d'après *M. le baron* DE MARTENS (*Guide diplomatique*), les différents genres de compositions en *diplomatie*.

La correspondance *diplomatique* a lieu par *notes*, par *mémoires*, ou par *lettres*. Les *notes*, en tenant le plus du style épistolaire, exigent un cérémonial moins rigoureux; elles sont *officielles* ou *confidentielles*. Dans les notes, l'agent diplomatique dit ordinairement, en parlant à la troisième personne, qu'il a ordre, qu'il est autorisé à faire telle et telle communication, déclaration. Les *mémoires* sont des écrits qui ne contiennent que la simple exposition d'une affaire, etc., et leur style est dépourvu de tout ce qui constitue le genre épistolaire. Le plus souvent ils ne sont point signés. Pour la *dépêche* ou la *lettre*, l'étiquette rigoureuse en rend la rédaction tant soit peu difficile; c'est la forme pour les communications officielles et la plus propre pour la correspondance avec les autorités supérieures. Les *notes verbales* s'emploient, quand il s'agit d'aider la mémoire de ceux à qui elles sont adressées, ou lorsqu'il est question d'affaires sur lesquelles on préfère ne pas insister officiellement. Ces notes n'ont pas besoin d'être signées.

La *langue* universelle et officielle dont on se sert généralement aujourd'hui dans les relations extérieures, est la langue *française*. Les consuls, dans leur correspondance avec les autorités judiciaires et administratives de leur district, suivront les coutumes locales.

§ 11. Au surplus, c'est surtout par leur modération personnelle, par une conduite mesurée et par un esprit de conciliation, que les consuls parviendront à aplanir les difficultés, s'ils ne peuvent pas les prévenir. Le commerce étant dans l'intérêt de tous les peuples et de tous les hommes, c'est plutôt par des raisons tirées de cet intérêt, que par des exigences et des débats, que ces fonctionnaires chercheront à obtenir pour leurs nationaux les avantages dont il est à désirer qu'ils jouissent.

§ 12. Tant dans leurs rapports avec les autorités [1], que dans leurs rapports privés, les consuls doivent toujours s'exprimer avec la plus grande circonspection; ils éviteront, dans leurs discours, dans leur conduite et dans leur correspondance, tout ce qui pourrait inquiéter la politique du pays où ils résident, et ils ne doivent jamais s'écarter d'une parfaite impartialité.

§ 13. Un objet constant de leurs efforts est de maintenir une bonne intelligence avec les autorités locales, et de se concilier l'estime des habitants du lieu où ils résident; quant aux hommages à rendre aux autorités supérieures à des

---

[1] La prescription suivante que le gouvernement de la Russie enjoint à cet égard à ses agents consulaires, se distinguant également par sa morale et par sa haute sagesse, servira à tout consul de guide infaillible dans ses rapports avec les autorités étrangères :

« Pour ce qui concerne les rapports d'office du consul avec le ministère « ou avec les autres autorités du pays où il réside, son devoir indispen- « sable sera d'observer scrupuleusement cette bienséance qui doit caracté- « riser l'homme public, et qui est essentiellement nécessaire pour entre- « tenir la bonne harmonie. Il doit, même dans les explications les plus « désagréables, savoir allier le maintien de sa dignité avec les égards qui « sont dus à tout gouvernement reconnu par celui auquel il appartient. « Il doit enfin veiller à ce que d'un côté les prérogatives attachées à son « emploi par les traités et par l'usage soient conservées intactes, et à ce « que de l'autre il ne donne jamais lieu par des prétentions exagérées à « des plaintes sur son compte, ou à des mésintelligences entre les gou- « vernements respectifs. »

époques connues, les consuls doivent s'appliquer les règles générales qui dirigent la conduite de l'homme privé. Ils ne doivent pas se refuser à des actes extérieurs qu'exigent les égards pour la religion du pays, l'état de l'opinion publique et les usages nationaux, en tant que ces actes ne dérogent point à leur caractère public.

CHAPITRE VII.

RELATIONS DES CONSULS AVEC LES AUTORITÉS DE LEUR PAYS.

§ 1. Les consuls, sans distinction, qu'ils soient sujets du souverain qui les emploie, ou étrangers, prêtent, dans la règle, serment de fidélité entre les mains du ministre des affaires étrangères, ou, lorsqu'ils sont absents, ils lui envoient leur serment autographe, signé de leur main.

§ 2. Les consuls ayant à exercer toute l'autorité que le gouvernement conserve sur les nationaux en pays étranger, leurs fonctions se rattachent à presque toutes les branches de l'administration de l'état [1].

[1] Le prince de Talleyrand, dans son dernier discours prononcé à l'Institut, le 2 mars 1838, en l'honneur du comte Reinhard, après l'énumération des différents emplois que cet homme d'état avait occupés comme ministre plénipotentiaire, etc., continue :

« .... après avoir été un ministre habile, que de choses il faut encore «savoir pour être un bon consul! Car les attributions d'un consul sont «variées à l'infini, elles sont d'un genre tout différent de celles des autres «employés des affaires étrangères. Elles exigent une foule de connais-«sances pratiques, pour lesquelles une éducation particulière est néces-«saire. Les consuls sont dans le cas d'exercer dans l'étendue de leur «arrondissement, vis-à-vis de leurs compatriotes, les fonctions de juges, «d'arbitres, de conciliateurs: souvent ils sont officiers de l'état civil; ils «remplissent l'emploi de notaires, quelquefois d'administrateurs de la «marine: ils surveillent et constatent l'état sanitaire ; ce sont eux qui, par «leurs relations habituelles, peuvent donner une idée juste et complète «de la situation du commerce, de la navigation et de l'industrie particu-«lière au pays de leur résidence.»

Il résulterait de là qu'à raison de ces fonctions diverses, ils se trouveraient en rapport avec les divers départements ministériels. Mais la plus éminente de leurs fonctions est de protéger le commerce extérieur auprès de l'autorité étrangère, et de concourir à sa prospérité. Presque toutes leurs autres fonctions ne leur ont été attribuées que dans cette vue, et d'ailleurs ils ne peuvent exercer celle-ci qu'au moyen des relations politiques de leur souverain.

§ 3. C'est par ces considérations que les consuls sont placés sous la direction du ministre des affaires étrangères, et il leur est recommandé de s'y maintenir exactement. La plus légère déviation à cette règle menacerait de graves inconvénients, dans leur politique et dans leur commerce extérieur, les pays dont les intérêts ni la direction ne peuvent être divisés. Ils rendront donc compte au ministre des affaires étrangères de toutes leurs opérations, ne se permettront aucune démarche, aucune entreprise, aucune correspondance qui sortiraient de leurs attributions ordinaires, s'ils n'y ont été autorisés par ce ministre. Ils n'adresseront qu'à lui les informations que leur position les aura mis à même d'obtenir, concernant les intérêts tant commerciaux que maritimes de leur pays [1]; et dans la manière de recueillir et de transmettre ces observations, ils s'abstiendront avec soin de tout ce qui pourrait inquiéter sur les intentions de leur gouvernement. La plus grande circonspection doit se manifester dans tous les actes, dans tous les discours de ces agents extérieurs.

§ 4. Il est dans tous les temps du devoir des consuls, exerçant les fonctions et jouissant des priviléges attachés à

---

[1] Si ces fonctionnaires sont autorisés par leur gouvernement à correspondre, en certains cas déterminés par leurs instructions, directement avec les ministères de la marine et des finances, avec les commandants de bâtiments de guerre, ou avec les chefs du gouvernement des départements frontières, ils en rendront chaque fois un compte sommaire au ministre des affaires étrangères.

leur place, de s'abstenir scrupuleusement de toute participation directe ou indirecte à des affaires politiques des pays où ils sont établis, et par les gouvernements desquels ils sont avoués et reconnus dans leur caractère public; mais en même temps il n'est pas moins de leur devoir de faire part à leur gouvernement de tous les faits importants qui peuvent venir à leur connaissance par des voies authentiques, et qui sont relatifs à la condition politique du pays où ils résident, surtout quand leurs communications peuvent être utiles, ou avoir quelque influence sur les intérêts ou le bien-être de leur propre pays.

§ 5. Si le ministre des affaires étrangères jugeait à propos de charger le consul de quelque fonction relative aux affaires d'état proprement dites, celui-ci doit, en loyal serviteur, se conformer exactement à l'ordre reçu, en garder le secret, et de la meilleure manière possible exécuter ce qui lui aura été confié pour le bien du service de son souverain.

§ 6. Les consuls sont communément chargés de correspondre avec la légation de leur souverain, accréditée près du souverain territorial, dans les cas d'importance où ils auraient besoin d'appui et où il se présenterait des conjonctures extraordinaires et urgentes, qui ne leur permettraient pas d'attendre les ordres qu'ils ont sollicités du ministre des affaires étrangères; ils se conformeront alors exactement aux directions provisoires qu'ils recevront de leur légation, et en rendront compte au ministère.

§ 7. Si, à défaut d'une légation, par des circonstances particulières ou par quelque incident non prévu dans leurs instructions, il arrive que les agents consulaires soient obligés de prendre une résolution quelconque *de leur propre chef*, il faut qu'ils en instruisent leur gouvernement immédiatement après, en motivant les démarches qu'ils ont faites ou les mesures qu'ils ont prises.

§ 8. Il est expressément recommandé aux consuls de se livrer aux recherches et aux études convenables pour se mettre en état de fournir au ministre des affaires étrangères des mémoires sur les différents objets qui peuvent intéresser l'industrie, le commerce et la navigation; de développer les moyens qui leur paraissent les plus propres à leur procurer l'amélioration, les avantages et l'extension dont ils sont susceptibles, et d'indiquer la direction qu'il peut convenir de donner aux spéculations nationales.

§ 9. C'est d'après ces documents, qui exigent toute l'exactitude et tout le perfectionnement possibles, que leur gouvernement pourra juger quels sont les intérêts commerciaux du pays relativement à chaque puissance, et qu'il trouvera une partie des éléments des traités de commerce et même des autres actes de la politique auxquels l'intérêt du commerce et de l'industrie de la nation ne peuvent être étrangers.

§ 10. Nous tâcherons d'indiquer les divers objets dont les consuls ont à rendre compte dans leurs rapports.

Le consul ayant l'obligation de veiller à l'exacte observation des traités et des usages actuellement en vigueur, informera de suite le ministre des affaires étrangères de toute imposition nouvelle, de toute augmentation de taxes et de toute autre mesure qui pourrait être nuisible au commerce, et il indiquera, autant que possible, les motifs de l'innovation.

§ 11. Étant de plus obligé de s'appliquer de tout son zèle à consolider, à faciliter et à étendre les relations commerciales de son pays avec celui où il est envoyé, par tous les moyens propres et convenables, il soumettra pour cet effet au ministre des affaires étrangères toutes les observations et idées que l'expérience et l'exercice de ses fonctions lui auront suggérées, relativement à la navigation et au commerce.

§ 12. A des époques fixées, ordinairement tous les trois mois, les consuls doivent envoyer au ministre des affaires

étrangères des tableaux (*Modèle*, chap. xix, n⁰ 4, 5 et 6),
indiquant les vaisseaux nationaux arrivés dans le port ou les
ports de leur dépendance et qui en sont partis, le nombre des
tonneaux des bâtiments, l'équipage dont chacun se compose,
et sommairement la composition des cargaisons et leur évaluation au moins approximative en monnaie de leur pays,
avec la distinction des navires qui sont entrés et sortis sur
leur lest. Ils transmettront également un état des navires
étrangers qui seront arrivés des ports de leur pays, ou qui
seront partis pour cette destination. Ils enverront en outre
annuellement un aperçu général des opérations et des mouvements du commerce du pays. dans le cours de l'année.
comparé à celui de l'année précédente. Les consuls se mettront
en mesure de se procurer ces renseignements par des voies
sûres, en les recueillant directement ou indirectement auprès
de l'administration des douanes, quand ils ne pourront les
avoir par le commerce. Ils feront connaître, autant que possible, les prix courants des produits et des marchandises provenant de leur pays, en y ajoutant le cours du change existant à l'endroit de leur résidence. Ils y joindront, lorsqu'ils le
jugeront nécessaire, leurs réflexions sur les causes des revi-
rements qu'éprouvent les prix des produits et des marchandises, le change et le fret, et porteront à la connaissance du
ministre tous les événements qui pourraient y influer, tels que
l'abondance ou le manque de la récolte, une affluence ou un
débit extraordinaires de marchandises, de numéraire, etc.

§ 13. Ils communiqueront à leur gouvernement tout ce qui
peut, d'après leur opinion, contribuer à l'amélioration du
commerce et de la navigation de leur pays, ce qui pourra
lui être nuisible, ainsi que les moyens qu'ils croient propres
à y remédier. Ils indiqueront quel article du commerce national. de l'industrie manufacturière et agricole pourrait, d'après
leur opinion. trouver un débit avantageux. ou prendre de

l'extension, et par quels moyens; ils y ajouteront, s'ils le jugent utile, les échantillons des objets manufacturés et des produits qui leur paraissent des articles propres à être exportés ou importés.

§ 14. Enfin ils donneront tous les renseignements, quels qu'ils puissent être, qui pourraient éclairer le ministère sur le véritable état des relations commerciales avec la puissance près de laquelle ils sont établis, et donner une idée approximative de la balance du commerce de cette même puissance avec leur pays.

§ 15. Les consuls en s'attachant à informer le ministre de tout ce qui peut en général intéresser le commerce et la navigation de leur nation, seront en outre tenus de lui communiquer les tarifs de douane et de port en vigueur dans les pays où ils résident, et de le prévenir sans retard des changements que lesdits tarifs pourraient éprouver par la suite. Ils ont à lui faire part des prohibitions, des interdictions, des entraves au commerce, de l'embargo et des blocus.

§ 16. Ils enverront aussi au ministère tous les traités, ordonnances et actes législatifs nouveaux, qui viendraient à être publiés relativement au commerce et à la navigation.

§ 17. Ils signaleront l'établissement ou la suppression de phares, de limites et de barres, et tous les changements les plus intéressants qui pourraient survenir dans les barres de sable ou dans les courants de leur arrondissement.

§ 18. Les consuls feront pareillement parvenir, sans le moindre délai, au ministère, des avis détaillés sur les symptômes des maladies contagieuses qui pourraient se manifester dans leur arrondissement; ils doivent aussi immédiatement donner avis de tout changement qui a rapport à l'organisation des quarantaines et aux lois et institutions y relatives.

§ 19. Ils informeront le ministre des affaires étrangères du mouvement des forces navales des diverses nations dans leurs parages, ainsi que des événements de mer de quelque intérêt : ils l'avertiront de l'existence, de la sortie et des captures de corsaires ou pirates qui infesteraient les mers adjacentes, ainsi que des préparatifs dans les ports de leur consulat qui feraient présumer une guerre.

§ 20. Les consuls tiendront la main à ce que le pavillon national ne soit employé que conformément aux lois et règlements, et ils dénonceront les abus qui pourraient exister ou s'introduire à cet égard ; conséquemment ils doivent porter à la connaissance du ministre la condamnation à l'étranger d'un capitaine national, pour raison de fraudes ayant trait aux douanes.

§ 21. S'ils découvrent qu'il se fait dans le port de leur résidence des importations ou des exportations de nature à blesser les lois de leur pays rendues en matière de douanes, ils auront soin d'en informer le ministre.

§ 22. Les consuls des puissances qui se sont réunies pour supprimer la traite, doivent assurer par tous les moyens qui seront en leur pouvoir l'exécution des lois ou ordonnances qui prohibent le commerce des esclaves et le transport pour compte d'autrui d'individus vendus ou destinés à être vendus comme esclaves. En cas de transgression de la part de leurs nationaux, ils en instruiront également leur gouvernement.

§ 23. S'ils apprennent enfin qu'une autre nation quelconque est favorisée au préjudice des droits et des priviléges appartenants à leurs nationaux et à leur commerce, ou que d'autres nations obtiennent de nouveaux priviléges préférablement à leur pays, ils doivent aussitôt en informer le ministre des affaires étrangères [1].

---

[1] Ayant indiqué les divers objets dont les consuls ont à rendre compte dans leurs *depêches* ou *rapports*, il nous reste à ajouter encore quelques observations sur la manière dont ils doivent s'acquitter de cette partie de leurs fonctions. Le consul, en faisant ses rapports, aura soin d'apporter la

CHAPITRE VIII.

RELATIONS DES CONSULS ENTRE EUX.

Les consuls peuvent se donner réciproquement les informations qu'ils jugeront avoir quelque intérêt pour le service de leur souverain, dans leurs résidences respectives. Ils observeront d'ailleurs dans cette correspondance la circonspection qu'on a déjà eu occasion de leur prescrire dans les articles précédents.

plus grande exactitude dans les informations qu'il donnera à son gouvernement sur les objets qui ont rapport à sa mission. Il devra donc exposer avec vérité et simplicité le résultat de ses observations, en ajoutant ses réflexions sur l'avantage qu'on peut retirer, comme sur les suites nuisibles qui peuvent être à craindre, des faits dont il serait dans le cas de rendre compte. Quoique obligé de soumettre son propre jugement à celui de son ministre, il ne remplirait pourtant qu'imparfaitement la tâche qui lui est imposée, si, dans l'occasion, il n'émettait son avis sur les objets qu'il rapporte, avec le respect et la déférence dus à cette autorité supérieure, et en développant ses motifs. Il faut qu'en rendant compte à son gouvernement des avis qu'il reçoit, l'agent distingue avec soin les nouvelles certaines des douteuses, et lorsque celles qui lui paraissent incertaines sont importantes, il doit y joindre ses réflexions, afin que son gouvernement soit à même d'en apprécier la valeur. Par la même raison il doit s'empresser, lorsqu'il est mieux informé, de corriger ou de rectifier les avis qu'il a communiqués. Il doit être vrai dans tout ce qu'il écrit, rien ne peut le justifier de manquer à ce premier devoir que lui impose sa charge et la confiance dont son souverain l'honore.

Quant au style, il doit avoir soin d'éviter toute tournure recherchée, mais il doit se borner à exposer clairement, nettement et d'une manière succincte et concise les affaires dont il a à rendre compte. Il vaut mieux avoir moins dit, que de manquer de vérité et de clarté dans ce que l'on a à dire. La *forme épistolaire* prévaut dans ce genre de compositions.

S'il a été chargé par son gouvernement de quelque mission spéciale, l'agent consulaire ne peut rendre dans ses rapports un compte trop exact de la manière dont il a exécuté les ordres qui lui ont été donnés, des réponses verbales et écrites qu'il a reçues aux lettres ou communications qu'il a présentées, ou bien aux représentations et propositions qu'il a faites de bouche; de la marche de l'affaire; des obstacles qu'elle rencontre, des incidents qu'il peut prévoir, etc., afin d'éviter le danger de s'engager dans des voies périlleuses, et de mettre son gouvernement

CHAPITRE IX.

DES DEVOIRS ET FONCTIONS QUE LES CONSULS ONT A REMPLIR.

Les devoirs des consuls sont fondés sur les traités positifs. sur l'usage commun et sur le droit public général; ils naissent de la nature de leur place par suite des lois commerciales et maritimes des nations.

Ces devoirs et fonctions, en dehors du cercle ordinaire des affaires *commerciales*, peuvent être de nature *administrative*, *judiciaire* et de *police* [1].

à même de le munir d'instructions relatives à l'objet de sa mission. (Ce qui précède, nous l'empruntons encore au *Guide diplomatique de M. le baron DE MARTENS*; et quoique destiné aux agents diplomatiques, il ne pourra pas moins être applicable aux agents consulaires à l'extérieur.) Dans sa correspondance d'office il séparera, autant qu'il le pourra, les différentes matières, et traitera chacune dans une dépêche à part. Les rapports consulaires doivent être numérotés, en sorte que l'on puisse vérifier si leur correspondance parvient avec régularité, et porter en marge de courtes notes, indiquant le sujet des communications.

[1] Ces fonctions peuvent être exceptionnellement de nature *diplomatique*, lorsque ces employés sont chargés spécialement de quelque mission politique et commerciale. Par le mot «diplomatique» nous n'entendons pas toutefois parler ici de négociations internationales et du domaine de la haute politique. Nous citons à l'appui de notre assertion quelques traités de commerce et de navigation fort importants, qui ont été négociés et conclus dans les vingt dernières années par des agents consulaires en pays chrétiens : En 1825, entre la Grande-Bretagne et la République Argentine; en 1831, entre la Saxe et les États mexicains: en 1833, entre la France et Vénézuela; en 1837, entre la Grande-Bretagne et le Pérou et Bolivie. et entre Vénézuela et les Villes anséatiques: en 1846, entre le Hanovre et la Grèce, etc.

SECTION PREMIÈRE

RAPPORTS DES CONSULS AVEC LES NATIONAUX

§ 1 Les consuls veilleront à ce que la bonne réputation et l'honneur de leur nation soient toujours conservés intacts, parce que c'est là ce qui inspire et entretient la confiance entre les peuples. Pour cet effet, ils sont obligés de prêter une attention particulière à ce qu'aucun négociant ou capitaine de navire ne ternisse cette considération nationale, en se permettant le commerce illicite ou quelque autre action déshonorante. Il n'est pas moins de leur devoir rigoureux de veiller à l'exécution des ordonnances de leur souverain, relatives au commerce et à la navigation.

§ 2. Les consuls sont chargés de protéger et de défendre les intérêts de leurs nationaux auprès des autorités étrangères, et il leur est recommandé d'apporter le plus grand zèle dans cette partie de leurs fonctions. Cependant ils ne perdront jamais de vue qu'ils sont des agents publics, et que, dans les relations avec leurs nationaux, ils ne doivent pas s'éloigner du caractère qui leur est conféré. Ils refuseront donc ouvertement leur appui, lorsqu'on se sera volontairement rendu coupable de quelque infraction aux lois du pays, et non-seulement ils ne défereront point aux demandes des négociants et navigateurs qui auraient pour objet des choses contraires aux lois du pays, ou aux ordonnances ou règlements de la patrie, mais ils réprimeront encore avec soin de tels écarts, et ils interdiront aux nationaux toute opération, toute démarche qui serait évidemment contraire aux intérêts politiques ou commerciaux de leur nation.

§ 3. Le consul aura la prudence de ne pas se mêler dans les contestations qui peuvent s'élever soit entre ses compatriotes, soit entre ceux-ci et les indigènes ou les autorités locales; mais lorsqu'il en est requis, il leur donnera son meilleur avis et leur prêtera son assistance, en protégeant la paix, l'harmonie et la bienveillance parmi eux, et en conciliant, autant que possible, les sujets des deux pays sur tous les points de discussion qui peuvent survenir.

§ 4. Ces fonctionnaires doivent en général exercer une surveillance paternelle sur leurs compatriotes, et les habituer à recourir plutôt à l'autorité consulaire qu'aux tribunaux du pays, toutes les fois que des discussions entre des sujets de leur nation peuvent exiger ce recours. C'est alors avec un esprit de conciliation et de justice que les consuls chercheront à terminer les différends à l'amiable, ou en provoquant un jugement arbitrale, qu'ils rendent eux-mêmes, ou, selon leurs instructions, conjointement avec des arbitres qu'ils choisissent avec discernement et autant que possible parmi les nationaux qui leur paraîtront les plus probes et les plus éclairés.

§ 5. Plus l'autorité confiée aux consuls est grande, plus ils doivent apporter de sagesse et de modération dans l'exercice de cette autorité. Les sujets d'un souverain placés sous la protection d'un consul forment une famille dont celui-ci est le chef, et c'est surtout comme chef de famille qu'il doit s'attirer le respect qui lui est dû comme délégué de la couronne.

§ 6. Les consuls de plusieurs pays ont le droit d'exiger que tout individu de leur nation, arrivant dans le lieu de leur résidence, se présente au consulat pour y produire son passeport et déclarer le but de son voyage.

§ 7. Aussi confère-t-on presque généralement aux consuls le droit de convoquer *tous* les négociants nationaux établis dans le port de leur résidence, ainsi que les capitaines des navires en rade, pour des affaires générales du commerce et d'un intérêt national. Ce droit a été rendu dépendant dans quelques états d'un ordre spécial du gouvernement.

SECTION II.

RAPPORTS AVEC LA MARINE MARCHANDE.

§ 1. Un devoir que les consuls sont strictement obligés de remplir, c'est celui de veiller sur les intérêts des navigateurs de leur nation, de les aider de leur secours en cas de malheur, et d'intervenir en leur faveur s'ils sont lésés; de les servir, dans toutes les circonstances, par leurs conseils et par leurs bons offices, enfin de protéger et de défendre leurs personnes, leurs vaisseaux, leurs propriétés, leurs droits et leur liberté.

§ 2. A cet effet, ils devront, si le cas le requiert et en se conformant aux recommandations mentionnées section Ire, § 2, de ce chapitre, faire aux autorités locales des représentations verbales ou par écrit, élever des réclamations dans la forme légale, et rendre compte au ministère des affaires étrangères des différents objets relatifs à leur obligation susmentionnée.

§ 3. Les consuls sont tenus de faire connaître aux capitaines arrivant pour la première fois dans le port, ou qui auraient une connaissance imparfaite des règlements y établis, tout ce qui leur importe de savoir par rapport aux lois et usages du lieu, particulièrement les prohibitions d'importation ou d'exportation et autres ordonnances semblables, afin qu'ils puissent se régler sur cet avis et éviter des détriments.

Les consuls feront bien d'avoir toujours une note toute prête, renfermant l'exposé de ces notions, d'en donner lecture aux arrivants, et d'y apporter des changements et des suppléments, selon qu'il sera nécessaire

§ 4. Ils veilleront, autant qu'il est en leur pouvoir, à ce que les capitaines et subrécargues, ou autres individus qui viendront dans l'arrondissement de leur consulat, traitent les affaires de leur commerce avec intégrité et bonne foi, afin de conserver dans toute sa pureté le crédit de la nation.

§ 5. Quant à ceux qui manqueront frauduleusement à leurs engagements et commettront des actions indignes, les consuls les réprimanderont avec douceur, en leur faisant connaître leur faute. Si ces individus continuent à se conduire contre les principes de l'honneur, le consul devra soumettre le cas à son gouvernement.

§ 6. Les consuls doivent prendre une connaissance exacte de tous les bâtiments naviguant sous le pavillon de leur nation, qui arrivent dans les ports de leur arrondissement et qui en sortent.

§ 7. Lorsqu'un tel navire arrive dans un port étranger, le consul est en droit d'exiger du capitaine, conformément aux règlements, qu'il se présente, sans délai et dans un temps fixé, au consulat, pour exhiber ou déposer le passeport du bâtiment et le rôle d'équipage, et, conformément aux prescriptions de quelques pays, présenter en même temps une copie du manifeste de chargement, signée par lui.

§ 8. Le capitaine rend compte de l'ordre existant à son bord, de la santé de l'équipage, et il fait un *rapport*, indiquant l'époque de son départ, la nature et la valeur de la cargaison, la route qu'il aura tenue, les jours employés pour le voyage, les désordres, accidents, rencontres, périls et autres circonstances qui auraient pu arriver pendant la traversée et qu'il importe de connaître.

§. 9. Le capitaine qui manquerait à ce devoir indispensable, encourrait une amende selon les lois maritimes de son pays, et le consul devrait porter cette contravention à la connaissance du ministère des affaires étrangères, en désignant le nom du navire et du capitaine, le port auquel il appartient, afin que des poursuites puissent être faites pour le recouvrement de l'amende.

§ 10. Il est donc du devoir du consul, si le capitaine négligeait de délivrer les papiers de bord, de lui faire connaître de quelle nécessité est cette exhibition, en lui démontrant que la loi l'exige, et qu'en cas de refus ou de négligence, il encourrait une amende.

§ 11. Presque tous les règlements consulaires donnent à ces fonctionnaires le pouvoir, toutes les fois qu'ils le jugent à propos et quel que soit le motif qui les y porte, de vérifier la déclaration qui leur a été donnée, et d'examiner les susdits documents, de même que le livre de décomptes des appointements des officiers et des marins, l'acte de propriété, la charte-partie et les passe-ports des passagers. Quelques règlements, allant plus loin, exigent, dans l'intérêt des fréteurs, que le consul, après examen, certifie véritables les comptes de dépenses du vaisseau.

§ 12. Le consul aura soin de noter sur un registre consulaire l'entrée des papiers du navire qu'il aura reçus, comme on vient de le mentionner, d'y marquer le nom du bâtiment et du capitaine, le jour de son arrivée, le nombre de matelots et la cargaison par lasts ou tonneaux, sa nature et sa valeur, et d'y consigner tous les détails dont le capitaine lui a rendu compte. Il procédera de même lors du départ du navire.

§ 13. Le consul doit pareillement veiller à ce que le capitaine d'un navire ne parte pas sans se présenter au consulat, pour indiquer le lieu de sa destination et celui ou ceux dans lesquels il a l'intention de faire échelle, etc., et exhiber les expéditions de la douane et du préposé particulier du pont. Enfin le consul lui rendra ses papiers et son passe-port avec le *visa* nécessaire, pour qu'il puisse continuer son voyage.

Les consuls sont quelquefois chargés de n'accorder le passe-port que lorsque le capitaine et l'équipage ont satisfait à toutes les réclamations qui leur sont faites légitimement, à moins que le consignataire du navire se porte lui-même caution.

§ 14. Les lois de navigation de quelques pays prescrivent au capitaine de prendre un certificat du consul, constatant l'époque de son arrivée, celle de son départ, l'endroit d'où il est venu, où il va, pour le compte de qui, quelle est la cargaison, et enfin combien le capitaine a payé en honoraires au consul.

§ 15. Conformément aux codes maritimes de presque toutes les nations, le capitaine de navire qui a essuyé en cours de voyage des *avaries grosses,* en entrant dans un port de relâche forcée, aura à faire à son consul une déclaration solennelle et circonstanciée du voyage, se réservant de réclamer de qui de droit le montant des avaries souffertes. En suite de cet acte, nommé *consulat* ou *protestation,* le consul, d'après les données du capitaine et de l'équipage, dressera un procès-verbal (*Modèle,* chap. xix, n° 7), signé par toutes les parties, qu'il insérera dans son livre, et il donnera des copies légalisés aux personnes intéressées qui en demanderont.

§ 16. Il convient de faire observer que, vu la complication des intérêts, dans le cas que d'autres que des nationaux participent aux dommages, il n'est pas sans conséquence de décider si le consul du port où le navire décharge est bien l'autorité compétente pour recevoir des protestations [1] (*Modèle,* chap. xix, n° 8), et particulièrement pour présider au règlement des avaries.

---

[1] Les consuls de Prusse verront, par l'article III du règlement consulaire, qu'ils doivent recevoir les protestations (*Verklarungen*) affirmées par serment du capitaine et de l'équipage, dans le cas que les autorités constituées du lieu ne procèdent pas elles-mêmes à cette formalité

La rédaction des règlements consulaires, en mentionnant la nécessité d'une taxe des dommages qu'un vaisseau aura éprouvés en cours du voyage, laisse souvent indécise la question de savoir dans quels cas la répartition des avaries doit être faite par les autorités locales selon les lois du pays, ou par le consul respectif.

On a assez généralement admis le principe que, si des individus de la nation du consul, conjointement avec des habitants du pays où il réside, sont intéressés dans la cargaison, l'avarie est réglée par les tribunaux du pays; toutefois il est permis au consul d'y assister dans l'intérêt de ses nationaux. Et lorsqu'il n'y a d'intéressés que des nationaux, c'est, sur la réquisition du capitaine, le consul qui, avec les mandataires des propriétaires, s'il y en a sur les lieux, nomme des experts pour visiter, en sa présence et en celle desdits mandataires, les dommages essuyés par le navire et les marchandises sauvées; les avaries ayant été estimées par les experts, le consul légalise la taxe affirmée par serment.

§. 17. Si le capitaine a été forcé, pour sauver le navire, de *jeter* à la mer une partie de la cargaison, il doit en faire au consul une déclaration solennelle, désignant en détail la quantité, la nature et la valeur présumée des objets jetés, ainsi que les circonstances qui l'ont contraint à cette extrémité. Le consul dressera, d'après les données du capitaine et de l'équipage, un procès-verbal, qu'il insérera dans son livre, et en donnera des extraits légalisés aux personnes intéressées qui en demanderont.

§ 18. Pour ce qui concerne les avaries *ordinaires* ou simples, et les avaries *particulières* [1] que le navire et la car-

---

[1] Les *avaries grosses*, générales ou extraordinaires, qui doivent être couvertes par une contribution proportionnelle entre la valeur des marchandises, la valeur ou une part de la valeur du navire, et une part du montant du fret, ont besoin d'être réglées et réparties.

gaison auraient éprouvées soit en pleine mer, soit dans le port, le consul, suivant les règlements de plusieurs pays, est obligé, spécialement s'il n'y a pas de consignataire chargé des intérêts du propriétaire ou un fondé de pouvoirs sur les lieux. de contrôler le dommage qui a été causé, de vérifier les déboursés qu'exige l'état du bâtiment et de la cargaison, et d'inspecter soigneusement et en détail les réparations faites par le capitaine, afin d'empêcher les capitaines intéressés de s'éloigner de la fidélité qu'ils doivent à leurs fréteurs. Ayant trouvé justes les comptes y relatifs, il les légalisera par sa signature.

§ 19. Le capitaine de navire peut être contraint, pour le bien du vaisseau ou de la cargaison, d'emprunter, dans un port de relâche forcée, à la *grosse aventure*. Il est de rigueur que des emprunts de cette nature ne peuvent être contractés sans le consentement des commissionnaires des armateurs, s'il y en a, et qu'ils ne peuvent être effectués que sur le corps du navire, ou sur le navire et les marchandises conjointement; ils doivent être annotés sur les papiers de bord et respectivement sur les connaissements, et le capitaine est tenu de faire par écrit avec le donneur un contrat à la grosse, en se réglant pour sa rédaction sur les lois du pays, si le prêteur est un étranger.

Si par raison de cette clause la rédaction de ces contrats appartient aux autorités du lieu, le capitaine portera néanmoins à la connaissance de son consul la nécessité de l'emprunt, particulièrement s'il n'y a pas de correspondants des armateurs sur les lieux, et il est obligé de déclarer avec les gens de l'équipage (selon les lois de Prusse, avec le second et deux matelots), sous serment, devant les autorités compé-

Les *avaries ordinaires* et *particulières* qui retombent à la charge du navire ou des choses qui ont souffert le dommage ou occasionné la dépense. ne sont point sujettes au règlement.

tentes du port, ou, celles-ci ne procédant pas elles-mêmes à cette formalité , devant le consul qui en dressera procès-verbal, les circonstances qui le contraignent à l'emprunt.

§ 20. Si un capitaine fait reconstruire son navire dans un port étranger, et qu'à cette reconstruction le navire subisse un changement essentiel à l'égard de son extérieur et de son port, le consul doit indiquer les motifs sur les papiers de bord, en autorisant le capitaine à continuer de s'en servir jusqu'à ce que le navire soit retourné dans un port national.

§ 21. D'après la plupart des règlements, la propriété de bâtiments appartenants à des nationaux, et vendus en pays étranger, est transférée selon les lois et les usages du lieu de la vente. Le consul est chargé de veiller à ce que les droits des tiers soient respectés, les loyers de l'équipage dûment payés, et à ce que le capitaine dépose entre ses mains une somme suffisante pour l'entretien et le renvoi de l'équipage. Quelques gouvernements prescrivent que le consul surveille les ventes qui pourraient se faire des navires de son pays dans les ports de son arrondissement, et qu'il exige, hors le cas d'innavigabilité bien constaté par des experts, que le capitaine lui exhibe une procuration régulière ou tout autre document légal qui l'autorise à effectuer cette vente. Ce ne sera qu'après avoir reconnu la validité de ce titre, qu'il donnera son consentement pour l'exécution, toutes les fois qu'il aura la conviction que le prix donné de bonne foi pour le navire correspond à sa valeur. Dans tous le cas, si l'acheteur n'est pas sujet de son souverain, le consul devra retirer immédiatement tous les papiers qui constatent la nationalité du navire; il en donnera reçu au capitaine, les biffera, les coupera en sa présence, et les transmettra en cet état au ministre des affaires étrangères [1].

---

[1] Voyez *deuxième partie*, circulaire n° V du ministère des relations extérieures de S. M. le roi de Prusse, en date du 16 avril 1845.

§ 22. S'il se trouve quelque navire condamné pour innavigabilité par l'autorité compétente, ou abandonné du capitaine ou du consignataire par un motif quelconque, le consul, ayant vérifié qu'il n'existe aucun fondé de pouvoirs du propriétaire, s'occupera de mettre en sûreté le navire et la cargaison, jusqu'à ce que les propriétaires ou les assureurs aient fait parvenir leurs ordres.

§ 23. Dans le cas qu'un capitaine aurait éprouvé un pillage de la part d'un pirate, il devra en faire au consul un rapport circonstancié ; il en agira de même, s'il a été obligé d'abandonner son navire par fortune de mer ou pour cause d'innavigabilité.

§ 24. Si l'on a fait arrêt sur un navire national par suite d'un procès, le consul prendra toutes les peines possibles pour faire lever la saisie, sur la présentation d'une caution de la part des armateurs ou des affréteurs.

§ 25 Lorsque, en temps de guerre et par les ordres d'un gouvernement étranger, un embargo a été mis sur un bâtiment neutre, ou que ce bâtiment a été arrêté, comme aussi si un tel navire a été amené comme prise par un vaisseau de guerre ou armé en course dans les ports de l'arrondissement du consul, ou lorsque dans cette circonstance il est intenté de la part du capteur une action par-devant le juge du lieu, le consul respectif, en en faisant incessamment rapport à la légation de son souverain et au ministère des affaires étrangères, emploiera les moyens convenables pour obtenir la relaxation, ainsi que des indemnités, s'il y a lieu, et fera, en attendant l'issue de ses démarches, tout ce que pourront nécessiter la conservation et la sûreté des équipages [1].

---

[1] Pour les informations générales que les consuls attendraient sur leur intercession dans les cas qui se rapportent à la liberté de la navigation et du commerce des *nations neutres* pendant la guerre, ce sont, en outre leurs instructions générales et spéciales, les traités subsistant entre les

§ 26. Lorsqu'un consul apprendra qu'un navire de sa nation, en relâche dans un port de son arrondissement, se dispose à se rendre dans un lieu dont l'accès offrirait de graves dangers par suite d'une interdiction de commerce, d'un blocus, de l'état sanitaire ou par d'autres obstacles, il en préviendra le capitaine, et lui fera connaître s'il y a quelque autre port de la même nation où il puisse aborder en sûreté.

§ 27. S'il existe dans les pays des administrations sanitaires qui, d'après les règlements locaux, doivent fournir aux capitaines partants des certificats de santé, il veillera à ce que le capitaine remplisse les formalités convenables et s'en pourvoie au besoin.

etats respectifs, qui guideront ces fonctionnaires dans ces questions difficiles.

Selon le droit des gens universel et naturel, quoiqu'on s'en soit parfois ecarté, en adoptant des maximes et des règles opposées, *un vaissau neutre rend la cargaison neutre.*

Tandis que pour ce qui regarde, entre autres sujets qu'embrasse la neutralité maritime, *le jugement des prises*, les nations sont quelquefois convenues par des traités que la juridiction dans les disputes qui s'élèvent sur les questions du commerce neutre entre le capteur et les réclamants serait attribuée au seul souverain du capteur, d'autres nations qui ne sont pas liées par des traités de commerce et des stipulations, concernant le jugement des prises, soutiennent que la nation belligérante n'a aucune juridiction ni sur la mer où la prise a été faite, ni sur le navire enlevé, ni sur son chargement, ni sur les négociants auxquels ils appartiennent. On trouve dans *Erzählungen merkwürdiger Fälle des neuern europäischen Völkerrechts, de* G. F. DE MARTENS, Thl. II, p. 236, un exemple où ce principe a été soutenu par la Prusse, qui s'est fondée sur une déduction adressée, en 1752, au gouvernement anglais.

En fait de neutralité maritime, la Prusse a reconnu les principes proclamés par la Russie en 1780. Ces principes se trouvent posés et développés dans les traités que les états susdits ont conclus entre eux le 8 mai et 6/19 décembre 1800. Cependant l'association des puissances pour la protection réciproque du commerce neutre a été dissoute bientôt après.

Nous recommandons aux consuls qui desirent se procurer de justes notions sur ces matières importantes, les ouvrages de DE STECK, *Essais sur divers sujets relatifs à la navigation et au commerce pendant la*

§ 28. Nous terminerons cette section, en faisant observer que le remplacement d'un capitaine de navire à l'étranger ne peut communément s'effectuer que sur l'exhibition des pouvoirs de la part du consignataire, que le propriétaire lui aurait conférés pour cet objet, ou dans le seul cas de maladie ou d'autre accident, et avec l'autorisation du consul résidant dans le port.

SECTION III.

RAPPORTS DES CONSULS AVEC LES MARINS DE LEUR NATION.

§ 1. Les consuls doivent protection et secours particulièrement aux marins naufragés, malades, ou tombés dans l'indigence dûment constatée, jusqu'à ce qu'ils aient occasion, si

guerre, 1794, et DE MARTENS, *Précis du droit des gens moderne de l'Europe*, 1821.

Il ne saurait être dans notre intention de nous étendre, par analogie, sur la faculté qu'ont les consuls, d'autoriser en temps de guerre les *armements en course*, et sur les obligations et les formalités qu'ils ont à remplir dans les affaires des *prises*. Nous nous contentons d'avoir touché à ces matières, formant des parties spéciales de la législation des états maritimes, et qui doivent être étudiées dans leur intégrité.

Il se trouve une analyse de la loi du 2 prairial an XI dans l'ouvrage de LAGET DE PODIO : *De la juridiction des consuls de France à l'étranger*, p. 245 à 303, sur laquelle nous appelons l'attention des consuls qui désirent s'instruire sur les importantes matières qui dérivent de la *course maritime*, d'après les lois françaises, que nous considérons comme les plus complètes sur ce sujet.

Pour le maintien des intérêts et des droits de la société humaine, quelques puissances ont songé à abolir entièrement le système des *armements en course*, et c'est encore la Prusse qui a été une des premières à donner l'impulsion par une stipulation exprimée par l'article XXIII du traité avec les États-Unis d'Amérique, portant qu'il ne serait point donné de lettres de marque, lorsque ces deux états se feraient la guerre. Mais ce sage exemple n'a pas été imité, et la stipulation que nous venons de mentionner a été supprimée, dans le traité de 1799, entre ces deux états, ainsi que dans le traité subséquent de 1828.

On lira aussi sur ces matières avec avantage : *Essai concernant les armateurs, les prises et reprises, par* G. F. DE MARTENS, 1795.

tel est leur désir, de les renvoyer dans la patrie; devant préférer la voie de mer, ils profiteront à cet effet d'un bâtiment de leur nation. Le consul n'est pas tenu cependant de prêter cette protection aux matelots qui auraient servi sous un pavillon étranger. Les lois des pays maritimes fixent pour ce cas le nombre de marins que les capitaines doivent prendre à leur bord, en proportion du tonnage du navire, sans autre indemnité que celle de la nourriture, ou sous les conditions qui pourront être arrêtées avec le consul pour ceux qui sont en effet incapables de travailler [1].

§ 2. A défaut de navires nationaux, les consuls pourront faire embarquer ces individus sur des bâtiments étrangers. Ils règleront alors le prix du passage le mieux qu'il leur sera possible dans l'intérêt des propriétaires des navires sur lesquels lesdits marins ont servi.

§ 3. Si un marin tombe malade, ou s'il est blessé étant au service du navire, le consul, après avoir recueilli sur cet objet une déclaration en forme de la part du capitaine, sollicite près des autorités locales l'admission dans les hôpitaux. Les frais de traitement sont à la charge du capitaine, et il appartiendra au consul de déterminer ces frais d'après une fixation équitable et proportionnée aux circonstances des lieux et des personnes. Le capitaine déposera entre les mains du consul la somme que celui-ci aura déterminée à l'effet de couvrir les frais de la maladie, ou il pourra, avec l'agrément

---

[1] On trouve consignées dans l'ordonnance royale du 5 octobre 1833 et dans la circulaire ministérielle du 24 avril 1834 (voyez *deuxième partie,* sous n° VII *a* et *b*), les dispositions de la législation de Prusse, à l'égard de l'obligation qu'ont les capitaines de navire de prendre à leur bord, sur la réquisition du consul, les matelots prussiens qui, à la suite de naufrage, de prise de corsaire ou de pirate, ou par d'autres causes, se trouvent dans un état d'indigence, et de les mettre à terre dans le port de leur destination, ainsi que relativement au devoir des autorités consulaires d'effectuer autant que possible par leur entremise le retour desdits matelots dans la patrie.

du consul, donner une caution solvable: en tout cas, il s'en rendra garant.

§ 4. Les déboursés pour l'entretien et le passage des marins naufragés sur un bâtiment national, ou de ceux qui appartiennent à des navires nationaux vendus à l'étranger, démolis, détruits, abandonnés ou condamnés pour cause d'innavigabilité, ou qui auraient été laissés à terre à la suite de quelque accident, sont dans la règle aux frais des armateurs des navires auxquels ces marins ont appartenu. Aussi, le consul veillera-t-il à ce que le décompte soit fait et payé, s'il est possible, avec le produit du navire et des débris, y compris le fret acquis. Indépendamment de la solde due aux marins, la somme estimée nécessaire pour les frais de leur rapatriement devrait donc être prélevée sur les produits ci-dessus mentionnés [1].

§ 5. Les frais de subsistance et de passage des marins échappés d'une prise, incapables de servir et sans ressources

---

[1] Les consuls de Prusse trouveront consignées les dispositions législatives touchant *les rapports entre les capitaines de navire et les marins*, dans le *Code général* (*Allgemeines Landrecht*. T. II, Tit. VIII, § 1534 à 1619). Nous pourrons leur recommander, pour leur instruction dans toutes ces matières, un recueil de lois extrait du *Code générale*, et imprimé séparément à l'usage des patrons de navires prussiens, sous le titre : *Die Vorschriften des zweiten Theils, achten Titels, allgemeinen Landrechts über Rheder, Schiffer und Befrachter, Haverei, Seeschäden, Versicherungen und Bodmerei. Stettin* 1843.

Lorsque, selon les § 1573 à 1579, le voyage n'est pas achevé par suite de quelque hasard ou par ordre de l'armateur, celui-ci est obligé de payer, avec certaines modifications, les frais de rapatriement et la solde des marins.

Au cas que le navire soit pris par les ennemis, ou par des pirates, ou qu'il ait totalement péri par accident, l'équipage ne peut prétendre à aucun dédommagement; mais si le navire ou une partie de la cargaison étaient relâchés, ou que des marchandises ou des effets du navire naufragé eussent été sauvés, n'importe si le navire et le chargement sont assurés ou non, les marins, déduction faite des frais de sauvetage, devront être payés de ce qui reste, pour les frais de retour et de leur solde.

pécunières, dans le cas qu'ils témoignent le désir de retourner dans la patrie, sont ordinairement à la charge de l'état. Si le consul est autorisé à faire à ce sujet les avances strictement indispensables, elles seront faites sur la caisse du consulat, et justifiées par les pièces et procès-verbaux, propres à établir la nécessité et la régularité de la dépense. Le consul annotera toutefois sur le passeport du marin partant la somme qu'il aura déboursée pour lui.

§ 6. Quant aux marins étrangers ayant appartenu à des navires nationaux vendus, démolis ou détruits, le consul, après s'être assuré s'il a été possible d'acquitter leurs salaires et de pourvoir à leurs frais de retour, les dirigera vers leurs consuls respectifs.

§ 7. Les matelots sujets de la nation du consul, qui se seraient enrôlés dans un port de leur pays sur un navire national, ne pourront dans la règle quitter volontairement le navire ou être congédiés dans les ports étrangers. Aussi ne devront-ils, sous aucun prétexte, quitter leur service avant que le bâtiment ne soit retourné dans un port national, sauf le cas d'empêchement légitime, qui devra être constaté par une attestation délivrée par le capitaine.

§ 8. Le consul doit également veiller à ce qu'un maître de navire ne congédie pas un de ses matelots en pays étranger avant le voyage terminé, excepté dans les cas prévus par les lois maritimes des pays respectifs, à moins qu'il veuille avoir soin de faire rapatrier à ses frais un tel sujet, demeurer responsable d'une telle mesure, et lui payer le montant entier de son loyer [1].

---

[1] Le § 1553 du *Code général de Prusse*, mentionné d'autre part, porte : « En cas que le capitaine congédie un marin dans le cours du voyage, « sans raison légale, il est obligé de lui payer, outre les frais de retour, ou « le montant entier de son loyer, ou, selon le mode d'engagement, un « solde de quatre mois. »

§ 9. Néanmoins tout capitaine sera libre, dans le cas de consentement commun, de permettre à qui que ce soit de son équipage de s'engager à bord d'un autre navire portant le pavillon national, ce dont il doit pourtant aussitôt faire part au consul.

§ 10. Si quelque marin désertait d'un navire national, dans le cours ou avant le terme du voyage pour lequel il s'est engagé, les consuls interviendront auprès des autorités locales, requérant leur assistance et leur aide pour découvrir et arrêter le déserteur dont l'extradition s'effectuera moyennant le remboursement des frais que cette réclamation aura occasionnés, et qui sont à l'ordinaire déduits des salaires des réfractaires. Cette aide leur sera universellement accordée, et l'extradition s'effectuera, soit en vertu des traités, soit par voie de réciprocité, dans l'intérêt de tous les états et en conformité avec le droit des gens positif.

§ 11. Si le déserteur est un étranger, le consul tâchera de le ramener à ses devoirs, soit par l'intervention du consul de la nation à laquelle cet individu appartient, soit, d'après les circonstances, par la voie des autorités locales, en ne refusant par d'ailleurs de faire rendre justice au matelot, si le capitaine a des torts envers lui.

§ 12. Mais si les autorités du pays arrêtent des marins ou procèdent contre eux pour cause de délits de leur compétence, le consul se contentera de faire les démarches nécessaires pour que ces hommes, ainsi arrêtés, soient traités avec humanité, défendus et jugés impartialement.

§ 13. Tout changement qu'apporte un capitaine dans son rôle d'équipage doit être communiqué au consul, qui exigera d'en connaître les motifs, pour pouvoir les apprécier et y intervenir au besoin.

§ 14. Il est de plus enjoint aux consuls d'avoir soin que chaque changement à l'égard de l'équipage, soit par accession, maladie, décès, désertion, ou autrement, soit exactement indiqué sur le rôle d'équipage, et que le nombre de matelots étrangers, dont les circonstances exigeraient l'engagement, soit tel qu'il se trouve toujours dans l'équipage le nombre de nationaux déterminé par la loi [1].

§ 15. Au cas que le capitaine prétendrait abuser des obligations imposées aux matelots, qu'ils auraient à se plaindre de lui pour des vexations ou des torts essuyés soit dans la qualité, soit dans la quantité des rations, ou qu'ils éprouveraient des torts ou même du retard dans la perception de leurs salaires, le consul leur prêtera sa protection et son appui d'après les prescriptions de ses instructions à cet égard.

§ 16. Il devra aussi prendre les plus grandes précautions, dans le cas d'accusation portée contre les marins de la part des officiers, pour ne pas confondre une désobéissance simple et accidentelle avec le crime de mutinerie. En cela et dans tous les autres cas, il est particulièrement recommandé aux consuls que, si d'un côté ils aident les maîtres de navires dans l'exercice de leur autorité, d'un autre ils empêchent et préviennent l'oppression des marins par leurs officiers. Un des premiers devoirs du consul est de protéger et de conserver à l'état cette classe d'hommes, dont la vie habituelle réclame une espèce de tutelle pour leurs personnes et leurs intérêts dans les pays étrangers : mais, en même temps, une stricte vigilance devra être exercée sur leur conduite.

---

[1] Nous nous référons a ce sujet, et relativement aux qualités qui constituent en général la nationalité d'un bâtiment *prussien* et le droit de mener le pavillon national, à la Circulaire ministérielle n° V en date du 16 avril 1845, *deuxieme partie.*

SECTION IV.

RAPPORTS DES CONSULS AVEC LA MARINE MILITAIRE.

§ 1. La tâche du consul sera particulièrement de rendre tous les services qui dépendront de lui aux vaisseaux de guerre de sa nation qui s'arrêteraient dans le port de sa résidence, et il en assistera les commandants toutes les fois que cela pourra contribuer au bien et aux convenances du service pour lequel le vaisseau est destiné.

§ 2. Il s'empressera de faire toutes les démarches nécessaires pour préparer et maintenir le bon accord entre les officiers commandants et les autorités locales.

§ 3. Les consuls et les officiers commandants auront soin de se communiquer réciproquement tous les renseignements qui pourraient intéresser le service de l'état et le commerce maritime.

§ 4. Lorsqu'il existe un bâtiment de guerre dans le port de la résidence du consul, la police des navires de commerce lui étant également dévolue, le consul devra, dans ce cas, s'entendre avec le commandant des forces navales de sa nation pour ce qui intéresse la partie de ses attributions qui devient commune en ce qui concerne la surveillance et la protection de la navigation.

§ 5. Si des hommes désertent des bâtiments de guerre, le consul, sur la dénonciation qui lui en sera faite en forme, interviendra auprès de l'autorité locale, pour qu'ils puissent être poursuivis et arrêtés.

§ 6. En cas de naufrage d'un bâtiment de la couronne, les consuls mettront le plus grand zèle à s'entendre avec le commandant et les officiers respectifs, sur les mesures à prendre pour le sauvetage, sauf la préférence due auxdits commandants et officiers.

§ 7. Les consuls de plusieurs puissances, représentant l'administration de la marine au dehors, sont autorisés à pourvoir aux besoins des vaisseaux de l'état.

SECTION V.

JURIDICTION CONSULAIRE.

§ 1. Il s'est opéré, dans le temps moderne, de grands changements dans cette partie des attributions consulaires. Avec l'extension des relations internationales, les missions permanentes, l'esprit de conciliation des nations, et la facilité de communication, l'étendue de la juridiction dévolue aux consuls a graduellement diminué.

Les puissances de l'Europe ayant reconnu qu'en principe la juridiction sous-entend un droit de souveraineté, les collisions auxquelles l'exercice des fonctions judiciaires des consuls dans les domaines d'un autre souverain ont pu donner sujet, ne sont pas restées non plus sans influence sur la restriction du pouvoir judiciaire de ces fonctionnaires.

§ 2. L'exercice de la juridiction reposant, comme nous venons de le dire, tout entier sur la concession du souverain territorial, les traités subsistants entre les deux nations respectives, fournissent d'un manière plus particulière au consul la mesure la plus explicite des droits auxquels il peut prétendre.

Quant aux traités contractés par les puissances chrétiennes entre elles, un grand nombre a stipulé pour les consuls la juridiction arbitrale, laissant toutefois aux parties la faculté de choisir les tribunaux locaux, ou directement, ou bien par appel de la sentence consulaire; en raison d'autres traités, le recours direct ou par appel ne peut avoir lieu qu'auprès des autorités et des tribunaux du pays des parties [1].

---

[1] L'*arbitrage* est la voie par laquelle un ou plusieurs individus non-magistrats, que les parties litigantes choisissent volontairement, jugent

§ 3. Après les traités, ce sont les lois, les ordonnances, les décisions des tribunaux, qui, avec les instructions consulaires, précisent l'espèce et l'étendue de juridiction attribuée aux consuls.

Les instructions seules, dans ce cas comme en tout autre, ne sauraient suffir pour déterminer les droits et les attributions consulaires, attendu que leur exécution dépend de l'assentiment de la souveraineté territoriale; mais non-seulement elles font connaître au consul la mesure des facultés que son gouvernement veut lui déférer, mais on peut inférer aussi de ces documents la latitude des pouvoirs que le gouvernement qui les a émis est disposé à accorder dans ses états aux consuls étrangers par voie de réciprocité [1].

§ 4. Les gouvernements qui défèrent à leurs consuls la faculté de la juridiction *criminelle* pour les délits qui se com-

des différends qui auraient pu être portés devant les tribunaux. D'après l'idée générale, un recours en droit proprement dit contre la décision de l'arbitre ne peut avoir lieu, qu'autant que les parties se seront réservé une procédure ultérieure par le compromis, soit oral, soit par écrit. qu'elles établissent entre elles, ou que la législation de l'état dont elles sont les sujets en aura autrement disposé relativement aux causes arbitrales intentées par-devant le consul à l'étranger.

La composition à *l'amiable* est la voie d'après laquelle les parties chargent certaines personnes de prononcer sur leur différend, comme elles le croiront le plus juste et sans s'embarrasser de toute forme de procédure.

Hors le cas d'un compromis d'arbitrage, les consuls ne peuvent prononcer de sentence en affaires purement *contentieuses* que lorsqu'une parfaite autorité judiciaire leur est dévolue pour certains cas par leurs gouvernements, en raison de la législation particulière du pays, et que par conséquent le défendeur est tenu de se rendre à l'assignation et de se soumettre au jugement du consul, sauf toutefois la suite légale des instances.

[1] En fait de concessions, de quelque nature que ce soit, faites à d'autres nations sur le principe de la réciprocité, le consul prendra garde d'invoquer la jouissance de ces mêmes concessions et de ne les réclamer que dans le cas qu'il serait sûr que son propre gouvernement fût disposé à les accorder à son tour.

mettent à bord de navires nationaux entre hommes de l'équipage, limitent ce pouvoir à la juridiction *correctionnelle*, et seulement même pour autant que les peines, d'après les lois respectives, ne sont pas censées *afflictives*.

§ 5. En matière *civile*, plusieurs gouvernements confèrent à leurs agents consulaires la juridiction *contentieuse* dans les différends entre les capitaines et leurs équipages et entre les matelots, et ils peuvent réclamer, s'ils en sentent le besoin, l'assistance des autorités locales pour l'exécution et le maintien de leurs décisions; la juridiction *arbitrale* leur est dévolue pour tous les autres nationaux [1]. D'autres consuls exercent l'arbitrage sur tous les sujets de leur souverain, s'ils ne parviennent pas à les concilier à l'amiable.

---

[1] Nous citerons ici un extrait des «Instructions pour les consuls de S. M. hellénique,» offrant un ensemble de prescriptions et de motifs raisonnés, propres à rappeler au consul grec, dans toutes les circonstances, les vues et la tendance de son gouvernement à l'égard des attributions judiciaires qu'il veut lui déléguer.

Ces instructions portent :

«Les navires grecs entrés dans un port étranger ne peuvent être indé-
« finiment considérés comme lieux étrangers, et la protection qui leur est
« accordée ne saurait dessaisir la juridiction territoriale pour tout ce qui
« touche l'intérêt de l'état dans les ports duquel ils se trouvent.

« Admis dans un port étranger, ces navires sont donc soumis aux lois
« de police qui régissent le lieu où ils sont reçus, et les gens de leurs
« équipages sont également justiciables des tribunaux du pays pour les
« délits qu'ils y commettraient, même à bord, *envers des personnes étran-
« gères à l'équipage*, ainsi que pour les conventions civiles qu'ils pour-
« raient faire envers elles.

« Cependant il est de droit commun, indépendamment des traités par-
« ticuliers et sans qu'ils soient nécessaires, que toutes les discussions
« relatives aux salaires et conditions d'engagements de gens de mer, et
« toutes les contestations entre les gens de l'équipage, ou entre eux et
« leurs capitaines, ou entre les capitaines de divers bâtiments nationaux,
« soient terminées par les consuls.

« Il est également reconnu que la juridiction territoriale n'a pas lieu à
« l'égard des délits *qui se commettent à bord entre hommes de l'équipage*,
« et que dans ce cas, s'agissant de la discipline intérieure du vaisseau,

§ 6. Cette dernière attribution, la plus généralement accordée, et qui, sans déroger au droit des gens positif, concilie à la fois l'usage, les lois et les instructions, est celle que nous allons définir plus amplement dans le paragraphe suivant.

Lorsqu'il s'élève dans la circonférence de la juridiction du consul des contestations entre des individus de sa nation, soit entre les capitaines de navire et leurs équipages, soit entre négociants et autres, le consul est tenu, en tant qu'il dépend de lui, de faire tous ses efforts pour terminer leurs différends à l'amiable, et prévenir des procédures judiciaires. Lorsque les parties se soumettent volontairement à son arbitrage, il doit donner sa sentence arbitrale gratuitement, en toute impartialité et d'après sa conviction. A cet effet il entendra chacune

« l'autorité locale ne doit pas s'ingérer, toutes les fois que son secours
« n'est pas réclamé, ou que la tranquillité du port n'est pas compromise. »
(Ce principe est également reconnu en France par une décision du conseil d'état, approuvée le 20 novembre 1806, et par une ordonnance en date du 29 octobre 1833.)
« Les consuls connaissent donc de tous les différends survenus dans
« le ressort de leur département, entre les capitaines, matelots et autres
« individus embarqués sur les navires de commerce, sauf aux consuls à
« permettre aux plaignants de recourir à qui il appartiendra, suivant les
« circonstances, dans le cas où ils ne pourraient rendre justice par eux-
« mêmes.
« Les consuls ne peuvent juger définitivement en matière criminelle
« que les affaires où il n'y a pas lieu de prononcer des peines afflictives.
« Les peines de simple correction seront prononcées par eux confor-
« mément aux lois sur la police de la navigation. Mais s'il s'agissait d'un
« crime ou délit commis par quelques gens de mer, où il peut échoir des
« peines qui, suivant les lois sur la police de la navigation, sont censées
« afflictives, les coupables seraient arrêtés et envoyés en Grèce par le
« premier bâtiment grec, etc. Le coupable serait accompagné d'une
« expédition des pièces de la procédure, adressée à l'autorité grecque du
« lieu de la destination.
« Si le prévenu s'est enfui du navire, son arrestation définitive et sa
« détention sont des actes extérieurs de pouvoir, qui ne peuvent être
« exécutés que par les agents de l'autorité locale. Dans cette circonstance
« le consul transmet sa demande par écrit aux officiers compétents, qui,
« après en avoir reconnu la justice, lui donneront aide pour faire les

des parties pour l'éclaircissement et l'exacte exposition des faits, se fera présenter les papiers et documents; dressera, si l'affaire est de quelque importance, procès-verbal, et après avoir scrupuleusement approfondi la question, il la résoudra de la manière la plus juste et la plus expéditive, ayant toujours en vue les lois de son pays et les coutumes commerciales et maritimes. Dans les procès de cette nature, le consul instruira l'affaire sommairement, et respectera consciencieusement les conditions du compromis. (*Modèle*, chap. xix, n⁰ 9.) La sentence qu'il aura à rendre par écrit, devra être exécutée provisoirement, et les parties devront s'y conformer strictement, sauf à chacune dans la suite de faire revoir et juger sa cause par les tribunaux de son pays.

§ 7. Mais dès que les contestations entre les compatriotes

« recherches nécessaires, même l'arrestation de l'inculpé, d'après les « formes établies dans le lieu ou prescrites par les traités.

« Les consuls exercent amiablement la juridiction sur les négociants et « autres nationaux.

« La juridiction commerciale des consuls, pour causes étrangères à la « criminalité, sera réglée d'après le code de commerce français, admis « en Grèce. »

A propos du code de commerce français, dont nous venons de faire mention, nous ne pouvons nous refuser à déclarer qu'ainsi que les institutions administratives et judiciaires, protégeant le commerce français, ont été portées à un degré de perfectionnement qui ne se retrouve nulle part ailleurs, les consulats actuellement le plus régulièrement et le plus complètement organisés sont bien aussi ceux de la France.

Quoique destinées pour les consuls français dans les états mahométans, nous nous référons, à l'appui de ce que nous avançons, à deux ordonnances royales sur la juridiction consulaire. Nous parlons de l'*édit du mois de juin* 1778, dont les dispositions, établissant la procédure civile, sont toujours en vigueur, sauf les articles 39 à 81, abrogés conformément aux nouvelles lois pénales, par l'*ordonnance du* 28 *mai* 1836, qui a déterminé, en 82 articles, le mode de « poursuite des crimes, délits et contraventions, commis par des Français dans les échelles du Levant et de la Barbarie. »

En vertu de ces actes, il appartient aux consuls de France de juger leurs nationaux tant en matière civile qu'en matière de police, et de diriger contre eux les poursuites criminelles.

du consul auront donné lieu à une procédure, ils sont soumis aux tribunaux ordinaires du pays, tant en matière civile que criminelle.

Si donc les parties n'acceptent point la médiation ou l'arbitrage du consul dans leurs différends, ou bien si elles se trouvent en procès avec des personnes du pays ou d'autres étrangers, il est dans ses obligations de les mettre au courant des lois et du mode de procédure du pays, en tant qu'ils ont trait à leur cause, de leur indiquer des avocats probes et habiles, et de concourir autant que possible à ce que le procès ne tire pas en longueur, et n'occasionne pas de trop grands frais.

§ 8. Le consul n'aura pas à s'immiscer dans les questions criminelles ou correctionnelles, qui s'élèveraient sur le territoire étranger et dans celles qui concernent un compatriote et un étranger; mais toutes les fois qu'il s'agit de révolte, d'homicide, d'assassinat ou de quelque autre délit semblable qu'un sujet de la nation du consul serait accusé d'avoir *commis en mer,* sous la domination et la juridiction de son souverain, la connaissance de la cause appartient de droit commun aux tribunaux de son pays. Le consul, dans ce cas, se fera fournir toutes les pièces de conviction, et ayant reçu dans un procès-verbal les dépositions solennelles du capitaine et des témoins pour constater les faits, il prendra des mesures pour envoyer les coupables dans la patrie, afin d'y être jugés; il enverra par la même voie une copie légalisée du procès-verbal et de tous les actes relatifs à cette affaire. Ce renvoi doit se faire préférablement par un navire national, au maître duquel le criminel sera délivré contre reçu et moyennant la promesse de vouloir le remettre à l'autorité compétente du port où il mouillera [1].

[1] En vertu du § 14 de la loi du 31 mars 1841 *sur le maintien de la discipline à bord de navires prussiens,* il est toutefois donné liberté au capi-

§ 9. Lorsque les tribunaux du pays poursuivent un compatriote du consul, il peut se présenter en justice, non comme protecteur, mais comme conseil de l'inculpé, surtout si celui-ci était exposé à perdre la vie, la liberté ou ses propriétés.

§ 10. Il protégera également les intérêts de ses nationaux absents dans les questions où l'on n'aurait pas le temps d'attendre une procuration spéciale.

§ 11. Les différends enfin, qui pourraient s'élever entre le consul lui-même et un sujet de son souverain, touchant l'exercice des fonctions du premier, ne doivent en aucun cas être portés devant les tribunaux du pays, mais la partie qui croit avoir à se plaindre, doit se pourvoir devant le ministère des affaires étrangères, et en attendre la décision.

SECTION VI.

DROIT DE POLICE.

§ 1. Selon la règle établie par la plupart des traités de commerce et de navigation, et suivant l'usage presque généralement reçu, les consuls exercent librement la police dans l'intérieur des navires marchands, suivant les lois respectives sur la police de la marine marchande de leur pays, en tout ce qui peut se concilier avec les droits de l'autorité locale, et hors le cas où la tranquillité publique et la sûreté du port

taine de navire, s'il trouve dangereux de garder le prévenu à bord jusqu'à son arrivée à sa destination, de le délivrer aux tribunaux à l'étranger pour connaître de son crime et le punir. Seulement il est obligé dans ce cas d'en faire la déclaration et de justifier sa mesure auprès du tribunal du premier port de son pays dans lequel il aborde; et, selon le § 3. *b.* de *l'ordonnance n° VII a. du 5 octobre* 1833, sur l'obligation imposée aux navigateurs prussiens de rapatrier les marins malheureux de leur nation (voyez *deuxième partie*), les capitaines de navire ne sont pas légalement tenus d'emmener dans la patrie un marin coupable d'un crime commis à bord d'un autre navire national.

viendraient à être compromises. Ils ont une entière inspection sur ces mêmes bâtiments, sur leurs équipages, sur les remplacements et changements à y faire

§ 2. Les marins d'une nation différente, qui feraient partie de l'équipage et seraient inscrits au rôle, vu qu'ils se trouvent ainsi engagés sur le navire et soumis au capitaine et aux lois de son pavillon, sont également subordonnés au consul.

SECTION VII.

DÉCÈS ET SUCCESSIONS.

§ 1. En cas de décès d'un compatriote mort *ab intestat* ou ayant laissé un testament, le consul, en prenant les mesures nécessaires pour conserver l'intégrité de la succession dans l'intérêt des héritiers absents ou mineurs, se dirigera d'après les stipulations des traités, les usages et les lois du pays.

§ 2. En règle générale il ne s'y immiscera pas, s'il se trouve sur les lieux un héritier qui, sans vouloir s'en charger lui-même, est libre cependant de choisir le consul ou toute autre personne pour gérer la succession. Néanmoins le consul a l'obligation d'assister, au besoin, de ses conseils, l'héritier ou l'exécuteur, testamentaire, et de lui accorder son secours en sa qualité de consul.

§ 3. Plusieurs gouvernements, pour assurer le payement des créanciers éventuels, scellent immédiatement les effets; d'autres reconnaissent au consul le droit de croiser de ses sceaux ceux de l'autorité locale, et quelques-uns enfin consentent à ce que le consul seul appose ses sceaux.

§ 4. Pour ce qui regarde l'inventaire, on laisse en quelques endroits le pouvoir de le dresser au consul respectif, mais en d'autres, notamment lorsque les scellés ont été placés exclusivement par l'autorité locale ou conjointement avec le consul, c'est celle-ci qui se charge de l'inventaire.

§ 5. L'administration des biens est quelquefois abandonnée au consul respectif, qui prend dans ce cas sur lui la responsabilité, s'il se présente des créanciers sujets ou habitants du pays dans lequel le décès a eu lieu. Dans la plupart des pays, ce sont les autorités locales qui administrent et liquident les successions, et qui, après la régularisation, les tiennent à la disposition des héritiers légitimes, ou les remettent au consul, s'il y est dûment autorisé par les héritiers [1].

§ 6. Il est ordinairement permis au consul respectif d'être présent, comme représentant des héritiers nationaux, ou du moins comme témoin, à tous les actes juridiques qui pourraient être faits au sujet de la succession exclusivement par les autorités locales.

§ 7. Dans les pays où le consul appose à lui seul les sceaux, et où il procède à l'inventaire et à la garde des biens laissés, cet officier est tenu de se charger de tout ce qui, d'après les circonstances et conformément à l'usage reçu, doit incontinent être effectué dans l'intérêt des héritiers absents.

Conséquemment il doit, aussitôt après qu'un tel décès a eu lieu dans son arrondissement, sceller toute la masse de l'héritage, faire les publications requises en pareil cas; ensuite, à l'expiration du terme prescrit par les lois, relever les scellés, et, d'après les prescriptions de la plupart des règlements consulaires, en présence de deux témoins qu'il nommera parmi les négociants nationaux ou, à leur défaut, parmi les négociants les plus accrédités de la place, et, à leurs yeux et sous sa main, dresser sur tous les biens et effets de la masse un inventaire fidèle qu'il fera signer par les témoins [2]. Il mettra

---

[1] Les instructions des États-Unis précisent très-amplement et conformément aux lois de ce pays les procédés et les formalités à observer relativement à l'administration et à la liquidation des biens laissés.

[2] Quelques consuls, suivant les différentes instructions, peuvent procéder en ce cas à eux seuls, d'autres assistés de notaire et de témoins, mais l'un et l'autre cas sont des exceptions.

le tout en sûreté, suivant ses instructions spéciales, pour pouvoir, dans tous les temps, le remettre à qui de droit.

§ 8. Le consul est tenu de donner aussitôt avis du décès au ministre des affaires étrangères et au plus proche parent du défunt, si celui-ci lui est connu, et dès que l'inventaire de la succession sera dressé, il leur transmettra des expéditions légalisées, tant de cet inventaire que de la dernière volonté qu'aurait laissée le défunt.

§ 9. Tous les frais seront remboursés sur les biens du défunt.

§ 10. Si pendant que la masse est administrée par le consul, des héritiers majeurs ou des tuteurs et curateurs constitués, soit en personne, soit par un fondé de pouvoirs dûment autorisé, se présentaient sur les lieux, le consul devra leur remettre toute l'affaire et s'en faire donner une quittance en forme de son compte rendu, dont il remettra une copie vérifiée au ministre des affaires étrangères.

§. 11. S'il se présentait plusieurs personnes comme ayant droit à la succession, et la réclamant, le consul les renverra par-devant les tribunaux du pays, pour y faire déterminer leurs droits.

§ 12. Le droit de *détraction* sur les héritages a été aboli ou limité par nombre d'états, soit par des traités particuliers, soit par des lois ou par des déclarations générales ; cependant il subsiste encore dans quelques pays, tandis que le droit d'*aubaine* n'est presque plus en vigueur en Europe, sauf le cas de rétorsion. Si par les lois du pays la succession des étrangers était attribuée au fisc, l'intervention du consul n'aurait pas lieu.

§ 13. Nous avons encore à faire mention du cas où un homme de l'équipage d'un navire serait décédé en mer ; le consul se fera alors produire l'inventaire de ses effets, et dressera sur les circonstances qui auront accompagné la mort un procès-verbal, qu'il joindra aux papiers du bord pour les mesures ultérieures des autorités de la patrie.

SECTION VIII.

NAUFRAGES ET SAUVETAGES.

§ 1. La législation consulaire en matière de naufrages et de sauvetages est peu uniforme dans les différents pays; il importe que le consul consulte les lois particulières du pays où il réside, les usages et les traités existants, pour se former une ligne sûre de conduite sur cet objet.

§ 2. Mais quelque large ou restreinte que soit l'étendue de ses attributions en cette matière, toutes les fois que par l'effet d'une tempête, ou par toute autre cause, un bâtiment national échoue sur les côtes comprises dans l'arrondissement du consulat, et qu'il en résulte la destruction totale ou partielle, le consul s'empressera de prendre soin de l'équipage, du navire et de la cargaison, et de vouer à leur conservation tous ses moyens, tout son zèle et toute son activité.

§ 3. Il se saisira des papiers du bord, et dressera un procès-verbal de l'état du navire et du résultat des informations prises sur les causes du naufrage ou de l'échouement, sur la nature du chargement, sur le nom du propriétaire du navire, sur le lieu du départ et de la destination, etc. Il reçoit à cet effet, si l'autorité constituée du lieu ne procède pas elle-même à cette formalité, la déclaration assermentée du capitaine et des gens de l'équipage qui se trouvent présents.

§ 4. Le consul préviendra immédiatement de cet événement le ministre des affaires étrangères, et l'armateur, s'il lui est connu, en leur remettant des expéditions du procès-verbal.

§ 5. Au cas que tout le personnel de l'équipage ait péri, il en dressera un acte, dont il enverra copie au ministère.

§ 6. Si à l'occasion du naufrage et des mesures de conservation et de sauvetage auxquelles le consul se prêtera, il est nécessaire de prendre quelques précautions à l'égard des administrations sanitaires du pays, ou de leur donner des avis, il veillera à ce que tout ce qui est convenable ou obligatoire soit exactement observé.

§ 7. Si lors de l'échouement, les propriétaires, consignataires ou agents d'assureurs se présentent pour procéder au sauvetage du bâtiment naufragé et de sa cargaison, le consul, après avoir reconnu la régularité de leurs titres, se retire et leur laisse liberté entière de s'en occuper eux-mêmes ou d'en charger une autre personne, vu qu'il est loisible aux intéressés de recourir en cette circonstance au consul ou à quelque commissionnaire; mais alors ces propriétaires, etc., se chargent de tous les frais du sauvetage et de la subsistance, ainsi que du salaire et du rapatriement de l'équipage.

§ 8. Dans le cas où le consul renonce par les motifs précédents à procéder au sauvetage, il doit cependant en faire surveiller les résultats, pour éviter tout abus possible. Il est aussi tenu, en cas de besoin, d'assister les propriétaires ou leurs commissionnaires de ses conseils, de son appui, et de faire usage en leur faveur, selon l'exigence des cas, de tous les moyens dont il peut disposer en sa qualité de consul.

§ 9. S'il ne se trouve point de propriétaire ou de mandataires, il est du devoir du consul, autant que les traités ou les lois du pays le permettent, d'agir lui-même comme tel, et il devient responsable des mesures à prendre à cet égard.

§ 10. En général il donnera ses soins pour sauver le navire et la cargaison, et éviter les désordres qui sont presque toujours la suite de ces sinistres événements. Il fera mettre en lieu de sûreté les marchandises et les effets sauvés, les conservera à la libre disposition des propriétaires, et empêchera que ceux-ci ne soient grevés de contributions injustes ou trop fortes pour le sauvetage. Si le cas l'exige, il s'adressera aux autorités locales, tant pour avoir les secours nécessaires, que pour obtenir leur entremise relativement aux frais de sauvetage.

§ 11. S'il n'y avait pas de traité réglant cette question, le consul fera valoir les procédés de son propre gouvernement usités en pareil cas envers les navires étrangers, et il réclamera du gouvernement auprès duquel il est accrédité le traitement réciproque, particulièrement si les lois et coutumes de son pays relativement aux naufrages et sauvetages sont basées sur les principes de la justice et de l'humanité, comme c'est le cas par exemple en Prusse, où le droit de varech étant aboli, ce ne serait que par représaille qu'on aurait recours à une pratique différente.

§ 12. Lorsqu'en suite des lois ou usages du pays l'intervention des autorités locales a lieu, c'est ordinairement avec l'assistance du consul respectif; mais s'il est appelé à prendre à lui seul les mesures que réclameraient les circonstances, il dressera conjointement avec deux négociants nationaux et, s'il n'y en avait pas, avec deux négociants des plus accrédités de la place appelés comme témoins, un inventaire détaillé de tout ce qui sera sauvé du navire et de la cargaison; et il en transmettra des copies dûment légalisées au ministre des affaires étrangères et aux parties intéressées.

§ 13. Les règlements de quelques nations, en vertu desquels les consuls sont autorisés à administrer les biens naufragés, contiennent des dispositions spéciales sur la vente des objets dont la corruptibilité ne tolérerait pas de retard, et sur la manière de régler le compte provenant des recettes des effets vendus et les frais encourus. Pour la plupart, les instructions portent que, s'il y a, d'après l'opinion des experts, des objets susceptibles de se détériorer, le consul pourra les vendre aux enchères publiques après les publications nécessaires établies par l'usage.

Il fera connaître dans un procès-verbal la nécessité de cette vente, y spécifiant la quantité des objets, leur qualité, l'évaluation donnée par les experts assermentés, et les noms des enchérisseurs. Le tout devra être rendu valide par la signature des experts, des témoins et du consul.

§ 14. Il est encore du devoir de ce dernier d'interposer ses soins et ses bons offices auprès des autorités du pays, pour obtenir la réduction ou la dispense des droits sur les marchandises qui se trouveraient avariées par l'effet du naufrage, et qui seraient vendues ainsi qu'il a été mentionné. Il agira de même, s'il est nécessaire, pour obtenir l'exemption de droits sur les articles sauvés, dont on ne disposerait pas pour la consommation.

§ 15. Les avances nécessaires, soit aux frais du sauvetage, soit à l'entretien et au retour de l'équipage, seront payées sur le montant des marchandises vendues et sur le fret des marchandises qui auraient été réclamées avec des connaissements en règle. Le consul prendra garde, autant qu'il pourra en juger, que les frais de sauvetage ne surpassent point le produit de vente du navire naufragé et de la cargaison, si la destruction en est apparente.

L'excédant sera gardé, selon les prescriptions des instructions spéciales du consul, à la disposition des personnes qui y ont droit, et auxquelles il rendra un compte spécifié et dûment instrumenté. Quant aux marchandises sauvées et non-endommagées, il en sera disposé suivant le désir du propriétaire.

§ 16. Si les propriétaires ou consignataires se présentaient après le sauvetage fait, les marchandises ne leur seraient remises qu'après le remboursement des dépenses faites pour les sauver et celui du fret et des droits consulaires, établis par le tarif.

§ 17. Dans les pays où les magistrats ou employés particuliers donnent exclusivement leurs soins au sauvetage des navires, le consul n'interviendra pas officiellement, mais il pourra demander d'assister à la rédaction de l'inventaire, à la vente ou à toute autre opération relative à la propriété, soit comme représentant du maître ou du propriétaire absent, soit comme son conseiller d'office, s'il est présent.

§ 18. Si contrairement, soit aux traités ou conventions, soit au principe de réciprocité, les autorités locales portaient atteinte aux droits de propriété des nationaux du consul, celui-ci leur ferait les représentations convenables et en rendrait compte au ministre des affaires étrangères.

SECTION IX.

ACTES DE L'ÉTAT CIVIL.

Les codes civils de quelques pays, entre autres ceux de la France, de la Grèce, du Portugal, etc., autorisent les consuls à recevoir et à rédiger les actes de l'*état civil* de leurs compatriotes en pays étrangers, conformément aux lois de leurs pays respectifs. Ces actes consistent en l'acte de naissance, d'adoption, de tutelle officieuse, de mariage, d'émancipation, de testaments et de décès.

Quant aux naissances, aux mariages et aux décès, les consuls, remplissant les fonctions de l'officier de l'état civil, recueillent et enregistrent les actes religieux en usage, qui leur seront présentés devant deux témoins dans un temps fixé à la chancellerie du consulat.

Ces déclarations et ces actes sont communément transcrits sur un registre tenu en double, qui est clos et arrêté à la fin de chaque année. L'un des doubles reste dans la chancellerie du consulat, l'autre est adressé au ministère des affaires étrangères, pour être déposé selon ce qui est fixé par la loi.

Les instructions consulaires déterminent les formalités à
remplir pour chacun de ces actes, afin de les rendre valables.

SECTION X.

CERTIFICATS, LÉGALISATIONS.

§ 1. Les consuls sont généralement autorisés à délivrer à
leurs nationaux de l'arrondissement, s'ils en ont été requis,
les certificats destinés à être produits devant les administrations et tribunaux de la patrie, ayant rapport au commerce
et à la navigation, tels que certificats d'origine, de santé et
de débarquement, attestations de factures sujettes aux droits
ad valorem, etc.; ils ont de plus la faculté de dresser des
procès-verbaux, des procurations, des chartes-parties, des
protêts de relâche et d'avarie, des contrats d'affrètement et de
nolissement et autres actes de même nature; d'expédier des
actes de remise ou de dépôt, des documents ou d'autres
papiers; de faire des extraits légalisés des archives du consulat, des traductions vidimées, etc. [1].

[1] Le consul visera les *patentes de santé* qui auront été données par
l'administration sanitaire du lieu. Si cette administration n'existait pas,
et qu'il eût la faculté d'en délivrer lui-même, il aura à se pénétrer de
l'extrême gravité de ces certificats et des suites désastreuses qu'ils
auraient sur le commerce, si l'existence d'une contagion n'était pas avé-
rée par des preuves parfaitement irrécusables. Il donnera des patentes
nettes, pour affirmer qu'il n'y a aucune maladie endémique ni épidé-
mique dans le pays; *suspectes*, s'il a la certitude positive de l'existence
d'une épidémie, et des patentes *brutes* après que les autorités du pays
en auront publié officiellement l'existence. D'après les législations de
plusieurs pays, le défaut de patente de santé équivaut à une patente brute.

Si en suite du système de douanes de son pays, le consul est chargé
de donner des *certificats de débarquement* de marchandises, à l'effet de
pouvoir obtenir le bénéfice du retour des droits ou de la prime de sortie,
il n'en délivrera qu'après une vérification des articles faite scrupuleusement et en personne, ou sur des preuves évidentes, afin d'empêcher, par
le moyen de ces certificats, les fraudes qu'on pourrait essayer de commettre contre les revenus de l'état.

§ 2. Quelquefois ils ont la faculté, sauf le cas où les lois du pays leur refusent ces attributions, de délivrer à leurs compatriotes des actes civils, tels que certificats de vie et de résidence : de rédiger des actes de donation entre vifs, de démission de biens, des testaments patents, et en général de dresser, même en déférant le serment, toute espèce d'instruments sur des matières exécutoires dans la patrie, et pour lesquels les lois de leur pays déclarent compétents les notaires publics.

§ 3. Quant aux légalisations, les consuls sont autorisés à reconnaître la griffe des autorités locales; quelques puissances établissent que c'est au consul qu'appartient le droit exclusif de légaliser et d'autoriser par sa signature et l'apposition du sceau consulaire tous les actes et documents commerciaux et civils sous seing privé destinés à faire foi, ou à devenir exécutoires dans leurs états respectifs.

Les lois d'autres pays ne se prononcent point distinctement sur l'illégalité desdits actes, délivrés en pays étranger sans la légalisation du consul respectif, mais les règlements portent que le consul est tenu de munir de sa légalisation tous les documents et certificats commerciaux et civils, qui leur seront remis dans le lieu de sa résidence, et qui sont destinés à être produits devant les tribunaux de son pays; d'autres portent qu'il a la faculté de légaliser, s'il en est requis, les actes émanant de ses nationaux dans l'arrondissement, ayant pour objet des affaires de commerce et de navigation, et étant exécutoires en son pays, auxquels actes, ainsi légalisés, sera accordée foi et croyance par les tribunaux et administrations respectives. (Voir *Modèles*, n° 10 à 17.)

§ 4. Ces différentes dispositions suffiront pour démontrer la divergence des règlements en cette matière, et la nécessité pour le consul de se conformer à la teneur de ses instructions spéciales.

§ 5. Il est communément exigé que le consul rende compte
de temps en temps de toutes les légalisations qu'il aura faites
ainsi.

SECTION XI.

PASSE-PORTS.

§ 1. Les consuls sont ordinairement autorisés, en se conformant aux règlements du pays où ils résident, à délivrer des
passe-ports aux sujets de leur nation domiciliés dans l'arrondissement, et à ceux qui sont munis de passe-ports expédiés
par le gouvernement de leur pays, et dont le terme serait
expiré, ainsi qu'à viser les passe-ports qui auraient été pré-
cédemment donnés ou visés par le gouvernement de leur
pays, ou par ses agents à l'étranger, ou bien qui auraient été
délivrés par l'autorité du pays pour les domaines de leur
souverain.

Il leur est recommandé de mettre dans l'exercice de cette
attribution le plus grand soin et la plus grande circonspection,
et de ne donner des passe-ports qu'aux seuls sujets de leur
souverain.

§ 2. Ils conserveront un registre exact des passe-ports et
des visas qu'ils auront donnés, afin de pouvoir répondre au
besoin aux investigations du gouvernement. A cette fin ils
feront signer au porteur du passe-port non-seulement celui
qu'ils lui délivreront, mais encore, dans le livre à ce destiné,
la copie qui en reste aux archives, et ils noteront le nom des
répondants du voyageur, ou l'attestation sur laquelle ils ont
délivré le passe-port. Les anciens passe-ports restent déposés à la chancellerie. (*Modèles*, chap. xix, n° 18 à 19.)

CHAPITRE X.

CHANCELLERIE.

§ 1. Les chancelleries pouvant être considérées comme greffes, tous les actes originaux, ainsi que tous les registres d'ordre et de comptabilité doivent y être scrupuleusement conservés, afin qu'on puisse dans tous les temps vérifier les opérations, qu'elle qu'en soit l'époque.

§ 2 Les consuls veilleront donc à ce qu'aucune des pièces ni aucun des livres existant dans leur chancellerie n'en soient enlevés, et ils n'en doivent eux-mêmes disposer que pour en donner des extraits ou des expéditions, suivant le besoin [1].

§ 3. Un répertoire exact des archives, par ordre alphabétique des noms et par ordre des matières, servira à constater l'existence et le numéro de classement de chaque document déposé.

§ 4. Si le gouvernement n'a pas institué de chancelier dans son consulat, le consul en exerce lui-même les fonctions, ou les fait remplir par un secrétaire.

§ 5. Lorsque des nationaux, résidant ou voyageant en pays étranger, voudront se faire délivrer les certificats, ou passer les actes ou contrats authentiques dont nous avons parlé chap. IX, sect. X, en assurer la date, en faire conserver le dépôt (par exemple de leurs testaments olographes), et s'en faire délivrer des expéditions exécutoires ou des copies, ils s'adresseront dans ce but aux chanceliers des consulats.

---

[1] Nous rappellerons au consul qu'il doit se convaincre soigneusement de l'identité de la personne qui est en droit de se faire délivrer des extraits des archives consulaires.

Les originaux des actes passés par-devant eux seront conservés dans les registres du consulat, et les copies seules, faites en entier et non par extrait, et dûment légalisées, seront remises aux personnes qui pourraient les demander.

§ 6. Lesdits actes et contrats seront reçus et délivrés par les chanceliers sous l'assistance du consul. Dans tous les cas ces documents devront être visés et légalisés par le consul lui-même.

§ 7. L'étendue des attributions des chanceliers et les formalités à observer dans l'exercice de leurs fonctions sont le plus souvent fixées par les règlements spéciaux des gouvernements respectifs, sur lesquels les consuls et les chanceliers auront à se diriger.

§ 8. Tous les *dépôts* en argent ou en effets, qui pourraient être faits à la chancellerie, doivent être exactement enregistrés sur un livre à ce destiné ; on aura soin d'indiquer, en regard de chaque article, les restitutions ou expéditions, avec tous les renseignements nécessaires, et d'y faire mention des pièces justificatives qui autorisent la sortie du dépôt.

§ 9. A de certaines époques de l'année, ou au fur et à mesure, il sera envoyé au ministre des affaires étrangères un état détaillé des dépôts, tant autorisés que volontaires, et de leurs mouvements.

Au reste, le consul agira suivant les instructions spéciales qui l'autorisent à recevoir des dépôts et lui désignent les formalités à observer.

§ 10. Les consuls sont de même tenus de se conformer à leurs instructions spéciales et aux lois de leur pays, relativement à l'*immatriculation* des sujets de leur nation, résidant à l'étranger. L'immatriculation aux chancelleries consulaires, là où les consuls en sont chargés, a pour but d'assurer aux nationaux la protection du consul, ainsi que le moyen de justifier à leur retour leur nationalité, et de jouir des droits et privilèges attribués, ou qui pourraient l'être à l'avenir, par les traités, les lois ou ordonnances, aux seuls nationaux immatriculés.

Ceux-ci sont inscrits après la justification de leur nationalité sur un registre *matricule*, tenu à cet effet dans la chancellerie du consulat.

CHAPITRE XI.

REGISTRES ET PAPIERS DU CONSULAT.

§ 1. Le consul, dès qu'il est arrivé au lieu de sa destination, doit commencer à tenir dans sa chancellerie les registres nécessaires à l'exercice de ses fonctions, et nommément :

1º Pour la correspondance d'office avec le ministère des affaires étrangères et avec les autorités étrangères, avec lesquelles ses fonctions le mettent dans le cas d'entrer en relations ; et dans ce registre seront enregistrées toutes les pièces à l'appui, qui n'ont pas été enregistrées ailleurs ;

2º Pour la correspondance avec des particuliers, contenant les réponses aux requêtes et communications relatives au service, qui pourraient être adressées au consul par des nationaux ou par des étrangers sans caractère officiel ;

3º Pour inscrire, dans l'ordre chronologique, tous les bâtiments nationaux qui arrivent dans les endroits de son arrondissement, ainsi que ceux qui en partent, comme il a été mentionné, chap. IX, sect. II, § 12. Les états sur le mouvement de la navigation et du commerce du port, que le consul envoie à de certaines époques au ministère des affaires étrangères, n'étant que la copie littérale de ce registre, nous nous en rapportons, pour ce qui en concerne la disposition, aux *Modèles*, chap. XIX, nº 4, 5 et 6 :

4º Pour l'enregistrement :

a. Des certificats d'origine de marchandises, de santé et autres, ainsi que des légalisations de signatures ;

b. Des certificats de naissance, de mariage, de vie, de décès et autres actes de l'état civil qu'il sera dans le cas de délivrer aux personnes de sa nation établies dans l'arrondissement de son consulat:

c. Des procès-verbaux, protêts, procurations et autres actes consulaires d'office, et dans ce livre tous ces actes, quelle qu'en soit la nature, seront clairement transcrits. Les personnes qui ont à signer l'acte original, en signeront également le double dans ce livre:

d. Des passe-ports et *visa*:

e. Des dépôts:

f. Des recettes et des dépenses.

Outre ces livres principaux, le consul est tenu d'en établir d'autres, si les circonstances particulières, la variété des objets et l'utilité du service le réclament, et selon qu'il le jugera lui-même nécessaire. Tous ces livres devront être régulièrement cotés.

§ 2. Lorsqu'un acte quelconque sera enregistré ou transcrit dans l'un des livres susmentionnés, il devra être placé à l'index, en se rapportant au nom des parties, aussi bien qu'au sujet de l'acte.

§ 3. Les dépêches et instructions qui seront remises au consul par le ministre des affaires étrangères, et les réponses aux lettres officielles, ainsi que tous les autres documents transmis au consulat pour y être conservés, seront étiquetés selon la matière, jusqu'à ce qu'il y en ait un nombre suffisant pour en former des volumes séparés. Alors le consul les fera relier sous ses yeux et y ajoutera l'index.

§ 4. Le consul est muni d'un sceau particulier, qui porte l'empreinte des armes de son souverain, entouré du nom du consulat.

§ 5. Les registres et le sceau doivent être bien conservés: le consul en est responsable.

§ 6. Lorsque le consul quitte sa place, il est tenu de remettre en bon ordre à l'employé désigné à le remplacer le sceau et les archives du consulat et tout ce qui concerne le service. Ils en dresseront ensemble un inventaire, dont il sera fait trois copies qu'ils signeront; l'une sera envoyée au ministre des affaires étrangères, l'autre sera gardée par le consul remplacé, pour lui servir de décharge à l'avenir, et la troisième restera déposée dans les archives du consulat.

CHAPITRE XII.

DES RECETTES.

Les recettes des chancelleries se composent uniquement des *droits consulaires*, perçus conformément au tarif autorisé par le gouvernement. Dans le cas où les consuls respectifs sont tenus de les restituer au trésor public, ce qui arrive ordinairement toutes les fois qu'au lieu de leur accorder des émoluments, ils sont rétribués par des appointements, ils recevront de leurs gouvernements les dispositions relatives à la comptabilité de leurs chancelleries, qui ont à tenir compte des recettes et des dépenses au moyen d'un registre établi à cet effet.

CHAPITRE XIII.

DES DÉPENSES.

§ 1. Les *frais* passés aux consuls sont déterminés par leurs instructions, qui les informent aussi de la manière dont ils doivent obtenir le remboursement des avances qu'ils pourraient être autorisés à faire pour le compte du gouvernement, en remettant au ministre des affaires étrangères les pièces justificatives.

§ 2. Dans les affaires particulières des sujets de leur souverain, les parties intéressées leur doivent tenir compte des frais qu'elles leur auront causés.

CHAPITRE XIV.

TARIF DES DROITS CONSULAIRES.

§ 1. Le consul a le droit d'exiger des commerçants et des patrons des navires, etc., pour les actes émanés de sa chancellerie, des rétributions fixées par le tarif des *droits consulaires* en vigueur pour les consuls de sa nation [1].

§ 2. Quant aux *item* qui ne seraient pas prévus dans le tarif, le consul ne doit pas outre-passer les droits que les autres consuls, d'après leurs règlements, perçoivent dans les cas de même nature.

§ 3. Une copie du tarif doit être ostensiblement affichée dans les bureaux consulaires pour l'instruction de tous ceux qui y sont intéressés.

§ 4. Dans le cas qu'un maître de navire ou autre sujet de sa nation refuserait de payer au consul les droits prescrits par le tarif, celui-ci, pour éviter autant que possible toutes contestations de cette nature, enverra au ministre un exposé du fait, afin que les poursuites puissent être dirigées pour le recouvrement desdits droits et de l'amende.

§ 5. Si les capitaines de navire ou autres nationaux voulaient se servir du consul, hors des devoirs du consulat, pour des affaires purement de trafic et d'agence, le consul devrait alors être regardé comme d'autres négociants ou commissionnaires, et il aurait, en cette qualité, le droit de prendre les provisions accoutumées.

---

[1] Il est d'usage presque général, là ou il est accordé aux consuls des émoluments et non des appointements, que la moitié des émoluments que perçoivent les vice-consuls et agents consulaires appartienne au consul du district.

CHAPITRE XV.

DÉFENSES. PROHIBITIONS.

§ 1. Il est généralement défendu aux consuls, jouissant d'un traitement fixe, de prendre aucune part aux affaires de commerce, ni directement, ni indirectement.

Aucun intérêt ne doit surpasser celui qu'un consul doit à ses nationaux; et ceux-ci seront d'autant plus disposés au respect et à l'obéissance, qu'ils n'apercevront aucun motif personnel qui puisse porter quelque préjudice à la justice et à l'impartialité qu'ils ont droit d'attendre de leurs consuls.

§ 2. Il est interdit aux consuls de se rendre adjudicataires, sous quelque prétexte que ce soit, d'aucune marchandise provenant de sauvetages ou d'autres causes et vendue par leur entremise.

§ 3. Il leur est défendu de réclamer des droits ou des émoluments plus élevés que ceux qui sont consignés dans le tarif.

§ 4. Il leur est également défendu de s'absenter de leur poste, sans avoir sollicité et obtenu un congé du ministre des affaires étrangères, sauf les cas d'urgence, qu'ils seront tenus de justifier à la satisfaction du ministère. Dans tous les cas ils auront à prendre des mesures pour que le service public ne souffre pas de leur absence.

§ 5 Le consul ne peut jamais, sous aucun prétexte, pas même dans le cas où il aurait la certitude d'une guerre imminente ou effective entre son pays et celui qui l'a reconnu, suspendre de son propre mouvement ses fonctions, à moins que son gouvernement ne lui ait ordonné une telle suspension, ou que celui du pays où il réside ne lui retire l'exéquatur. Et encore dans ce dernier cas, si le gouvernement étranger y a été porté par des motifs personnels, il consentira sans doute à ce que le consul délègue sa charge par intérim. Si les motifs sont politiques, s'il n'y a pas de délégation possible, le consul notifiera sa protestation contre le gouvernement pour tous les dommages et pertes qui pourraient en résulter pour les intérêts du commerce et de la navigation qui lui sont confiés.

§ 6. Les consuls ne peuvent accepter aucun emploi, aucune décoration de la part d'une puissance étrangère, sans une autorisation spéciale de leur gouvernement.

§ 7. Il est sévèrement interdit aux consuls de publier, sous quelque forme que ce soit, les résultats des informations qu'ils sont chargés de prendre sur les intérêts commerciaux et politiques de leur pays.

§ 8. Dans aucune occasion ils n'émettront, par la voie de l'impression, ni des opinions, ni des idées qui pourraient jeter du blâme sur les institutions publiques du pays.

§ 9. Les consuls ne devront sous aucun prétexte, comme nous l'avons dit à un autre endroit, donner asile dans leurs maisons ou dans leurs chancelleries aux sujets de leur souverain ou à des étrangers coupables de quelque délit, ni mettre empêchement aux assignations, aux emprisonnements et au cours général de la justice du pays, ayant le droit de faire des réclamations toutes les fois que des actes illégaux ou arbitraires auraient lieu.

CHAPITRE XVI.

ÉTUDES ET INSTRUCTIONS RECOMMANDÉES AUX CONSULS.

§ 1. Les consuls doivent essentiellement se rendre familières les dispositions du code de commerce et de navigation de leur pays.

§ 2. Ils devront étudier les ouvrages les plus estimés sur la législation maritime, sur le commerce, l'économie politique et la statistique du pays où ils résident, et se familiariser avec les institutions, les lois et les règlements d'administration qui se rapportent au commerce de ce même pays.

§ 3. Ils chercheront à se procurer les conventions et traités de commerce passés entre la puissance auprès de laquelle ils résident et les autres nations. C'est de la comparaison de ces traités avec la situation actuelle du commerce de leur pays que résulteront les premiers éléments de leurs recherches et de leurs investigations, qui les mettront à même de suggérer à leur gouvernement les améliorations désirables en faveur du commerce et de l'industrie de leurs nationaux.

§ 4. Les consuls doivent aussi s'appliquer à étudier l'état et les différents genres des fabriques et des manufactures locales, les procédés qui y sont suivis, les quantités approximatives des diverses denrées et productions du pays, etc.

§ 5. Un consul devrait, pour être à même d'exercer plus convenablement son emploi, prendre soin de se rendre maître de la langue employée dans le pays de sa résidence, afin de pouvoir facilement converser sur les sujets qui ont rapport à ses fonctions.

§ 6. Enfin les consuls ne sauraient assez se pénétrer de ce principe, que leurs attributions sont essentiellement la protection du commerce et de l'industrie de leur pays à l'étranger. Placés aux avant-postes, c'est sur leur vigilance et sur leur pénétration que le gouvernement doit se reposer pour être exactement informé de tout ce qui intéresse la prospérité du pays sous ce double rapport.

CHAPITRE XVII.

RANG ET UNIFORME DES CONSULS.

Quelques puissances ont déterminé le *rang* des catégories des agents consulaires, en le mettant en rapport avec celui des officiers de leur marine militaire.

L'*uniforme* consulaire qui leur est prescrit, doit être porté dans toutes les visites d'étiquette faites aux autorités du pays et dans toutes les occasions convenables : ils se régleront à cet égard sur les habitudes locales.

CHAPITRE XVIII.

ÉTIQUETTE ET PRÉSÉANCE.

§ 1. Dès qu'un consul est installé dans ses fonctions, l'*étiquette* et la bienséance exigent qu'il fasse la première visite solennelle à la principale autorité du souverain du lieu de sa résidence.

Les consuls doivent s'informer auprès des autres consuls étrangers des étiquettes locales établies pour les diverses solennités, et ils auront soin, comme nous l'avons dit dans un chapitre précédent, de se conformer à cet égard aux usages introduits.

§ 2. Les visites officielles entre les consuls et les officiers de la marine militaire sont souvent réglées par des ordonnances spéciales ; il en est de même des honneurs à rendre aux consuls en fonction, lorsqu'ils font leur première visite à des bâtiments de guerre.

Dans la règle il est déterminé que lorsqu'un bâtiment de l'état mouille dans le lieu de la résidence du consul, celui-ci doit, à moins que ce ne soit un commandant de flotte ou un vice-amiral, se borner à envoyer à bord offrir ses services au commandant du bâtiment et attendre sa première visite. C'est au contraire le consul qui la fait dans le cas d'exception précité.

Au surplus, cette partie de l'étiquette devra s'éluder autant que possible, si elle doit porter atteinte à la bonne harmonie qu'il importe de conserver, surtout à l'étranger, parmi les principaux officiers du gouvernement; une visite sans uniforme ne rompt pas l'étiquette, et peut souvent, faite à propos, conserver la bonne harmonie.

Quant aux honneurs qui leur sont rendus lors de leur réception à bord des vaisseaux de l'état, on salue les consuls, selon la catégorie de leur rang comme consuls généraux, consuls et vice-consuls, avec un certain nombre de coups de canon, et, suivant leur grade, la garde sera mise sous les armes.

Dans les bâtiments marchands il est d'usage de hisser le pavillon national à l'arrivée du consul.

§ 3. Pour ce qui concerne les *préséances* ou autres circonstances d'étiquette dans les occasions solennelles, si elles ne sont réglées par les traités, les agents se conduiront avec circonspection et déférence; ils n'exigeront aucunement des distinctions qui ne leur seraient pas incontestablement dues à titre de possession, de consentement ou de hiérarchie. — Les puissances chrétiennes entre elles n'ont pas établi de cérémonial pour les consuls.

CHAPITRE XIX.

MODÈLES D'ACTES SE RAPPORTANT A L'OFFICE CONSULAIRE.

Nous ajoutons à cette première partie de notre ouvrage un petit nombre de modèles d'actes consulaires, que les consuls adapteront aux cas auxquels ils se rapportent, en leur faisant subir les changements ou modifications que la nature de ces documents pourrait réclamer. Pour la plupart des cas, le consul peut, relativement aux formalités que ces modèles exigent. se régler sur les actes pareils des notaires, greffiers, etc., de son pays.

Les actes émanant des consuls doivent contenir le nom, le prénom, l'état, le domicile des personnes mentionnées dans le document. La date, le mois, l'an seront exprimés en chiffres, ainsi que les sommes dont il est question. Ces écrits doivent être sans correction, ni rature, ni abréviation.

Il est généralement prescrit par les lois que ces actes. destinés à faire foi en justice dans son pays, soient rédigés et lus par le consul en présence de deux témoins majeurs, qui les signeront, ainsi que les autres intéressés.

MODÈLE N° 1.

LETTRE PATENTE OU DE PROVISION.

. . . . par la grâce de Dieu, roi de . . . . savoir faisons : qu'ayant jugé utile à notre service et aux intérêts de nos sujets d'établir un consul à . . . ., nous avons, sur le compte qui nous a été rendu des bonnes qualités du sieur . . . ., choisi ledit sieur . . . . pour remplir ce poste conformément aux instructions que nous lui ferons parvenir, et l'avons nommé, comme nous le nommons par les présentes, notre consul à . . . ., lui accordant, avec les avantages et prérogatives attachés à cette charge, la jouissance des droits consulaires (*des appointements*) tels qu'ils sont établis dans notre tarif.

Nous demandons en conséquence à S. M. le roi de .... de vouloir faire reconnaître dans le district de .... comme notre consul ledit sieur ....; de le faire jouir de tous les droits, priviléges et immunités y accordés aux consuls des autres nations, promettant de notre côté l'observation de la plus parfaite réciprocité en pareil cas. Et ordonnons à tous les ministres, à tous les fonctionnaires civils et militaires de notre royaume, à tous nos officiers de terre et de mer et à tous nos sujets de quelque rang et condition qu'ils soient, de reconnaître ledit sieur .... comme notre consul à ...., et de lui prêter l'aide et l'assistance dont il aurait besoin en cette qualité.

En foi de quoi nous avons signé les présentes et les avons fait délivrer au sieur .... revêtues du sceau de l'état et contresignées par notre sécrétaire d'état au département des affaires étrangères.

Donné à ...., le ....   (L. S.)

(Signature du souverain.)

(Contre-seing du ministre des affaires étrangères.)

MODÈLE N° 2.

DIPLOME D'UN AGENT CONSULAIRE.

..... consul du (royaume de ..... à .....). En vertu de l'autorité que (S. M. le roi de .....) a daigné me conférer, je nomme le sieur ..... agent consulaire de la nation ..... dans le port de ..... et son district.

A cet effet, je prie les autorités auxquelles la connaissance des présentes pourrait appartenir de le reconnaître pour tel, de lui accorder toutes les immunités auxquelles il a droit, et de lui prêter l'aide et l'assistance dont il pourra avoir besoin pour l'exercice de ses fonctions.

En foi de quoi j'ai délivré le présent diplôme, muni de ma signature et du sceau de ce consulat.

(Place du sceau.)

(Signature du consul.)

MODÈLE N° 3.

EXEQUATUR.

.... par la grâce de Dieu, roi de .... savoir faisons qu'ayant vu et examiné les patentes de S. M. le roi de ...., en date du ..... en vertu desquelles le sieur .... est nommé consul de .... à ..... et voulant traiter favorablement ledit sieur ...., nous lui accordons la permission de jouir de l'effet du contenu en ladite patente, ainsi que de tous les priviléges, franchises et prééminences attachés à son emploi. Ordonnons à toutes les autorités administratives et judiciaires de le reconnaître en la qualité de consul, afin qu'il puisse exercer librement les fonctions qui lui sont confiées.

Enjoignons particulièrement au gouverneur de la province de .... de tenir la main à l'exécution du présent ordre et de le faire enregistrer partout où besoin sera.

(L. S.)

Donné à ...., le ....

(Signature du souverain.)

(Signature du ministre.)

MODÈLE N° 4.

REGISTRE DU MOUVEMENT DU PORT DE ....

Consulat de S. M. le roi de ....

*État de la navigation et du commerce d'importation de la marine (du pays du consul) au port de ....
dans le courant de l'année 18   .*

Numéro des bâtiments.	Désignation des navires.									Sur lest.	Objets d'importation.		Observations.
	Date de la déclaration de l'arrivée.	Qualification et noms des bâtiments.	Noms des			Capacité du navire en lasts ou tonneaux.	Chiffre de l'équipage.	Lieu de départ.	Fret (en argent du pays du consul).	Désignation du lest.	Nature de la cargaison.	Valeur présumée de la cargaison (en argent du pays du consul).	
			Capitaine.	Armateurs et lieu de leur domicile.	Consignataires.								
													Par exemple :
													Durée du trajet :
													Ayant souffert une avarie.

MODÈLE N° 5.

REGISTRE DU MOUVEMENT DU PORT DE ....

Consulat de S. M. le roi de ....

État de la navigation et du commerce d'exportation de la marine (du pays du consul) au port de ....
dans le courant de l'année 18   .

Numéro des bâtiments.	Désignation des navires.									Sur lest.	Objets d'exportation.		Observations.
	Date du départ.	Qualification et noms des bâtiments.	Noms des			Capacité du navire en lasts ou tonneaux.	Chiffre de l'équipage.	Lieu de destination.	Fret (en argent du pays du consul).	Désignation du lest.	Nature de la cargaison.	Valeur présumée de la cargaison (en argent du pays du consul).	
			Capitaine.	Armateurs et lieu de leur domicile.	Consignataires.								

Nous omettrons deux autres modèles pour les bâtiments *étrangers*, arrivant du pays du consul, ou y allant. Ils présentent les mêmes indications, sauf à y substituer en tête les mots : « État de la navigation étrangère » à ceux de la navigation *nationale*, et en y ajoutant une ligne de plus, qui sera placée après la quatrième colonne, pour signaler le pavillon de la nation à laquelle le bâtiment appartient.

MODÈLE N° 6.

REGISTRE DU MOUVEMENT DU PORT DE ....

Consulat de S. M. le roi de ....

État comparatif de la navigation et du commerce des diverses nations, dont les bâtiments ont fréquenté les ports de ce consulat dans le courant de l'année 18 .

Dénomination des pays d'où ou par où ont été faites les importations et exportations.	Entrée.						Sortie.					
	Total des bâtiments.	Nombre des bâtiments de chaque nation.	Équipages.	Tonnage.	Articles d'importation.	Valeur des importations.	Total des bâtiments.	Nombre des bâtiments de chaque nation.	Équipages.	Tonnage.	Articles d'exportation.	Valeur des exportations.

MODÈLE Nº 7.

PROCÈS-VERBAL.

L'officier public dresse un procès-verbal sur une affaire, une discussion, une déclaration, sur la déposition de prévenus, d'experts, etc. Ce document, qui est rédigé séance tenante, après qu'il en a été fait lecture, et qu'il a été reconnu exact, est signé par lesdits comparants, dépositaires, etc., par deux témoins majeurs et par le consul lui-même.

En tête du procès-verbal sont placés le lieu et la date de la séance; on fait ensuite, en citant les noms, prénoms, état, etc., des comparants et des témoins, un rapport substantiel de chaque objet de l'affaire qui est traitée, lequel se termine par un résumé exact des résultats, des faits déposés, etc. Il est du devoir du rédacteur de ces actes de n'omettre aucun des faits, soit principaux, soit accessoires de l'audition, de la déclaration, etc. Le procès-verbal se termine ordinairement par la forme qui suit :

« dont acte fait et passé en la chancellerie du consulat de ....
« à .... et signé avec les comparants et témoins ci-dessus nommés
« et nous, aux jour, mois et an comme dessus. »

Signatures des comparants et des témoins :

. . . .

. . . .

. . . .

(L. S.)

(Signature du consul.)

Enregistré fol. ....
du livre ....

MODÈLE N° 8.

CONFIRMATION D'UNE PROTESTATION DE RELACHE ET D'AVARIE.

Savoir faisons à tous ceux qui verront les présentes que le ....
sont comparus par-devant nous, dans les vingt-quatre heures
après l'arrivée à ce port, le capitaine .... et les officiers et matelots ...., constituant l'équipage du navire .... [1], et nous ont présenté leur protestation de la teneur suivante :

(Copie du procès-verbal.)

Après quoi, ayant fait la lecture du présent rapport, chacun
des comparants en a, sous serment, confirmé le contenu, et déclaré qu'il n'avait rien à y ajouter ni à en retrancher; ce dont le
capitaine nous a demandé de prendre acte, en déclarant qu'il
entendait se réserver le droit d'être indemnisé, par les assureurs
ou par qui de droit, de toutes pertes, préjudices, dommages et
intérêts soufferts par le navire, ses agrès et apparaux, ainsi que
par les marchandises qu'il transporte.

En foi de quoi nous avons délivré ce certificat, après avoir fait
signer le présent acte par les susdits comparants et les témoins
N. N.. et l'avons signé nous-mêmes et y avons apposé le sceau
du consulat.

Fait à ..... les jour, mois et an comme dessus.

MODÈLE N° 9.

COMPROMIS.

L'an .... devant nous .... sont comparus, d'une part. M. N..
capitaine du navire ...., d'autre part, M. N. de ...., subrecargue
du même navire. Lesquelles parties ont dit qu'étant divisées de
prétentions et d'intérêts au sujet de ...., le capitaine N. N. soute-
nant...., et N. N. prétendant au contraire ,..., ont respectivement
choisi et nommé pour arbitre, à l'effet de statuer sur la contestation ci-dessus. ainsi que sur toutes autres demandes incidentes
et connexes : nous, consul de .... à .... Promettant et s'obligeant

---

[1] Les codes maritimes diffèrent relativement à la composition et au
nombre de l'équipage. requis pour faire légalement une déclaration.

réciproquement à nous remettre toutes les pièces, titres et mémoires dont ils entendent se servir, d'ici à .... au plus tard, et à nous mettre à portée de rendre notre décision définitive dans le délai de ...., à compter de ce jour. Lesdites parties se réservant la faculté à leur retour de poursuivre ultérieurement leurs droits par-devant les tribunaux de leur pays.

Ainsi fait et enregistré en la chancellerie de ...., en présence desdits parties, qui ont signé avec nous, acceptant le présent acte, aux jour, mois et an ainsi que ci-dessus [1].

MODÈLE N° 10.

PLEIN POUVOIR.

.... par-devant nous .... est comparu **M. N. N.** (nom, prénom, etc.), lequel a nommé et constitué pour son procureur spécial (général) **M. N. N.** à ...., qu'il a autorisé pour tout ce qu'il fera en vertu des présentes; lui donnant plein et entier pouvoir de (suit l'objet du pouvoir), pour lui et en son nom, déclarant qu'il aura le tout pour agréable et qu'il le ratifiera; promettant ainsi, s'obligeant et renonçant à toutes clauses, etc.; dont acte fait et passé en la chancellerie du consulat de .... à .... (les jours, mois et an); et après lecture faite, le comparant a signé, avec les témoins N. N. et nous, la minute des présentes, restée en la garde et possession de nous .... et sur laquelle se trouve la mention suivante.

Enregistré à ...., le .... Fol.....

(Signature du consul.)

MODÈLE N° 11.

CERTIFICAT D'ORIGINE.

Certifions à tous à qui il pourra appartenir que la griffe ci-dessus est celle de ...., lequel déclare, sous serment, dans ce document. que les .... caisses (indication des colis, marques, nu-

---

[1] S'il y a plusieurs arbitres et en nombre pair, on doit prévoir le cas de partage de voix et la désignation d'un sur-arbitre.

méros et contenu) embarquées à bord du navire ...., capitaine...., destiné pour .... sont réellement de production (manufacture, fabrication, origine, etc.) de .... (lieu et pays de production).

En foi de quoi, etc.

MODÈLE N° 12.

CERTIFICAT DE VIE ET DE RÉSIDENCE.

Nous certifions à tous ceux à qui il appartiendra que M. N. N. (nom, prénom, état et domicile), connu de nous (ou, muni d'un document du curé ou ministre de sa paroisse N., ou de l'autorité N., ou, accompagné de N. N., témoins majeurs, résidant en cette ville, qui ont déclaré bien connaître le requérant), s'est présenté aujourd'hui devant nous, et a signé le présent avec les témoins N. N.

En foi de quoi, nous lui avons délivré ce certificat, dûment scellé et signé de notre main, pour servir et valoir ce que de raison.

MODÈLE N° 13.

PATENTE DE SANTÉ NETTE.

Je certifie à tous les officiers de salubrité et autres autorités auxquelles la connaissance de la présente pourrait appartenir, que le port de .... et ses alentours se trouvent exempts de toute maladie contagieuse: et comme le bâtiment ...., capitaine ...., met à la voile de cette rade pour le port de .... avec .... personnes d'équipage, le capitaine compris, et en outre .... passagers, j'ai délivré la présente, afin qu'il ne soit mis aucun empêchement, par les autorités sanitaires, audit bâtiment.

MODÈLE N° 14.

CERTIFICAT DE COPIE OU DE TRADUCTION EXACTE

Je certifie l'exactitude de la copie (ou de la traduction) ci-dessus ou ci-contre, d'autre part, ci-jointe) de .... où ne se trouve aucune rature, entre-ligne, correction ou autre vice d'écriture.

En foi de quoi, etc.

MODÈLE N° 15.

EXTRAIT DES ARCHIVES.

Je certifie que dans le registre .... du consulat .... se trouve, page ...., un acte de la teneur suivante, dont copie m'a été demandée (copie de l'acte). Et aucune autre chose n'étant contenue dans le susdit registre, j'ai fait extraire le présent. mot à mot, pour servir ce que de droit. En foi de quoi, etc.

MODÈLE N° 16.

LÉGALISATION DE LA GRIFFE DE L'AUTORITÉ LOCALE, D'UN NOTAIRE PUBLIC, ET DES AUTORITÉS SUPÉRIEURES DU PAYS DU CONSUL.

1° Vu par moi N. pour légalisation de la griffe de (nom et qualité de l'autorité), qui a délivré le présent certificat de (vie et de résidence, de décès, etc.), passé à la requête de N.

2° Je reconnais la signature ci-dessus (ou ci-contre), qui m'est parfaitement connue comme étant de (nom du notaire public, etc.); aux actes et écritures ainsi souscrits par lui en cette qualité, foi doit être ajoutée tant en justice que dehors. En foi, etc.

3° Vu pour légalisation de la signature de (l'autorité supérieure de sa patrie).

MODÈLE N° 17.

ACTES DE RECONNAISSANCE ET LÉGALISATION DE SEINGS-PRIVÉS.

1° Je reconnais la signature apposée par-devant moi au bas de (la quittance ci-jointe), comme étant de M. N. (nom, profession). En foi de quoi, etc.

2° Aujourd'hui .... du mois .... de l'année .... a comparu par-devant moi, consul, etc., M. N. (nom, profession, etc.), qui m'est parfaitement connu (ou : accompagné de N. et N. témoins, qui, ayant déclaré bien connaître le requérant, ont signé le présent acte conjointement avec moi), lequel M. N. a avoué le contenu du document ci-dessus, sous date du ...., et a reconnu pour la sienne la signature. ainsi que son sceau, y opposés.

Consulat de ....

(L. S.   (Signature du consul.)

MODÈLE N° 18.

PASSEPORT.

(Armes du souverain.)

Consulat
de .... à ....

Au nom de (Sa Majesté
Le Roi) de ....

N°

Signalement.

Âge de .... ans.
Taille
Cheveux
Front
Sourcils
Yeux
Nez
Bouche
Barbe
Menton
Visage
Teint
Signes particuliers
Signature du porteur

Nous consul de (Sa Majesté le Roi) de .... à .... requérons toutes les autorités civiles et militaires, établies dans les pays étrangers et dans l'intérieur du (royaume de ...., le pays du consul), de laisser passer librement M.

profession
natif
demeurant à
allant à
et de lui prêter en cas de besoin toute l'aide et l'assistance qui dépendent d'elles.

Le présent passeport est valable pour ....

Fait à ...., le 18

(L. S.)   N. N.,

Consul de ....

MODÈLE N° 19.

VISA DE PASSEPORT.

1° Vu. Bon pour se rendre à .... par la voie de ....

N. N., le 18

(L. S.)   (Signature du consul.)

2° Vu au consulat de .... pour .... par ...

N. N., le 18

(L. S.)   (Signature du consul.)

DEUXIÈME PARTIE.

RECUEIL D'INSTRUCTIONS, DE DISPOSITIONS

ET

D'ACTES LÉGISLATIFS ET ADMINISTRATIFS;

NOTICES SUR LES MAXIMES ET LES USAGES QUI RÉGISSENT LES PRINCIPAUX
ÉTATS DU ZOLLVEREIN POUR CE QUI CONCERNE LEURS CONSULATS
A L'ÉTRANGER, ET RELATIVES AU TRAITEMENT DES CONSULS
ÉTRANGERS ÉTABLIS DANS CES ÉTATS; STIPULATIONS DE
TRAITÉS DE COMMERCE ET DE NAVIGATION QUI
SE RAPPORTENT A LEURS ATTRIBUTIONS;
TARIFS DE DROITS CONSULAIRES.

ROYAUME DE PRUSSE.

*Règlement pour tous les consuls généraux, consuls, agents et
vice-consuls prussiens dans les places marchandes et ports
de mer étrangers; fait à Berlin, le 18 septembre 1796.*

Nous Frédéric Guillaume, par la grâce de Dieu, roi de
Prusse, etc., etc.

Ayant observé que souvent nos consuls généraux, consuls,
agents et vice-consuls dans les pays étrangers, îles, places marchandes et ports de mer, chargés tous de veiller aux intérêts et
à la sûreté du commerce et de la navigation de nos sujets, ne
remplissent pas dans toute leur étendue les devoirs qui leur sont
imposés, et ne règlent point leur conduite sur des principes conformes à nos intentions, nous avons résolu de leur donner l'instruction générale suivante, qui doit leur servir en même temps de
direction et de plein pouvoir. Comme il n'existe point de traités

de commerce entre nous et les autres puissances de l'Europe [1]. cette instruction n'a été puisée que dans la nature de la chose, et les principes qui y sont adoptés sont uniquement ceux qu'une coutume universelle, le droit des gens et les droits du commerce et de la navigation marchande ont établis. Quant aux modifications que tel ou tel autre usage local pourrait rendre nécessaires, chaque consul est renvoyé aux instructions spéciales dont il a déjà été muni, ou qui lui seront données encore. La présente ordonnance ne contenant au reste absolument rien de dérogatoire aux droits de souveraineté des puissances amies, dans les états desquelles il se trouve des consuls prussiens, nous nous tenons assurés qu'elles voudront bien, comme nous le faisons à l'égard de leurs consuls dans les pays de notre domination, accorder aux nôtres une protection qui les mette à même de s'acquitter convenablement des fonctions qui leur sont commises.

ARTICLE PREMIER.

Destination générale des consuls.

Tout consul placé sous quelque dénomination que ce soit dans une ville commerçante ou port de mer étranger, est tenu de faire et d'observer, tant dans le lieu de sa résidence que dans le district entier de son consulat, tout ce qui peut tendre à la sûreté, au maintien et à l'avancement des droits et avantages de nos états en général, et au bien du commerce et de la navigation de nos sujets en particulier. Il doit en conséquence prendre connaissance de tous les vaisseaux prussiens qui arrivent dans son département ou qui en sortent, veiller aux opérations mercantiles que nos sujets y entreprennent, s'occuper des moyens d'y faire fleurir de plus en plus leur commerce; avoir l'œil au maintien du bon ordre, et s'appliquer à terminer à l'amiable les différends entre les commerçants ou navigateurs de nos états, les assister de ses

---

[1] Le développement de l'industrie, du commerce et de la navigation indigènes, ayant fait, depuis 1796, d'immenses progrès, le gouvernement de Prusse s'est occupé sans cesse et avec la plus active sollicitude de protéger le commerce extérieur, de l'étendre et de le consolider par des traités de commerce et de navigation avec les nations des deux hémisphères, toutes les fois que les circonstances l'ont permis.

conseils, détourner tout ce qui pourrait nuire à leurs intérêts, les protéger enfin dans des cas de malheur, et se charger avec droiture et sagesse de la défense de leurs personnes, bâtiments, biens, droits et priviléges; le consul étant autorisé pour cet effet, et selon que les circonstances l'exigeront, à faire, soit de bouche, soit par écrit, toutes les représentations nécessaires aux autorités établies dans l'arrondissement de son consulat, à expédier des certificats, à dresser des procès-verbaux, à envoyer des rapports en cour; le tout d'après les dispositions contenues dans les articles suivants.

ARTICLE II.

Procédé des consuls à l'arrivée et au départ des vaisseaux prussiens.

Le consul doit veiller d'abord à ce que, en conformité des règlements qui à différentes reprises sont émanés de nos-chambres, les capitaines prussiens, dès leur arrivée, soit dans le port même, soit dans l'arrondissement où réside le consul, et aussitôt qu'ils auront pourvu à la sûreté de leurs bâtiments, sous quatre jours au plus tard, se présentent au consulat, y produisent leurs passeports et le rôle de leur équipage, et y déclarent le véritable contenu de leur cargaison (sans toutefois être tenus à exhiber les connaissements), ainsi que, relativement à leur voyage, de quel port ils viennent, le temps de leur départ, les ports où ils pourraient avoir relâché, et en général tout ce qui pendant leur trajet pourrait leur être arrivé de remarquable.

Le consul portera sur son journal non-seulement les déclarations susmentionnées, mais encore le nom du capitaine, celui du navire, le port de ce dernier en lasts de commerce (ou tonneaux), le nombre des individus composant l'équipage, le jour de l'arrivée, etc. Il s'assurera de l'authenticité des passeports qui lui auront été produits, et au besoin les visera gratis. Si le capitaine ne connaît pas encore par expérience et par des voyages antérieurs les us et coutumes du lieu, le consul l'instruira d'iceux, et notamment des prohibitions relatives soit à l'importation, soit à l'exportation, au commerce interlope, etc., afin que ledit capitaine s'y conforme et se garde d'y contrevenir. Le consul fera bien de se munir d'un précis de tous ces objets pour pouvoir en faire lecture aux nouveaux venus.

Et comme les capitaines sont également obligés, lors de leur départ, de se présenter au consulat pour y déclarer leur nouvelle destination et la nature de leur changement, y produire les comptes des dépenses faites dans le port, des frais du courtage, etc., autant que ces objets intéressent les fréteurs et les chargeurs, le consul sera tenu de porter sur son journal la date du départ du navire, sa cargaison, sa destination, etc. Il en délivrera gratis au capitaine un certificat signé par lui, consul, et indiquant la date de l'arrivée du navire, celle de la comparution du capitaine, maître ou patron au consulat, tant à l'arrivée qu'au départ, le port d'où le navire est venu, celui pour lequel il fait voile, pour compte de qui il est chargé, et le montant des droits de consulat qui ont été payés. En outre, le consul fera pareillement gratis la révision des comptes du vaisseau et les attestera véritables; et se conformant ainsi à la circulaire du 29 mai 1794, adressée par nous à nos consuls, il veillera à ce que le capitaine ne puisse former aucune prétention outrée ou dénuée de fondement à la charge des fréteurs et chargeurs, ni se trouver dans le cas d'être lui-même surfait par les courtiers.

Au reste, notre intention n'étant point de gêner la liberté du commerce, nous entendons à la vérité qu'il ne sera point loisible au consul d'exiger la production de connaissements originaux, mais que le capitaine, maître ou patron sera simplement tenu de lui déclarer exactement le contenu du chargement tant à l'arrivée qu'au départ; néanmoins pour éviter toute défectuosité dans les spécifications annuelles que le consul est obligé de nous remettre en vertu de l'article X, il devra, dans le cas où la déclaration du capitaine lui paraîtrait douteuse, prendre information dans les bureaux à ce préposés, et se procurer ainsi la connaissance exacte du chargement apporté par le navire et de celui du retour.

Si un capitaine prussien négligeait entièrement, soit à l'arrivée, soit au départ, de se présenter au consulat, le consul nous en fera un fidèle rapport, et dans ce cas ou même dans celui où le capitaine, à son retour, ne pourrait pas prouver, par les certificats requis, sa présentation au consulat, il sera mis irrémissiblement à l'amende de 5 Rsdlrs. fixée par nos ordonnances pour pareille omission, et en outre sera ledit capitaine obligé de payer les droits fraudés du consulat, desquels aux frais du contrevenant il sera fait remise au consul.

ARTICLE III.

Procédé des consuls en cas de malheurs arrivés en mer à des vaisseaux
prussiens.

A. *Cas d'échouements.*

En cas de malheurs arrivés à des vaisseaux appartenants à
nos sujets, soit dans le port même, soit dans l'arrondissement de
la résidence de notre consul, et principalement en cas d'échouement, un vaisseau venant à périr totalement ou en partie, le
consul est tenu de s'employer de son mieux et avec zèle en
faveur de la cargaison et de l'équipage.

Si les fréteurs et les chargeurs ont sur la place des correspondants ou chargés de pouvoirs, qui s'occupent du détail des
soins relatifs à ces circonstances, il doit les assister de ses conseils, les protégeant partout où il est besoin de toute son influence; le devoir de sa charge l'appelant, dans le cas où il
n'existe point de pareils correspondants ou mandataires, à fournir
d'office tous les secours nécessaires, en entrant jusque dans les
moindres détails, et en prenant à cœur le bien du navire et de la
cargaison, comme s'il en était lui-même propriétaire, et ce sous
sa propre responsabilité. Dans tous les cas, il doit prendre les
mesures les plus promptes pour sauver le vaisseau, et, autant que
possible sera, la cargaison, ayant l'œil à ce que les effets sauvés
soient mis sous bonne et sûre garde et laissés à la libre disposition des propriétaires, sans que ceux-ci soient grevés par des
frais de sauvetage excessifs. Le consul, en réclamant l'assistance la
plus prompte et la plus efficace des autorités constituées, aura
soin de leur rappeler nos propres procédés, vu que dans tous les
cas où de pareils malheurs arrivent sur les côtes soumises à
notre domination, nous avons donné des ordres précis pour
fournir aux vaisseaux qui viendraient à y faire naufrage ou à y
échouer, tous les soins et tous les secours que leur situation exige,
ne permettant pas qu'en sus des frais de sauvetage usités, il soit
exigé le moindre droit de bris et naufrage d'un vaisseau ou d'une
cargaison péris ou amenés par le courant sur nos côtes, sauf les
seuls cas de représailles, et où de pareilles exactions seraient
pratiquées à l'égard des vaisseaux et des cargaisons de nos sujets,
lieux d'où les bâtiments et les cargaisons échoués sur

nos côtes sont originaires : circonstance sur laquelle il conviendra d'appuyer dans l'occasion.

Hors le cas où les autorités constituées procèdent elles-mêmes à cette formalité, le consul est tenu de recevoir la déposition solennelle tant du capitaine que de l'équipage relativement à toutes les circonstances du naufrage; il en dressera un procès-verbal, et lèvera un inventaire exact de tous les effets sauvés, remettant sans délai copie vidimée du tout aux intéressés, soit directement, soit par la voie de leurs correspondants, s'il en est sur les lieux [1].

Enjoignons également au consul de s'occuper avec le plus grand soin de l'équipage du vaisseau naufragé, de l'aider de ses conseils et de veiller avec l'attention la plus scrupuleuse à ses intérêts, afin qu'il ne soit lésé en aucune manière, mais plutôt soulagé, protégé et secouru comme il doit l'être selon les lois de l'équité et conformément à nos ordonnances de marine et aux principes reçus par toutes les nations maritimes et commerçantes de l'Europe; et comme il importe en particulier de conserver à l'état les matelots, le consul observera qu'ils ne soient pas abandonnés à eux-mêmes et par là induits à s'engager sur des navires étrangers : il doit au contraire prendre des mesures pour les renvoyer sûrement, et sans qu'il leur en coûte, dans leur patrie, s'il est possible, par des bâtiments nationaux, à moins qu'ils ne puissent y retourner par leur propre vaisseau après le radoub de celui-ci. Les frais d'un pareil renvoi tombant à la charge des fréteurs, le consul est tenu de leur en donner avis [2].

B Cas d'avaries.

Dans les cas d'avaries où des capitaines peu consciencieux pourraient facilement s'éloigner de la fidélité qu'ils doivent à leurs fréteurs et à leurs chargeurs; en particulier dans les cas d'avaries ordinaires, dont l'objet n'est pas d'une importance majeure, nous prescrivons très-expressément au consul de contrô-

---

[1] Voyez la Circulaire ministérielle, n° VI, en date du 9 mars 1839.

[2] Voyez l'Ordonnance royale, sous n° VII, 1°, du 5 octobre 1833, sur l'obligation imposée aux navigateurs prussiens de rapatrier les marins naufragés de leur nation, et la Circulaire ministérielle, n° VII, 2°, du 24 avril 1834.

ler lesdites avaries et pertes survenues à des vaisseaux prussiens qui abordent dans les lieux de son arrondissement; il vérifiera tous les frais de radoub et autres qui auront eu lieu pour le bien de la cargaison et du bâtiment, soit par une inspection générale, lorsque le navire est consigné à quelque commissionnaire, soit par une inspection spéciale au défaut d'un pareil commissionnaire, en autorisant par sa signature tous les comptes y relatifs, afin que les intéressés ne soient lésés ni du côté du capitaine ni de celui du commissionnaire.

Quant aux avaries grosses, générales ou extraordinaires, c'est à celles-ci et aux pertes totales mentionnées sous *A*, que se rapporte le dispositif de notre ordonnance sur les assurances et les avaries, en date du 18 février 1766, tendant à fixer et faciliter les affaires en fait d'assurances; il y est prescrit que les dommages qu'un vaisseau aura essuyés doivent être prisés sur les lieux même où ces dommages seront arrivés; que cette estimation doit être effectuée par des experts et à leur défaut par des gens dignes de foi, affirmée par serment et ensuite certifiée véritable par les autorités constituées du lieu, ou par-devant notaire et témoins, ou enfin par-devant le consul lui-même. Notre ordonnance ci-dessus alléguée porte en outre que les marchandises sauvées seront prisées de la même manière, après que les futailles, caisses, ballots, etc., auront été au préalable ouverts en présence des susdites personnes, s'il ne se trouve pas de chargé de pouvoirs de la part des intéressés pour assister à l'ouverture en question. Il est encore stipulé que le cas d'un jet en mer ayant eu lieu durant le voyage aux fins de sauver le navire, le capitaine en fera sa déclaration par-devant le consul, tant par rapport aux circonstances qui ont nécessité cette mesure, que par rapport à la valeur des effets jetés à la mer. Ordonnons au consul de s'acquitter de ces différents devoirs, d'en dresser des procès-verbaux et de donner des copies vidimées de ceux-ci aux intéressés qui l'en requerront.

ARTICLE IV.

Procédé des consuls en cas de guerre.

A. Lors de guerre entre d'autres puissances où la Prusse demeure neutre.

En temps de guerre et d'abord

Lorsqu'il survient des ruptures entre d'autres puissances et que la guerre a lieu également sur mer et sur terre, mais que nous demeurons neutre et ami des puissances belligérantes respectives, chacun de nos consuls est tenu de s'employer avec autant de zèle que de fidélité à maintenir partout l'honneur et la sûreté de notre pavillon, et à faire jouir nos sujets, dans leur navigation aussi bien que dans leur commerce, de tous les avantages de la neutralité.

Nous prescrivons au consul, pour règle générale de sa conduite dans les circonstances susmentionnées, les principes auxquels nous demeurons invariablement attachés, et qui sont avoués par la majorité des puissances de l'Europe, soit par leurs traités, soit autrement, savoir :

Que les vaisseaux neutres peuvent en toute sûreté naviguer en cas de guerre dans les ports et parages de la domination des puissances belligérantes, à l'exclusion des places effectivement bloquées : qu'il leur est libre de transporter dans lesdits ports et parages toutes marchandises quelconques, sauf celles qui sont de contrebande en temps de guerre, selon le sens de cette expression que nous allons déterminer;

Qu'un vaisseau neutre rend la cargaison neutre, en sorte que les effets appartenants à des sujets d'une des puissances belligérantes, mais chargés sur vaisseau neutre, ne sauraient être déclarés de bonne prise par l'autre, exceptant toutefois ce qui est dit contrebande de guerre, c'est-à-dire uniquement les armes, les munitions de guerre, et tout ce qui sert en un mot à l'habillement et à l'équipement du soldat;

Que les vaisseaux neutres ne peuvent point être arrêtés, et que supposé qu'ils le fussent, ils doivent être incontinent relâchés.

S'il arrivait donc que, nonobstant notre neutralité, un vaisseau prussien fût arrêté dans les états de telle puissance en guerre près de laquelle notre consul est accrédité, et que ledit vaisseau fût amené comme prise par un vaisseau de guerre ou par un corsaire dans le port ou dans l'arrondissement de la résidence de notre consul, ou même dans le cas où pour un fait semblable il serait intenté une action par-devant les tribunaux dudit arrondissement, notre consul sera tenu, dès lors que, d'après les principes que nous venons d'établir, les circonstances du fait parleront en faveur de nos sujets, et nommément lorsqu'il y aura péril en la demeure, de s'employer de son mieux pour la relaxation du navire; mais en même temps nous lui enjoignons de faire inces-

sammnent rapport du cas à notre légation, s'il en existe dans le pays
où il réside, ainsi qu'à notre département des affaires étrangères.
Nous nous réservons de faire traiter alors directement avec la
cour intéressée, d'autant plus qu'il n'existe jusqu'ici entre nous
et les puissances de l'Europe aucun traité de commerce ou de
navigation dans lequel la procédure pour juger de la légalité
d'une prise de vaisseau neutre soit déterminée, et qu'il en existe
encore moins dans lesquels nous ayons reconnu déjà la juridiction
de la puissance belligérante pour le fait dont il s'agit. Si nous
trouvons cependant à propos d'autoriser le consul lui-même à
réclamer de son côté le bâtiment par toutes les voies requises, et
à protéger le capitaine et les intéressés, il sera tenu de s'en
acquitter de son mieux, et d'avoir soin du bâtiment arrêté, de sa
cargaison et de son équipage, afin qu'il ne leur soit fait aucun
tort ni dommage.

Le cas échéant où des raisons de guerre ou d'état occasionne-
raient un embargo général sur tous les vaisseaux qui se trouvent
dans le port ou l'arrondissement de son consulat, le consul en
donnera promptement connaissance à notre envoyé, s'il y en a
un dans le pays, ainsi qu'à notre département des affaires étrangères; en conséquence des ordres qu'il recevra à ce sujet, ou
même selon l'exigence du cas, sans les attendre, il demandera la
levée de l'embargo pour les vaisseaux prussiens en leur qualité
de navires neutres, s'employant pour cet effet de son mieux et
autant qu'il pourra dépendre de lui. Dans l'intervalle il s'occupera de la conservation des équipages, et sollicitera une indemnité
équitable, non-seulement à titre de frais de louage, mais encore
à celui des frais et dépens occasionnés par le retard des
bâtiments.

Dans le cas, dont Dieu préserve, où nous serions nous-mêmes
impliqués dans une guerre contre la puissance auprès de laquelle
le consul est accrédité, supposé qu'il ne fût pas possible de maintenir la liberté non-interrompue du commerce et de la navigation
de nos sujets, le consul s'attachera à prévenir du moins toute
saisie subite ou imprévue des vaisseaux ou effets prussiens qu'on
voudrait se permettre immédiatement à la suite de la déclaration
de guerre faite par ladite puissance. Il s'efforcera d'obtenir au

contraire un délai proportionné, et à la faveur duquel nos sujets aient le temps de pourvoir à la sûreté de leurs propriétés.

Du reste, nous nous réservons d'instruire le consul de notre volonté ultérieure dans un cas aussi imprévu.

ARTICLE V.

Procédé des consuls dans les cas de procès intéressant les sujets prussiens.

Quant aux procès des sujets prussiens qui se trouvent dans le lieu de la résidence de nos consuls et à la juridiction de laquelle ils pourraient ressortir, nous ne prescrivons à nosdits consuls d'autres obligations et ne leur accordons d'autres pouvoirs que ceux qui, sans préjudice des droits compétents aux puissances où les consuls sont accrédités, se trouvent conformes à l'usage général et au droit des gens. Nous traçons au consul les règles de conduite suivantes, qui trouveront leur application dans tous les cas, excepté ceux où une puissance étrangère aurait dejà attribué, ou bien où les traités de commerce subséquents fixeront encore des limites plus étendues auxdites règles.

A. Dans les procès où les deux parties seraient sujets prussiens.

Dans les différends qui pourraient naître entre les sujets prussiens, soit capitaines et équipages, soit négociants ou autres, le consul doit, autant qu'il dépendra de lui, tâcher d'accommoder les parties à l'amiable pour prévenir les procès. Si elles s'accordent à se soumettre à son arbitrage, il s'en acquittera gratis, avec impartialité et selon la mesure de ses lumières; pour cet effet, il entendra les parties sommairement à la vérité, mais cependant de manière à éclaircir suffisamment le fait; et si l'objet est de majeure importance ou compliqué, il en dressera un procès-verbal, se fera produire les documents, et si en particulier il est question de différends entre l'équipage et le patron, il se fera produire les contrats de location et les rôles de l'équipage, et en appliquant au cas les règles du droit, il portera un jugement, même par écrit, si l'affaire est de conséquence, lequel jugement vaudra comme sentence provisoire jusqu'à ce que nos sujets intéressés dans l'affaire aient eu le temps à leur retour de poursuivre ultérieurement leurs droits par-devant nos tribunaux.

En sus de ces arbitrages qui doivent être libres de la part des parties, et dont le consul pourra se charger tant entre nos sujets qu'entre d'autres personnes dans les discussions de commerce, nous n'entendons point lui conférer aucune sorte de juridiction sur nos sujets présents dans l'arrondissement de son consulat. Ils doivent au contraire dans tous les cas, tant au civil qu'au criminel, aussi bien que dans les différends survenant entre eux, recourir, en cas de procès, aux autorités constituées du lieu. Toutefois le consul veillera à ce qu'il leur soit administré bonne et prompte justice de la part desdites autorités constituées, et nommément dans les cas suivants :

B. En cas de différends entre des sujets prussiens et d'autres.

Dans le cas échéant que nos sujets eussent des procès avec des habitants du pays ou d'autres étrangers par-devant les tribunaux du lieu, il est enjoint au consul d'assister nos sujets de ses conseils, de leur faire connaître la procédure du pays, de leur recommander un bon avocat ou ayant-cause, au besoin de se charger lui-même des fonctions de ce dernier, et dans tous les cas de presser la prompte décision de l'affaire, afin que les marins ou autres de nos sujets qui voudraient pousser leur voyage plus loin ne soient pas retenus par des délais indus. Nous rapportons au présent article les cas où par les voies de droit il aurait été mis arrêt sur un vaisseau ou sa cargaison, dans lequel cas le consul est tenu d'opérer de son mieux pour en obtenir la main levée moyennant caution.

C. Dans les différends qui concernent le consul personnellement.

Dans le cas où il surviendrait quelque différend entre le consul lui-même et quelqu'un de nos sujets, soit gens de mer ou négociants, relativement à l'exercice des fonctions du consulat, les parties seront tenues de se pourvoir par-devant notre département des affaires étrangères, et d'en attendre les décisions, sauf les cas de péril en la demeure où il leur sera loisible de s'adresser à notre légation la plus voisine, et de solliciter des ordres provisoires. En sa qualité de négociant, comme dans toutes les relations civiles, le consul demeure soumis à la juridiction du lieu de sa résidence.

ARTICLE VI.

Procédé des consuls en cas de décès de sujets prussiens.

Si des sujets prussiens viennent à mourir dans l'arrondissement de son consulat, le consul est obligé, leurs héritiers étant absents et n'ayant point de mandataires sur les lieux, de s'enquérir des biens et effets des décédés, de procéder, en tant que le lui permettent les lois du pays, avec les officiers de la justice du lieu, à l'inventaire de la succession, et de concourir à l'arrangement et à l'administration de celle-ci en faveur des intéressés, et nommément de ceux qui habitent dans nos états. Dans tous les cas le consul doit avoir soin qu'il soit envoyé, sans perte de temps, aux héritiers, des copies vidimées, tant de l'inventaire des biens du défunt que de son testament, s'il en a fait, et qu'en général la succession qui leur est due leur parvienne en entier et sans retranchement.

S'il arrive que quelque individu de l'équipage d'un vaisseau prussien ait péri ou soit mort en mer, et que le capitaine, maître ou patron du bâtiment ait en conformité des lois de la marine procédé avec le reste de l'équipage à l'inventaire des effets du décédé, le consul du lieu où le vaisseau abordera, se fera produire cet inventaire. Il interrogera, s'il en est besoin, les gens du navire sur les circonstances qui ont accompagné le décès, et il en dressera un procès-verbal qui sera joint aux papiers du bord. Les mesures ultérieures seront prises en pareil cas après le retour du vaisseau, par les autorités établies dans nos états.

ARTICLE VII.

Procédé des consuls à l'égard des gens de mer désertés ou appauvris

Supposé que durant la station d'un navire prussien dans le port un ou plusieurs matelots de l'équipage vinssent à déserter, le consul sera tenu d'assister le capitaine dans les démarches qu'il fera pour se ressaisir de leurs personnes, et de les réclamer là où il appartient, si quelque part on se refusait à les délivrer. Au cas que le navire fût reparti dans ces entrefaites, le consul aura soin de renvoyer de tels déserteurs par un autre bâtiment prussien, s'il est possible, ou d'une manière quelconque également sûre [1].

Pour faciliter aux gens de mer prussiens appauvris et délaissés le retour dans leur patrie, le consul fera tout ce qui dépendra de lui à l'effet de leur procurer des secours, soit de la caisse des pauvres du lieu, soit de tel fond spécialement destiné au soulagement des matelots malades ou réduits à la misère. Le consul s'employera de préférence en pareilles occasions en faveur des gens de mer qui, n'ayant point abandonné leurs navires pour prendre service sur des bâtiments étrangers, n'auront pas à se reprocher eux-mêmes l'état de détresse dans lequel ils se trouvent réduits [2].

ARTICLE VIII.

Procédé des consuls relativement à l'expédition des certificats et des passeports.

Outre les différentes fonctions dont le consul est tenu de s'acquitter dans les cas mentionnés ci-dessus et dans tous ceux en général qui sont du ressort de sa place, nous l'autorisons encore expressément à munir ceux de nos sujets qui l'en requièrent, de certificats sur tout objet de commerce et de navigation dont il possède une connaissance certaine, comme aussi à légaliser par sa signature et par l'apposition du sceau consulaire, en tant qu'ils ne pourraient l'être par les autorités du pays, les actes ou contrats passés sur les lieux entre sujets prussiens relativement à de tels objets. Le conseil en usera en pareil cas avec l'exactitude et la probité la plus scrupuleuse, et dès lors nos cours de justice accorderont aux documents ainsi légalisés par lui la même foi et croyance dont jouissent nos autres officiers civils dans l'exercice de leurs fonctions [3].

[1] Voyez l'extrait d'une circulaire ministérielle, n° VIII, du 6 janv. 1837.

[2] Voyez le Rescrit royale, n° IX, 1°. du 12 septembre 1797, et les deux circulaires ministérielles, sous n° IX. 1° et 2°, en date du 30 janvier 1815 et du 23 août 1816.

[3] Par ordonnance royale du 11 novembre 1829 (*Bulletin des lois pour 1830*, p. 2), les consuls et les agents consulaires dans les *pays d'outre-mer* sont autorisés à dresser et à légaliser les procurations émanées des sujets de Sa Majesté, qui auront la même validité que celles faites judiciairement.

Le consul est également autorisé à donner des passeports, tant aux sujets prussiens qui, arrivés dans son département, voudraient poursuivre leur voyage, qu'à d'autres personnes qui désireraient se rendre dans nos états. Les individus auxquels il en accordera doivent néanmoins lui être connus, ou bien lui produire des certificats dignes de foi, et le but de leur voyage n'avoir absolument rien de suspect. Le consul est tenu, sous peine de responsabilité, de veiller à ce que ces passeports ne deviennent point pour des gens sans aveu, et moins encore pour des personnages évidemment dangereux, un moyen de s'introduire dans les états prussiens, et il lui est enjoint au surplus de tenir registre de tous les passeports, certificats, etc., par lui expédiés [1].

ARTICLE IX.

Détermination des cas où il sera loisible aux sujets prussiens de recourir aux consuls ou de s'adresser à d'autres commissionnaires.

L'établissement des consulats et les règles de conduite prescrites aux consuls dans les paragraphes précédents, n'ayant pour but que de faciliter et de faire prospérer le commerce et la navigation de nos sujets, non point de mettre des entraves à ceux-ci, et de leur imposer aucune gêne en autorisant d'autres personnes à s'ingérer dans leurs affaires, nous statuons et ordonnons en conséquence ce qui suit :

Les sujets prussiens seront obligés à la vérité de s'adresser exclusivement au consul pour tout ce qui est relatif aux dispositions contenues dans les articles II et suivants, concernant l'arrivée et le départ des navires, les attestations, certificats et généralement pour tout ce qui tient aux fonctions consulaires ; mais en satisfaisant à cette obligation, ils auront pour tout le reste, et nommément dans des cas de malheur arrivés en mer ou en

---

[1] Cette disposition a été modifiée par l'Édit général sur les passeports, daté du 22 juin 1817 (*Bulletin des lois*, p. 152), en vertu duquel (§ 3, n° 5) les consuls et les agents consulaires à l'étranger sont autorisés à délivrer des passeports pour l'entrée dans les états prussiens, mais seulement aux sujets prussiens et aux personnes diplomatiques et a des courriers de la cour royale.

Voyez pour plus ample information l'extrait de la circulaire ministérielle, n° X, du 15 juin 1830.

temps de guerre à leurs bâtiments, dans des cas de mort, de procès, etc., comme dans toutes leurs affaires mercantiles, pleine et entière liberté de remettre leurs intérêts entre les mains soit du consul, soit de toute autre personne en laquelle ils auraient confiance; bien entendu que même alors le consul doit toujours être prêt à les assister de ses conseils et à leur accorder son secours conformément aux principes de la présente instruction. Si toutefois nos sujets recourent pour de tels services particuliers à lui, ou que, n'y ayant dans des cas pressants point de mandataire de leur part sur les lieux, il leur en rende d'office, il sera en droit de leur porter en compte pour des soins de cette nature une provision équitable à l'exemple des autres négociants. Au reste, le consul, en servant ceux qui s'adressent à lui avec probité et promptitude, trouvera dans les relations qui naissent de son caractère public plus d'un moyen de gagner la confiance de nos sujets et d'obtenir la préférence sur des commissionnaires étrangers.

ARTICLE X.

Rapports à faire par les consuls.

Imposons à chacun de nos consuls l'obligation d'envoyer à la fin de chaque année à nos ministres ayant le département des affaires étrangères, une relation générale sur le commerce de nos sujets dans les lieux de son consulat, et d'y faire entrer tout ce qui sera propre à nous en fournir un aperçu satisfaisant, ainsi que tous les événements importants et remarquables qui y auront quelque rapport. Lui ordonnons de plus de joindre à cette relation un état des vaisseaux et bâtiments prussiens qui, dans le cours de l'année, seront entrés dans les ports de sondit consulat et en seront sortis, en y désignant d'une manière exacte et précise les marchandises d'entrée et de sortie qui composaient leur chargement; et supposé que l'on imprimât sur les lieux des listes de tous les navires quelconques entrés et sortis, et de leurs cargaisons, il aura soin de les envoyer de même. — Mais indépendamment de cette relation annuelle, le consul en fera toutes les fois qu'il se présentera quelque objet de nature à pouvoir nous intéresser ou à exiger pour le consulat quelque instruction particulière.

En outre, le consul sera tenu de correspondre, sous rubrique *Affaires du Roi*, avec notre département du commerce, et d'envoyer également à celui-ci, à la fin de chaque année, un état général de tous les vaisseaux prussiens et, s'il se peut, de tous les navires étrangers entrés et sortis, et de leurs cargaisons. Il s'étendra plus particulièrement dans cette correspondance sur toutes les circonstances et les détails relatifs au trafic des sujets prussiens. Pour cet effet il sera surtout attentif à informer ledit département du prix de celles des marchandises que nos sujets achètent des autres nations dans les ports de son consulat, et des circonstances qui contribuent à les rendre plus chères dans une ville maritime que dans l'autre, des droits affectés à ces marchandises et de leur augmentation ou diminution, ainsi que des impôts de mer établis ou à introduire. L'abondance ou le défaut des articles de commerce, les moissons même et les convois de vivres venant de l'étranger, le plus grand débit possible des articles de manufactures prussiennes, les nouvelles découvertes dues aux progrès de l'industrie dans le district de son consulat, la recherche des matières premières propres à la fabrication au prix le plus modique; le débouché à procurer par la voie de la navigation ou du commerce du lieu où il réside aux productions de nos états; les défenses d'importation ou d'exportation, la promulgation de lois tendantes à gêner ou à favoriser le commerce prussien, enfin l'utilité qu'il y aurait à faire un commerce actif en telle ou telle autre marchandise, ou du moins la possibilité de donner au commerce actuel une plus grande étendue, sont autant d'objets qui fixeront l'attention du consul et dont il fera mention dans ladite correspondance [1].

ARTICLE XI.

Correspondances des consuls avec les envoyés du roi.

S'il existe une mission prussienne dans le pays, nous imposons au consul l'obligation expresse d'entretenir avec elle une correspondance suivie, de l'informer de tous les événements dignes d'attention, de réclamer, selon que l'exigeront les circonstances, son intervention et son appui, de se conformer enfin dans des

---

[1] Voyez la Circulaire ministerielle, n° XI, du 6 novembre 1840.

cas pressants, et jusqu'à la réception de nos ordres immédiats, aux instructions provisoires dont elle jugera nécessaire de le munir.

ARTICLE XII.

Droits de consulat.

Pour récompense des loyaux services que nous attendons du consul en vertu des précédents articles, il est ordonné à tous vaisseaux prussiens, arrivants ou partants, de payer les droits de consulat ci-après désignés, et que le consul est autorisé à percevoir lui-même ou à faire percevoir par le vice-consul là où nous en aurons établi conformément à l'article XVI.

A. *Pour les consuls hors les limites de la Baltique.*

Chacun de nos consuls établis dans les différents états de l'Europe situés hors les limites de la Baltique, ou dans des contrées plus lointaines, percevra un gros en courant de Berlin, l'écu à 24 gros, ou en ducats de Hollande, le ducat compté pour trois écus courants, par last de commerce, selon le port du navire et conformément à son certificat de jauge, pour chaque vaisseau prussien abordant l'arrondissement du consulat. Si le port du navire n'est pas désigné dans le certificat de jauge par lasts de commerce, et qu'il n'y soit fait qu'une mention générale de la charge, comme fer, bois, seigle, ou simplement de lasts, le navire payera un tiers de moins et n'acquittera par conséquent que huit fenins pour chaque last.

Soit que le navire fasse son chargement dans un port, soit qu'il y fasse sa décharge ou qu'après avoir fait celle-ci, il prenne une cargaison de retour, les droits de consulat tels qu'ils viennent d'être fixés ne seront dans la règle perçus d'un tel navire que dans le susdit port même, et seulement une fois, en sorte qu'il ne sera point payé séparément pour chacune des cargaisons d'arrivée et de retour.

Par contre, si, pour cause de gros temps ou d'avarie, un vaisseau est obligé de rechercher un port de relâche, le consul dudit port sera également autorisé à percevoir les mêmes droits stipulés ci-dessus, vu qu'outre le secours qu'il est tenu de fournir au navire et à la cargaison, le consul est encore obligé, suivant les articles II et III, de certifier et de viser les comptes des frais de la relâche.

B. Pour les consuls établis dans les ports de la Baltique.

Quant à nos consuls établis dans les ports de la Baltique, celui de Helsingœr y compris, on s'en référera au dispositif de notre ordre circulaire, en date du 1er septembre 1783, en vertu duquel nosdits consuls percevront de chaque vaisseau prussien, abordant l'arrondissement de leur consulat pour y prendre cargaison ou y faire sa décharge, sans distinction du port des bâtiments, un risdaler en courant de Berlin, ou en ducats à trois risdalers, pour tous droits de consulat.

Cette rétribution est payable à chaque voyage du navire, s'il est du port de 50 lasts (ou cent tonneaux) et au-dessus; mais seulement une fois par an, si le navire est d'un moindre port. Seront cependant les consuls autorisés à exiger les mêmes droits, lorsque le navire sera forcé de chercher un port de relâche par les mêmes raisons dont mention a été faite sous *A*.

Pour ce qui est en particulier de notre consul à Helsingœr, nous ajoutons à son égard ce qui suit : Ledit consul se fera payer pour un navire du port de plus de 50 lasts, lequel ne fait que passer le Sund et en acquitter le péage à Helsingœr sans y faire sa décharge ou y prendre cargaison, un écu courant de Berlin. Tout bâtiment de 50 lasts ou au-dessous ne payera qu'un florin ou seize gros même courant. Ces droits ne seront acquittés néanmoins au consulat de Helsingœr qu'une fois annuellement par le même navire, celui-ci dût-il passer et repasser plusieurs fois dans le courant de l'année. Le consul prussien établi à Helsingœr, soignera par contre gratis l'acquit des droits d'un tel vaisseau au bureau du péage du Sund, si le patron du bâtiment le souhaite ou l'exige. Ledit patron cependant n'est point tenu de se présenter chaque fois en personne au consulat, mais il pourra y faire parvenir sa déclaration et le montant des droits consulaires par un tiers, supposé qu'un bon vent et un temps favorable l'appelassent à hâter son départ.

C. *Exceptions.*

Tout vaisseau entrant sur son lest dans un port, soit de la Baltique ou de quelque autre parage, et remettant de même à la voile, fera exception à la règle, et ne payera au consul que la moitié des droits stipulés sous *A* et *B*.

Les vaisseaux portant de Stettin à Copenhague des cargaisons de bois, ainsi que les bâtiments chargés de tourbes, faisant voile de l'Ostfrise pour Amsterdam, sont dispensés de tout droit de consulat, et il leur est loisible de ne point se présenter aux consuls, à moins que les maîtres ou patrons de ces navires ne le jugent eux-mêmes à propos [1].

ARTICLE XIII.

Immunités et droits des consuls dans le lieu de leur résidence.

Outre la perception de ces émoluments et la provision équitable qui doit être payée aux consuls toutes les fois qu'ils se chargeront pour le compte de nos sujets de commissions mercantiles, nous chercherons encore à leur assurer à chacun d'eux la jouissance des immunités, droits et prérogatives qui pourront en leur qualité de consuls leur être dues dans le lieu de leur résidence. Ces immunités différant néanmoins suivant le pays, nous nous abstiendrons ici d'établir aucun principe général à cet égard, nous réservant de faire connaître nos intentions aux consuls dans chaque cas particulier et douteux dont ils jugeront devoir nous faire leur rapport.

ARTICLE XIV.

Uniforme des consuls, permission d'arborer les armes de Prusse sur leurs maison; sceau consulaire; secrétaire.

Permettons, comme une distinction personnelle, à tous nos consuls de porter, tant qu'ils seront à notre service, notre uniforme consulaire, composé d'un habit de drap bleu avec doublure,

---

[1] L'exemption des vaisseaux portant des cargaisons de bois est abolie par la déclaration du 15 mai 1797, comme en général les droits de consulat, spécifiés dans l'article XII, ont été modifiés par le nouveau tarif de droits consulaires du 10 mai 1832, qui se trouve annexé.

collet et parements écarlates, veste écarlate et culotte blanche;
le collet, les parements et la veste brodés en or, chapeau noir
sans galons, orné de cordons d'or et d'une cocarde noire, enfin
l'épée dorée munie d'un port d'épée d'or. Permettons, en outre,
aux consuls d'arborer, s'ils le jugent utile et que les usages du
lieu n'y soient pas contraires, les armes royales de Prusse sur
leurs maisons pour mettre les navigateurs prussiens à même de
les trouver d'autant plus aisément; de se servir enfin pour les
affaires du consulat d'un sceau consulaire représentant l'aigle
prussien couronné portant en poitrine des lettres initiales de
notre nom, avec l'inscription *Consulat prussien à N. N.*

Au surplus, il sera loisible à tout consul, son travail venant à
exiger quelque soulagement, de faire choix d'un homme sûr et
de s'en servir en qualité de secrétaire; bien entendu toutefois
que nous ne prenons connaissance d'aucun sous-employé de ce
genre, et que le consul demeure responsable lui-même de l'exercice des fonctions de sa charge.

ARTICLE XV.

De la garde des papiers du consulat.

Nous exigeons au reste que tout consul, comme le lui prescrit
d'ailleurs sa propre convenance, tienne dans le meilleur ordre
possible les papiers relatifs aux affaires du consulat. Ordonnons
en conséquence qu'outre le journal dans lequel il doit inscrire,
suivant ce qui est statué ci-dessus, l'entrée et la sortie des bâtiments prussiens et tout ce qui dans l'exercice de ses fonctions
lui paraîtra digne de remarque, il garde encore soigneusement
les minutes ou copies de ses rapports, lettres officielles et autres
actes, ainsi que les originaux des rescrits, lettres, etc., qui lui
seront parvenus, et que, rangeant ces papiers selon l'ordre chronologique ou de matières, et le munissant de rubriques, il forme
de cette sorte de véritables archives consulaires. Enjoignons
également au consul de tout disposer de façon que, s'il venait à
décéder ou à quitter de telle autre manière son emploi, ses
papiers officiels puissent être sans aucune exception délivrés à
son successeur dans le consulat, lequel sera tenu d'en donner à
son devancier ou à ses héritiers une décharge, d'en faire son rapport en cour et de se conformer du reste aux instructions qu'il

trouvera parmi lesdits papiers, comme si elles lui eussent été
adressées à lui-même.

ARTICLE XVI.

Vice-consuls.

La présente ordonnance doit servir aussi de règle invariable
aux vice-consuls, soit que de notre propre mouvement, ou sur
la proposition du consul, nous nous décidions à en adjoindre un
à celui-ci dans le lieu même de sa résidence, pour le soulager, si
l'état de sa santé, son âge, ou d'autres circonstances l'exigent,
soit que nous jugions à propos d'en établir dans tel autre port du
département du consul, également fréquenté par les vaisseaux
prussiens.

Tout vice-consul du premier ordre sera considéré comme substitut du consul, et ce n'est qu'autant qu'il en sera convenu avec
le dernier sous notre approbation, ou que nous l'aurons nous-
même déterminé, qu'il participera aux émoluments consulaires et
à la provision que, d'après l'article IX, le consul est autorisé à
porter en compte à ses commettants pour des services à eux
rendus dans les affaires mercantiles. Un vice-consul établi dans
un port différent de celui où réside le consul, mais appartenant
au district de son consulat, tiendra en tout à la vérité la place du
consul de son chef-lieu; mais ce n'est qu'à celui-ci qu'il fera ses
rapports sur l'entrée et la sortie des bâtiments prussiens, selon ce
qui est ordonné par l'article II, ainsi que sur les autres objets qui
mériteront attention. C'est du consul aussi qu'il recevra ses
instructions, les cas très-pressants exceptés où il sera permis au
vice-consul de s'adresser directement à notre département des
affaires étrangères, ou à la mission prussienne dans le pays. Tout
vice-consul de cette seconde classe jouira de la moitié des émoluments consulaires qui seront acquittés chez lui, l'autre moitié
revenant au consul du chef-lieu auquel il en tiendra compte.
Quant à la provision allouée au vice-consul pour les commissions
mercantiles dont, suivant ce qui est dit dans l'article IX, il pourra
être requis de s'acquitter dans l'endroit de sa résidence, il la
gardera sans déduction aucune pour lui seul.

8

ARTICLE XVII.

Publication du présent règlement.

Ordonnons enfin que le présent règlement soit adressé à tous les consuls attachés à notre service sans exception, à la charge de s'y conformer constamment et avec exactitude, leur enjoignant d'en mettre le contenu sous les yeux de tel sujet prussien qui pourrait se présenter chez eux dans la vue de s'en instruire. Sera de plus ledit règlement porté à la connaissance du public commerçant et des navigateurs de nos provinces maritimes, pour les mettre au fait tant des services qu'ils seront en droit d'attendre de nos consuls que de leurs obligations envers ceux-ci.

Fait à Berlin, le 18 septembre 1796.

(L. S.)   FRÉDÉRIC-GUILLAUME.

de Blumenthal, de Werder, d'Alvensleben.
de Struensee, de Haugwitz.

Traduction.)

Tarif des droits à percevoir dans les chancelleries consulaires prussiennes, du 10 mai 1832.

(Par ce tarif ont été modifiées les dispositions y relatives de l'article xii du règlement consulaire du 18 septembre 1796.)

I. *Droits généraux du consulat.*	Courant de Prusse.		
	Thaler.	Silber-gros.	Fenins.
A ces droits est assujetti tout bâtiment prussien à son arrivée dans un port où réside un consul ou vice-consul prussien pour opérer son déchargement ou son chargement, ou faire l'un ou l'autre, ou y chercher un refuge, ou y rester en hivernage. Ces droits, qui se règlent sur le tonnage inscrit dans l'acte de transcisation ou certificat de jauge, sont :			
1° Dans les ports hors d'Europe, par last normal de Prusse..........................	—	2	—
2° Dans les ports d'Europe, en dehors de la mer Baltique, par *idem*....................	—	1	6
3° Dans les ports situés dans la Baltique, y compris le Sund, les Belts et le canal de Schleswig-Holstein :			
a. Pour les bâtiments au-delà de 50 lasts, par last...................................	—	1	—
b. Pour ceux au-dessous de 50 lasts, par last	—	—	6

Observations.

1° Les navires qui arrivent dans un port et en repartent sur lest, ou qui, étant entrés chargés, dans le but d'y opérer leur déchargement, en repartent, par suite de changement de destination, sans l'avoir effectué, n'auront à payer que la moitié des taxes susmentionnées.

2° Là où les attributions du consulat royal prussien s'étendent au-delà du port où il fait sa résidence, les navires qui abordent dans un port qui, bien que situé dans les limites de la juridiction, n'est pas celui qu'habite le consul ou le vice-consul, n'auront de droits à acquitter qu'autant qu'ils se trouveront dans le cas de requérir l'office du consulat.

3° Quant aux droits attribués au consulat d'*Elseneur* (Helsingœr), on s'en tiendra aux dispositions du 12 mars 1829, réglant à 10 silbergros la taxe de tout navire qui passe le Sund.

II. *Droits à percevoir pour certains actes consulaires.*

	Courant de Prusse.		
	Thaler.	Silber-gros.	Fenins.
1° Remplacement du rôle d'équipage	2	—	—
2° Mouvements sur le rôle d'équipage	1	—	—
3° Enregistrement d'une protestation de mer.	1	10	—
4° Certificat d'origine ou patente de santé, ou légalisation de ces actes, ainsi que de signatures ou de copies d'autres documents.	1	—	—
Si l'expéditeur de plusieurs objets à expédier par le même bâtiment réclame pour chacun d'eux un certificat séparé, il ne payera, pour chaque certificat au-delà de cinq, que.	—	15	—
5° Procurations, ou légalisation de procurations.	2	—	—
6° Délivrance de passeports.	1	10	—
7° Visa de passeports.	—	15	—
N. B. Pour les matelots, artisans et autres personnes peu fortunées (voir les articles VI et VII)	gratis.		
8° Certificats en matières de commerce et de navigation, et légalisations d'actes et contrats dressés au consulat entre sujets prussiens, selon les cas prévus par l'article VIII du règlement consulaire du 18 septembre 1796.	1	15	—
9° Copies d'actes enregistrés au consulat, par feuillet.	—	2	—

A l'égard des actes qui ne tiennent pas précisément aux fonctions de leur charge, les consuls, lorsqu'ils sont expressément requis d'office par des sujets prussiens comme parties intéressées, dans les cas d'infortune arrivés en mer ou en temps de guerre à leurs bâtiments, de procès, décès, etc., ou lors de circonstances urgentes, lorsque les sujets prussiens y intéressés n'ont pas de correspondants ou fondés de pouvoir sur les lieux, on s'en tiendra à la disposition de l'article ix du règlement consulaire, qui autorise les consuls à prendre, à l'exemple d'autres négociants, une provision modérée pour les affaires de commission.

Dispositions législatives et administratives et observations géné- rales relativement à l'institution des consulats en Prusse.

Outre les dispositions législatives et administratives que nous avons ajoutées en forme de *notes* à notre *Système consulaire* et au *Règlement pour les consuls prussiens*, nous indiquerons encore, concernant les fonctions des consuls de Prusse à l'étranger, ainsi que touchant les priviléges et les immunités que le gouvernement de ce pays accorde aux consuls des puissances étrangères résidants en Prusse, les dispositions que nous avons trouvées dans les différentes lois, à compter de l'année 1810 (*Bulletin des lois pour la monarchie prussienne*), et nous y joignons un complément de circulaires ministérielles, traduites des originaux allemands, et destinées à compléter les instructions générales, renfermées dans le Règlement général consulaire.

N° 1 [1].

L'ordonnance sur la nouvelle constitution des autorités supérieures d'état dans la monarchie prussienne, du 27 octobre 1810 (*Bulletin des lois*, p. 3), détermine que c'est au département des

---

[1] Ces pièces sont suivies d'observations générales sur les mêmes objets.

relations extérieures (le ministère des affaires étrangères) que ressortissent :

1° *Les légations.* Lorsque d'autres départements veulent leur faire parvenir des communications et qu'ils désirent en obtenir des renseignements, ils auront à réclamer, à cet effet, l'entremise du département des relations extérieures ;

2° *Les consulats.* Cette disposition s'étend aussi aux consuls, à l'exception du chef du département du commerce et de l'industrie (actuellement le ministre des finances), lequel peut traiter directement avec eux sur les objets de son ressort, et qui prend aussi part à leur nomination.

N° II.

Par l'ordonnance royale du 19 décembre 1816, concernant la nomination des consuls (*Bulletin des lois*, p. 6), la disposition dans l'ordonnance du 27 octobre 1810, ci-dessus mentionnée, déterminant que le chef du département du commerce et de l'industrie a pareillement à concourir au choix et à la nomination des consuls, est expliquée de manière que le ministère des affaires étrangères, auquel les consuls sont directement subordonnés, continue à avoir le vote principal, mais qu'à l'avenir il sera réservé en cette circonstance au ministère des finances et du commerce une voix consultative.

N° III.

Loi sur l'acquisition et la perte de la qualité de sujet prussien, du 31 décembre 1842.

Bulletin des lois pour 1843. p. 25.

§ 6. Les brevets émanés ou confirmés immédiatement de Sa Majesté ou des autorités centrales ou provinciales, pour des étrangers employés au service d'état de Prusse, représentent en même temps le titre de naturalisation. Il y a une exception à faire relativement aux étrangers employés au service de Prusse à l'*étranger*, comme consuls, agents de commerce, etc.

§ 25. Lorsqu'un sujet Prussien est nommé par une puissance étrangère pour remplir un emploi *en Prusse*, il conserve la qualité de Prussien.

N° IV.

Ordonnance sur l'organisation d'un conseil de commerce et l'établissement d'un collége de commerce, du 7 Juin 1844.

(*Bulletin des lois*, p. 25.)

§ 8. Les consuls à l'étranger sont tenus de donner au président du collége de commerce les informations qu'il requiert.

N° V.

Circulaire ministérielle du 16 avril 1845.

En suite des traités de navigation que la Prusse a faits, dans les derniers temps, avec différents états étrangers, ainsi qu'en considération des dispositions du traité conclu, en date du 20 décembre 1844, entre la Prusse, la Grande-Bretagne, l'Autriche et la Russie, pour l'abolition de la traite, on s'est vu dans la nécessité de veiller avec un soin tout particulier non-seulement à ce que les navires prussiens soient toujours munis des papiers nécessaires pour légitimer sur mer ou dans des ports étrangers leur nationalité et leur droit d'arborer le pavillon prussien, mais aussi à ce qu'il soit obvié à l'abus de ce pavillon de la part des bâtiments qui n'y ont aucun droit. Pour atteindre ce dernier but, la coopération de MM. les consuls-généraux, consuls et vice-consuls prussiens est absolument indispensable; le ministère soussigné se voit conséquemment dans le cas de leur communiquer ce qui suit, touchant les principes qu'ils auront à suivre à ce sujet.

On ne peut regarder comme navires *prussiens*, et ainsi comme autorisés à arborer le pavillon de la Prusse, que ceux qui appartiennent en propre à des sujets de ce royaume; il est même nécessaire, si un bâtiment appartient à plusieurs individus, que tous les copropriétaires soient sujets prussiens. La reconnaissance de la nationalité d'un navire prussien de la part du *gouvernement prussien* ne saurait dépendre d'aucune autre condition que de celles que nous venons de mentionner, et nommément la nationalité de l'équipage, ainsi que le lieu de la construction du bâtiment, ne pourraient être décisifs en cette circonstance. Par conséquent, lors même que des navires auraient été construits hors des états prussiens et auraient appartenu à des armateurs d'autres nations, dès qu'ils sont devenus uniquement la propriété de sujets prussiens, ils peuvent obtenir, par leur naturalisation, les droits de navires prussiens, sauf à être préalablement conduits dans un port du royaume pour y être jaugés et munis de papiers prussiens. Par contre, un navire qui appartient *totalement,* ou seulement *en partie,* à un *étranger à la Prusse,* ne saurait, lors même qu'il aurait été construit dans les états prussiens, avoir *aucun droit* à porter le pavillon national.

Les papiers dont les navires prussiens sont munis pour constater leur nationalié ont différé jusqu'ici, tant dans leur nombre que dans leur forme et dans leur contenu; mais on a pris soin d'introduire pour l'avenir toute la simplicité et toute l'uniformité désirables. En conséquence, les navires prussiens ne seront tenus à être munis désormais que des papiers suivants :

1° Un *certificat de construction* qui doit être délivré par les autorités compétentes de justice prussiennes, et qui, pour être tout à fait complet, devra contenir :

a. L'indication comment et où le bâtiment a été construit;

b. Le nom du navire et du propriétaire ou des propriétaires;

c. Le titre d'acquisition qui en constitue la propriété, et

d. Le certificat attestant que le propriétaire, ou les propriétaires, sont sujets prussiens.

2° Un *document de mesurage* délivré par une autorité prussienne et déterminant la capacité du bâtiment.

3° Le *rôle d'équipage* qui indique le nombre, les noms et la nationalité des personnes qui se trouvent à bord et qui font partie de l'équipage.

De ces trois documents le plus important est le certificat de construction, vu que c'est par celui-là qu'on doit s'assurer que le navire se trouve être uniquement la propriété de sujets prussiens. Il est donc nécessaire qu'il soit fait mention dans ce document des propriétaires actuels du bâtiment, et qu'on y ajoute, en conséquence, tout changement survenu dans la personne du propriétaire (ou dans celles des propriétaires). Il est surtout indispensable qu'on remplisse strictement cette formalité, pour que, dans le cas où un navire prussien ou une part à ce navire, serait vendu à un individu *non-prussien,* ce qui lui ferait perdre la condition fondamentale de sa nationalité, un tel vaisseau soit empêché, en appuyant ses prétentions sur le certificat de construction délivré par les autorités de la Prusse, de continuer à naviguer abusivement sous le pavillon prussien, et à jouir dans les ports étrangers des priviléges appartenants aux navires prussiens.

Par ces motifs, nous requérons de tous les agents consulaires prussiens (ainsi que cela a eu lieu à l'égard des autorités compétentes de l'intérieur du royaume), que dans tous les cas où ils apprendront qu'un navire prussien, ou seulement une part à un tel navire, aura été vendu par le propriétaire, ils insèrent *dans le certificat de construction du navire en question une remarque officielle relativement à cette vente,* remarque dans laquelle le nouvel acquéreur devra être nommé; mais que dans le cas où le nouvel acquéreur du bâtiment, ou d'une part de ce bâtiment, *ne serait pas sujet prussien,* ils *ajoutent encore expressément* à ladite remarque qu'en suite de cette aliénation, *le navire ne fait plus partie des vaisseaux marchands de la Prusse,* et qu'il a *perdu le droit d'arborer encore désormais le pavillon prussien.*

Berlin, le 16 avril 1845.

Ministère des affaires étrangères.

EICHHORN.

N° VI.

Circulaire du 9 mars 1839.

D'après la teneur de l'article III du Règlement consulaire général de Prusse du 18 septembre 1796, les agents consulaires prussiens doivent, au cas d'échouement d'un navire de leur nation dans leur arrondissement consulaire, et pour autant que les autorités du pays ne prennent pas sur elles le soin de remplir ces formalités, interroger non-seulement le capitaine, mais aussi l'équipage, sur les circonstances détaillées de ce malheur, enregistrer les déclarations reçues, et envoyer immédiatement une copie vidimée du procès-verbal à ceux qui sont intéressés au bâtiment et à sa cargaison. Il est cependant arrivé assez fréquemment que les matelots se sont refusés à faire ou à signer la protestation en question, ainsi qu'ils y étaient obligés dans le but susmentionné, en tant qu'ils n'avaient pas été préalablement satisfaits à l'égard de leurs prétentions à la solde. Un pareil refus n'est pas du tout fondé, car l'obligation qu'ont les matelots de donner les renseignements dont il s'agit ne saurait dépendre légalement de telle et telle condition, et encore moins être mise en connexion avec le payement de la solde, à laquelle, d'après le § 1576, tit. 8, part. II, du Code général, si le navire a *totalement péri par accident*, les matelots prussiens, de même que les matelots dans d'autres états, ne peuvent plus du tout prétendre ni pour le présent ni pour le passé. Néanmoins, comme il s'est élevé par-ci par-là, parmi les agents consulaires de Prusse, des doutes sur leur manière de procéder en pareils cas, il importe d'autant plus de dissiper toute incertitude relative à l'exacte exécution des dispositions réglementaires en question, que du manque de protestation de la part de l'équipage, il peut résulter les plus grands préjudices pour les armateurs et les affréteurs. En conséquence, tous les agents consulaires prussiens sont autorisés par les présentes, chaque fois qu'il s'agira d'obvier à un refus de l'espèce susmentionnée, de requérir, à cet effet, l'entremise des autorités locales compétentes, en tant que la constitution du pays permettra à celles-ci de l'accorder, afin d'obtenir que le matelot récalcitrant soit forcé par l'emprisonnement à se conformer, ainsi qu'il est de son devoir, à l'ordonnance du consul à laquelle il refuse d'obéir.

Les frais occasionnés par ces démarches seront portés en compte dans la prochaine liquidation des dépenses consulaires d'office.

Berlin, le 9 mars 1839.

Ministère des affaires étrangères.

EICHHORN.

N° VII *a*.

Ordonnance royale, du 5 octobre 1833, sur l'obligation imposée aux navigateurs prussiens de recueillir à leur port et de rapatrier les marins naufragés de leur nation.

§. 1. Les marins sujets de la Prusse, qui ont servi en dernier lieu sur un bâtiment prussien, et qui par suite d'échouement, de naufrage ou de capture de leur navire par des corsaires ou des pirates se trouvent abandonnés et sans ressources, obtiendront dans les ports étrangers, des consuls et agents consulaires qui y sont établis, les moyens de regagner leurs foyers.

§ 2. Les capitaines de navires prussiens qui se rendent directement d'un port étranger dans un port de la Prusse seront tenus, sur la demande écrite du consul, de prendre à leur bord les marins susmentionnés, munis d'un certificat de rapatriement délivré par le consul, et de les débarquer au port de leur destination.

Cette même obligation s'étend aussi aux capitaines qui se rendent à Brême, Hambourg, Elseneur, Copenhague ou dans un port étranger de la Baltique le plus rapproché du lieu de domicile des marins qu'ils ont à rapatrier; ceux-ci seront alors adressés au consul prussien du lieu, qui prendra soin de leur rapatriement ultérieur.

En cas de refus non-motivé de la part du capitaine, le consul requerra l'assistance de l'autorité ou de la police du port.

§ 3. Mais il a motif légitime de refus d'admettre les marins à son bord dans les cas suivants :

a. Lorsque le navire, jaugeant 50 lasts de Prusse ou plus, a son plein et entier chargement, et qu'il ne reste ni dans la cale ni sur le pont d'espace propre à loger les marins dont l'admission à bord est réclamée;

b. Si le sujet proposé est alité, atteint du mal vénérien ou de toute autre maladie contagieuse, ou s'il est à transporter comme coupable d'un crime;

c. Si le nombre des marins à embarquer excède de la moitié celui de l'équipage du navire, ou enfin *d.* Si la demande pour l'embarquement des marins n'a pas eu lieu en temps opportun, c'est-à-dire deux jours au moins avant que le navire mette à la voile.

§ 4. Le consul, assisté d'experts, prendra connaissance par lui-même de l'espace (§ 3, litt. *a*) qui doit être affecté au logement des marins à bord.

Le tonnage du navire sert en cela de norme; ainsi, par exemple, pour un bâtiment de 50 lasts on comptera deux hommes, pour 100 lasts, quatre, et ainsi de suite. Mais s'il y avait déjà des voyageurs à bord, on devra avoir égard à eux en disposant de la place encore vacante, à moins qu'ils n'occupent la chambre du capitaine, qui n'entre jamais en considération dans la question de la place à fixer pour le logement des marins à rapatrier.

§ 5. Pendant le voyage et jusqu'à l'arrivée au lieu de destination ou de débarquement, le marin admis à bord recevra du capitaine la nourriture et le traitement d'usage; mais par contre il sera tenu, s'il est en état de travailler, de prendre part, suivant son rang, à la besogne de l'équipage, et de se soumettre à la discipline du bord.

§ 6. Pour le passage et la nourriture d'un marin, sujet prussien (§ 1), le capitaine aura droit à une bonification qui sera stipulée chaque fois par le consul, mais dont le *maximum* est fixé à dix silbergros par homme et par jour, à partir du jour de l'embarquement jusqu'à celui de l'arrivée au lieu de destination inclusivement. La bonification, garantie de la sorte au capitaine, lui sera remise par la caisse de port de destination indigène, sur la production du certificat d'embarquement délivré par le consul et le reçu de nourriture délivré et signé par les marins admis à son bord; ou si, dans les cas prévus (§ 2), le débarquement des marins a lieu dans un port étranger, le remboursement sera effectué par le consul prussien qui y réside.

§ 7. Le capitaine pourra exiger, à titre d'avance, jusqu'à moitié de la bonification stipulée, s'il prouve que, faute de vivres suffisants pour la nourriture du marin ou des marins qu'il doit rapatrier, il est obligé d'acheter un surcroît de provisions.

§ 8. Tout capitaine qui, sans motif dûment fondé (§ 3), refuse d'obtempérer à la demande du consul, en prenant à son bord les marins proposés par ce dernier (§ 1 et 2), et qui par là oblige à requérir l'assistance des autorités, ou qui se soustrait à cette obligation, sera condamné, sur le rapport du consul, à une amende de 20 à 50 thalers au profit des marins indigents du port qu'il habite, et si la résistance a été accompagnée de voies de fait, il sera puni, après enquête préalable, selon le règlement du code pénal.

§ 9. Il est d'ailleurs à observer que la présente ordonnance ne change rien aux obligations imposées par la loi aux armateurs, de rapatrier les équipages ou de supporter les frais qu'entraîne leur rapatriement.

<h2 style="text-align:center">N° VII b.</h2>

Circulaire adressée à tous les consuls de S. M. le roi de Prusse.

En communiquant ci-joint à MM. les consuls-généraux, consuls et vice-consuls prussiens, et en recommandant à leur observation l'ordonnance rendue par Sa Majesté, en date du 5 octobre de l'année dernière, relativement à l'obligation qu'ont les navigateurs prussiens de recueillir à leur bord et de rapatrier les marins de leur nation qui se trouvent dans le malheur, nous leur adressons encore à ce sujet ce qui suit :

1° En vertu du règlement consulaire, les consuls sont tenus de prendre des mesures pour renvoyer, s'il est possible, dans la patrie, non-seulement les équipages de bâtiments prussiens échoués, mais encore tout autre marin prussien appauvri et délaissé, surtout si ce dernier n'a pas quitté un vaisseau prussien pour entrer dans le service de quelque vaisseau étranger, dont il se serait retiré dans cet état de détresse ; les consuls ont également l'obligation de renvoyer dans leur pays, par la voie la plus sûre, les matelots échappés d'un bâtiment, en cas que ce bâtiment ait déjà mis à la voile. Les difficultés que les consuls ont souvent rencontrées dans l'accomplissement de ce devoir ont motivé, pour le transport des matelots malheureux dans leur pays, la fixation légale de certains cas dans lesquels on puisse supposer avec toute justice que les capitaines de vaisseaux prussiens ne refuseront pas de se charger de ces matelots, et, pour ces mêmes cas, une obligation a été imposée aux patrons.

2° D'après le § 1 de l'ordonnance, cette obligation a lieu à l'égard des marins qui sont sujets prussiens, qui ont servi en dernier lieu sur un vaisseau prussien, et qui se trouvent dépourvus de toutes ressources, soit à la suite d'échouements et de naufrages, ou d'une prise faite par des pirates, soit *par d'autres causes* encore. On comprend surtout, par les autres causes mentionnées ici, si les marins ont dû être congédiés ou laissés en arrière par suite de quelque accident survenu au bâtiment, ou à cause d'incapacité, de maladie, de blessure; comme aussi s'il arrive qu'un patron congédie un marin sans un motif légitime.

3° On comprend bien que la condition d'avoir servi en dernier lieu sur un vaisseau prussien ne saurait être appliquée aux marins qui, pressés par le besoin auquel un naufrage ou le délaissement dans une contrée lointaine les auraient réduits, ne se seront mis en service sur un vaisseau étranger que provisoirement et dans le but de fournir à leur subsistance et de se rapprocher de leur patrie.

4° De même que le patron d'un vaisseau prussien ne peut pas être tenu de se charger contre son gré des individus mentionnés dans le § 3 de l'ordonnance, et qui doivent être transportés dans leur pays comme criminels, il ne peut pas être obligé non plus à prendre à son bord les marins qui ont quitté le service d'un vaisseau, et qu'en raison de motifs légitimes le patron refuse de reprendre, ni les déserteurs qui n'ont été découverts qu'après le départ du vaisseau et que les autorités ont mis à la disposition des consuls. Toutefois, comme l'ordonnance a pour but de veiller, dans l'intérêt de l'état, à la conservation d'honnêtes marins prussiens, et en même temps de faire du bien à ces derniers, les consuls devront, dans tous les cas où les armateurs ne sont pas indubitablement obligés de supporter les frais occasionnés par le retour des matelots, priver de ces bienfaits ceux de ces matelots qu'ils savent positivement en êtres indignes.

5° Les consuls doivent dresser un procès-verbal contenant les déclarations des marins qui sollicitent le retour, et avoir surtout soin d'y indiquer ce qui, d'après les instructions de la circulaire du 30 janvier 1815, leur a fait acquérir la certitude que les marins qui réclament leurs secours sont effectivement sujets prussiens.

6° Dans les assignations écrites qui doivent d'abord être rendues aux patrons (§ 2 et 5 de l'ordonnance) les consuls doivent inscrire :

a. Le nom, le prénom, l'âge et le lieu de naissance des matelots qui doivent être admis;

b. Le vaisseau prussien avec lequel ceux-ci ont été la dernière fois en mer, le patron de ce vaisseau, et le port prussien dont ils sont sortis pour entreprendre ce dernier voyage;

c. La cause de leur dénûment.

Il doit être donné immédiatement avis au ministère soussigné de cette admission et de l'arrangement qui a été pris à ce sujet avec le patron, en présentant en même temps le procès-verbal susmentionné (n° v) ainsi que la liste des individus admis, et en indiquant les avances qui pourraient avoir été payées au patron, afin que les autorités puissent être munies des assignations nécessaires, tant pour le payement des frais de transport et d'entretien dus à celui-ci, que pour en obtenir le remboursement de la part des armateurs qui pourraient y être obligés.

7° Les consuls résidants dans un port plus rapproché de la Prusse, auxquels un consul plus éloigné adresserait par mer des matelots prussiens, faute d'occasion de les renvoyer immédiatement dans leur pays, devront en pareils cas, et sur la remise de l'ordre de réception, sur lequel le patron doit donner quittance de la bonification qui lui a été assurée par le consul du port d'expédition, ainsi que sur la présentation d'un certificat des matelots, attestant l'exacte réception des aliments qui leur auront été fournis, avancer lesdits dédommagements aux patrons, puis se charger ultérieurement du retour des matelots dans leur pays. S'il se présente justement à cet effet une occasion de navire, les consuls devront procéder conformément aux dispositions de l'ordonnance; mais si le retour doit être effectué par terre, ils doivent munir les matelots de passeports pour leur pays, dans lesquels ils leur fixeront une route dont ils ne pourront s'éloigner sans un motif urgent. Les frais d'entretien qui seront avancés par les consuls aux marins retournant dans leur pays par terre, ne pourront pas, dans la règle, surpasser le montant de deux silbergros et demi par mille d'Allemagne, ou de dix silbergros pour chaque jour que ceux-ci devront inévitablement passer dans des ports ou dans des villes. Le consul devra immédiatement rendre compte au ministère soussigné de ce qu'il aura fait et de ce qu'il aura dû ordonner dans le cas susmentionné, en joignant à son rapport l'ordre de réception qui lui a été remis et les quittances sur les avances qu'il aura faites.

8° Quoique dans le § 6 de l'ordonnance on ait porté à dix silbergros par jour le maximum du dédommagement accordé aux patrons pour le transport et la nourriture d'un matelot, on attend cependant des consuls prussiens qu'ils tâcheront encore désormais de procurer aux matelots, surtout à ceux qui seront capables de travailler, une réception gratuite ou moins coûteuse.

9° Les consuls mettront les avances qu'ils auront faites pour le retour de matelots nécessiteux, sur le compte qu'ils ont à présenter au ministère soussigné de leurs déboursés d'office; cependant, dans le cas où le remboursement des frais est, sans nul doute, à la charge des armateurs, ou lorsque c'est par ces derniers mêmes, ou par leurs correspondants, qu'ils ont été chargés d'effectuer le retour d'un matelot, les consuls sont libres de régler le compte immédiatement avec eux.

10° Relativement au transport des matelots que les patrons de vaisseaux prussiens ont le droit de refuser de prendre à leur bord, ainsi que dans le cas qu'on ne prévoie, ni pour le moment, ni pour plus tard, une occasion pour les expédier sur un vaisseau prussien, on s'en tiendra à l'usage établi jusqu'ici et d'après lequel, selon les circonstances et au moyen d'un arrangement pris spontanément avec des patrons prussiens ou étrangers, les consuls font transporter les matelots dans leur patrie ou dans un port moins éloigné. Toutefois dès que l'ordre de réception est remplacé par un accord écrit, les consuls procéderont également en cela d'après les dispositions susmentionnées.

Berlin, le 24 avril 1834.

Ministère des affaires étrangères.

EICHHORN.

N° VIII.

(Extrait.)

1° Si, pendant la présence d'un navire prussien dans le port ou dans le district du consulat, un matelot déserte ce bâtiment, et que le capitaine ait recours à l'entremise du consul pour opérer l'arrestation et l'extradition du déserteur, cette entremise consulaire doit être accordée, comme il a été ordonné. Le capitaine supporte alors les frais qui se sont accrus auprès des autorités étrangères, et reprend le déserteur à son bord.

2° Si le capitaine ne voulait pas reprendre le déserteur, et qu'il demandât cependant son arrestation et son rapatriement, les frais retombant à la charge de l'armateur, le consul pourrait bien aussi satisfaire à une telle demande, dont le cas ne se présentera sans doute que très-rarement; mais il devra faire en sorte d'obtenir pour ce déserteur une réception gratuite à bord d'un navire prussien qui opérera son retour.

3° Au cas qu'un capitaine ait réclamé un matelot qui s'est échappé pendant sa présence au port, et qu'il ait dû mettre à la voile avant que l'arrestation et l'extradition aient pu être effectués, le consul devra également, si le matelot lui est ensuite livré, le faire transporter dans son pays, de la manière prescrite par le § VII du Règlement consulaire, à moins qu'avant son départ le capitaine ait retiré formellement sa réclamation, et que le consul ne soit pas forcé alors d'accepter des autorités locales le déserteur une fois réclamé, mais qu'il puisse, selon les rapports existants dans ce pays, déclarer qu'il renonce à l'extradition dont il s'agit.

4° Le consul n'a d'office nullement à s'occuper de matelots déserteurs que le capitaine du navire, quoique présent dans le port, n'a pas réclamés, non plus de ceux qui, après avoir déjà déserté ailleurs dans le temps, sont venus dans le lieu de sa résidence, soit en vagabondant, soit en service sur un bâtiment appartenant à une puissance étrangère.

5° Si un déserteur non réclamé est arrêté par les autorités locales et conduit devant le consul, celui-ci doit prendre sur cet individu toutes les notices qui peuvent intéresser les autorités de son pays, et en donner communication au ministère; mais il refusera de s'en charger, à moins qu'il se présente une occasion de le renvoyer gratuitement dans son pays à bord d'un navire prussien.

6° Dans un cas où un matelot prussien en état de servir, et surtout encore dans l'âge auquel le service militaire est obligatoire, aurait déserté et se présenterait chez un consul avec des données satisfaisantes sur son origine et sur le sort qu'il a éprouvé,

afin d'en obtenir les secours nécessaires pour regagner ses foyers.
le consul peut à la vérité, aux termes de l'instruction du 30 janvier 1815, lui accorder. s'il paraît le mériter, un petit secours
d'argent, et chercher à lui procurer le moyen de retourner gratuitement dans son pays; mais si l'occasion ne s'en présente pas,
il devra faire part de toutes ces circonstances au ministère soussigné, et lui demander s'il approuve que le retour soit effectué
contre payement.

Berlin. le 6 Janvier 1837.

Ministère des affaires étrangères.

N° IX *a.*

Le Rescrit royal, du 12 septembre 1797, prescrit que les consuls de S. M. le roi de Prusse, s'ils sont dans la nécessité, en cas
d'échoument de vaisseaux prussiens, de faire des avances aux
gens de mer nationaux pour le retour dans la patrie, doivent an-
noter cette circonstance. ainsi que le montant de leurs déboursés
sur les passeports desdits marins.

N° IX *b.*

Circulaire adressée à tous les consuls de S. M. le roi de Prusse.

Le règlement du consulat prussien du 18 septembre 1796,
article III, lit. A, et article VII, prescrit formellement aux consuls
de Sa Majesté le devoir de prendre sous leur protection, en cas
de malheurs, les patrons et les matelots prussiens, ainsi que de
s'intéresser aux matelots qui se trouvent abandonnés et réduits
à la misère, et de leur faire même des avances d'argent qui les
mettent à même de retourner dans leur pays.

La manière dont il doit être procédé dans des débours de ce
genre, et dont les remboursements doivent en être effectués, a
déjà été prescrite, il est vrai, tant par les dispositions des circulaires du 19 août 1797, du 28 décembre 1799 et du 12 février
1800. que par diverses dispositions isolées.

Cependant l'expérience ayant prouvé jusqu'ici que, par ces dispositions, on n'est pas entièrement parvenu à remédier aux inconvénients qu'offraient ces débours et ces remboursements, nous espérons que, par les instructions plus précises que nous donnons ci-dessous à MM. les consuls, nous pourrons, tout en atteignant le but susmentionné, leur faire éviter, en même temps, les longueurs que le remboursement de leurs avances a à souffrir de la part des armateurs.

Dans les six cas suivants, les consuls peuvent, avec toute sûreté, munir les matelots prussiens des secours nécessaires pour retourner dans leur pays, comme aussi fournir aux frais de cure et d'entretien d'un matelot malade :

1° Si un matelot a été congédié, sans raison légitime, avant l'expiration du contrat ;

2° Si celui-ci a dû être congédié par suite d'un accident survenu, sans sa faute, dans le service du vaisseau ; ou s'il est malade d'une blessure qu'il a reçue étant au service ;

3° Si le vaisseau a été empêché de se mettre en mer, soit par une force majeure, soit par les dangers imprévus que lui auraient présentés la guerre ou les pirates, soit enfin par l'embargo mis sur ce bâtiment ; et si dans ce cas d'empêchement, le marin n'a pas été engagé dans le lieu même du départ projeté du vaisseau, mais si on l'a fait venir de quelque autre endroit ;

4° Si, par une disposition de l'armateur, ou par un simple hasard, le voyage pour lequel les matelots ont été arrêtés ne doit pas s'effectuer ;

5° Si le vaisseau a été enlevé par l'ennemi ou par des pirates, ou s'il a été détruit par quelque accident ;

6° Si, par un malheur qu'il a éprouvé, hors du service, il est vrai, mais par hasard et sans qu'il y ait eu de *sa faute*, le marin a été rendu incapable de servir.

Les matelots sont obligés, à la vérité, de pourvoir eux-mêmes à leur retour dans leur pays, dans les trois cas suivants, savoir:

1° Si pendant le voyage le matelot a été jugé incapable de servir ; s'il est lui-même cause de cette incapacité, ou s'il est attaqué d'un maladie vénérienne ;

2° Si, par sa propre faute, il s'est blessé ou est tombé malade ;

3° Si, ayant quitté le service de plein gré, le patron ne veut pas l'y reprendre.

Cependant dans les deux premiers cas, les consuls peuvent également leur donner les secours nécessaires. Quant au troisième cas, il appartiendra à MM. les consuls de décider, selon les circonstances, si le matelot qui a quitté volontairement le service et que le patron refuse de reprendre, mérite ou non quelque secours.

Les consuls prussiens devront, à la fin de chaque trimestre, ou de chaque semestre, présenter le compte de leur débours au ministère soussigné, qui leur en fera parvenir immédiatement le montant.

Cependant, afin que le montant de ces débours puisse être ensuite réclamé de l'armateur, qui est responsable de ces remboursements, il est nécessaire que les consuls ajoutent à leurs comptes le nom et le domicile du matelot ou marin, le nom du vaisseau, ceux du patron et de l'armateur, et qu'ils y mentionnent toutes les circonstances qui les ont déterminés à accorder des secours.

La même formalité doit être observée à l'égard des frais avancés par les consuls pour les matelots prussiens dans les trois derniers cas susmentionnés, ces frais demeurant à la charge de la caisse royale, si le matelot qui les a occasionnés est trop pauvre pour pouvoir les rembourser.

Les consuls doivent donc en premier lieu se convaincre que les marins qui réclament leurs secours sont sujets prussiens. Dans la plupart des cas, ils pourront acquérir cette conviction par l'examen du rôle d'équipage qui se trouve à bord du vaisseau, et dans lequel sera aussi inscrit dorénavant le nom de l'armateur, et par celui d'un certificat spécial qui sera délivré à chaque matelot, et dans lequel seront inscrits son nom, le lieu de sa naissance, les noms du vaisseau, du patron et de l'armateur, ainsi que le signalement complet du matelot. Au reste, comme le nom de l'armateur doit être lu à chaque revue de l'équipage, les consuls pourront, même dans le cas que tous le papiers fussent perdus, se procurer par l'audition des matelots tous les renseignements nécessaires.

Il se présentera sans doute des cas où il sera de toute impossibilité d'interroger les matelots; dans ces cas on attend de MM les consuls qu'ils ne négligeront rien pour se convaincre, autant que possible, de la nationalité des matelots qui auront recours à eux.

Au surplus, il est naturel que les consuls devront, en secourant les matelots, procéder avec économie : ainsi

1° Ils devront, autant que cela sera praticable, faire en sorte de placer les matelots malades dans de bons hôpitaux publics, et

2° lors de leur retour dans leur pays, ils auront soin, si c'est possible, de les faire engager à bord d'un vaisseau prussien, afin de leur obtenir le voyage et la nourriture gratis.

Nous attendons du zèle des consuls de S. M. le roi, qu'ils se conformeront strictement et loyalement à ces instructions.

Berlin, le 30 Janvier 1845.

Ministère des affaires étrangères.

Deuxième section.

DE RAUMER.

N° IX c.

Circulaire adressée à tous les consuls de S. M. le roi de Prusse.

Dans les instructions qui ont été données aux consuls de S. M. le roi de Prusse, en date du 30 janvier de l'année passée, relativement aux secours à accorder aux matelots prussiens qui se trouvent dans le besoin, il a été entre autres prescrit, que dans le cas où les matelots sont dans l'impossibilité de se légitimer comme sujets prussiens, au moyen de papiers, les consuls ont à se convaincre, autant que possible, de cette nationalité, soit en interrogeant les matelots, soit par toute autre voie qui leur paraîtra convenable.

L'expérience a prouvé qu'il se présente fréquemment des cas semblables, où les matelots qui réclament des secours ne peuvent se légitimer qu'au moyen de dépositions verbales; mais que, dans plusieurs de ces cas, les dépositions ont été reconnues pour fausses; de sorte que ces individus ne se sont fait passer pour sujets prussiens que dans le but d'obtenir des secours des consuls de Sa Majesté.

Les sommes qu'on emploie chaque année à des secours de ce genre sont, en général, considérables, et les cas où le montant des avances devrait être réclamé des individues auxquels ces avances ont été faites, se présentent bien plus fréquemment que ceux où les armateurs ont l'obligation de pourvoir au retour et à l'entretien des matelots qui ont recours aux consuls.

Cependant ce n'est jusqu'ici que dans des cas très-rares qu'on a pu obtenir le remboursement desdites avances de la part des matelots eux-mêmes, tant à cause de la pauvreté de ces derniers, que parce que, le plus souvent, ces individus ne sont pas retournés dans les endroits qui avaient été indiqués, et n'ont même laissé aucune trace qui ait pu les faire découvrir.

Dans cet état de choses, il est nécessaire, pour l'avantage de la caisse royale, que, relativement aux matelots qui ne sont à même de se légitimer comme sujets prussiens que par des dépositions verbales, ou qui ne peuvent pas indiquer suffisamment leur domicile dans les états prussiens, on prenne dorénavant la précaution d'obliger ces individus, une fois munis des avances qu'ils ont sollicitées, de se rendre dans un port prussien, ou dans une localité quelconque qu'on leur désignera, afin que leurs dépositions y soient vérifiées, et que, selon les circonstances, il puisse être procédé contre eux.

En conséquence les consuls prussiens voudront bien désormais requérir chaque fois des autorités compétentes de leur district consulaire, que les individus qui devront être transportés à un port prussien par une occasion de vaisseau, soient, jusqu'à leur embarquement, placés sur la surveillance de la police, afin qu'ils ne puissent pas s'enfuir. De plus, les consuls auront soin, dans les passeports qu'ils leur délivreront, de prier les autorités de police du port pour lequel le vaisseau sera destiné, de prendre de nouvelles informations à leur sujet dans l'endroit qu'ils auront désigné comme celui de leur domicile.

Cependant, dans le cas où, à défaut d'occasion de vaisseau, ou pour d'autres raisons, lesdits individus ne pourront retourner dans leur pays que par terre, les consuls devront leur prescrire leur route dans leurs passeports, en y remarquant expressément que ces passeports ne sauraient être valables que pour la route indiquée, et que toute déviation pourra motiver des soupçons contre celui qui en sera porteur. Ce dernier ne pouvant ainsi se dérober à la surveillance des autorités de police, sera forcé de regagner sa patrie par la voie la plus directe: de sorte qu'en l'obligeant ainsi à se rendre dans l'endroit prussien qu'on lui aura fixé, on parviendra à atteindre un double but : d'abord ceux qui se seront fait passer faussement pour sujets prussiens pourront être plus facilement découverts et punis ; en second lieu, ceux qui, dans leur pays, se trouveront jouir d'une fortune qui leur permettra de rembourser les avances que leur auront faites les consuls, pourront être contraints à effectuer ces remboursements.

Berlin, le 23 août 1846.

Ministère des affaires étrangères.

Troisième section.

DE JORDAN.

N° X.

Extrait d'une circulaire ministérielle du 15 juin 1830.

Le ministère des affaires étrangères fait connaître par cette circulaire aux missions du roi les principes généraux d'après lesquels il les invite à procéder dans l'exercice de leurs fonctions touchant la délivrance et le visa des passeports. Le ministère aime à croire que par cet exposé on obtiendra avec sûreté un traitement partout pareil de cette branche de son administration, pour toutes les formalités dont le détail suit :

I. Délivrance de passeports.

Les missions royales à l'étranger sont autorisées à délivrer de *nouveaux passeports* exceptionnellement :

1° Aux personnes diplomatiques, qui se rendent en cette qualité en Prusse, soit pour y faire un séjour de quelque durée, soit pour passer seulement par les états prussiens. Dans ce dernier cas il suffirait que le passeport délivré par une autre légation, ou par la cour respective pour la destination définitive, fût simplement visé ;

2° aux courriers de la cour royale, soit que ceux-ci aient encore un plus long voyage à accomplir, soit qu'ils retournent dans les états prussiens ;

3° aux sujets prussiens, mais cependant dans le seul cas qu'ils retourneront moyennant ces passeports dans les états prussiens.

Il n'est point du ressort des missions royales de délivrer des passeports d'une autre catégorie que ceux signalés ci-dessus

Relativement à la manière de procéder dans les cas mentionnés sub 1° et 2°, il n'y a plus aucune observation à faire, mais quant aux cas sub 3°, les légations de Sa Majesté voudront bien ne pas perdre de vue que le droit de demander des passeports n'appartient qu'aux individus qui sont en état de légitimer leur qualité encore existante de sujets prussiens, et qui sont à même, s'ils ont fait un séjour de quelque durée dans le pays où la légation réside, de produire des preuves que le gouvernement territorial, et respectivement les autorités du pays, ne mettent aucun empêchement à leur sortie.

Le principal moyen de légitimation concernant la **qualité** continue de sujet prussien, c'est le passeport dont le terme n'est pas encore expiré, ou, si cette expiration a déjà eu lieu, le passeport qui a été légalement renouvelé par l'autorité compétente du pays du réclamant.

Dans le cas où le réclamant n'est point spécialement autorisé par l'autorité de sa patrie à voyager à l'étranger ou dans le pays où la légation réside, comme aussi si le temps pour lequel une telle autorisation a été donnée est passé, il n'est pas dans la règle que pour retourner en Prusse celui-ci puisse recourir à l'entremise de la mission du roi, bien qu'il satisfasse à la production exigée des moyens de légitimation de la police. Mais même à cet effet la légation n'aura à lui accorder l'intervention y relative qu'autant qu'elle ne concevra aucun doute sur le fait de la continuation de sa qualité de sujet prussien, et que le réclamant aura levé ces doutes par des documents dignes de foi, émanés d'une autorité de la patrie.

Il est de principe que chaque individu a à lui seul le soin de se procurer de la part des autorités de son pays les moyens de légitimation, en raison desquels il croit devoir réclamer la protection des missions royales à l'étranger.

On s'en rapporte entièrement aux missions du roi, pour juger si elles doivent, et de quelle manière il leur convient accorder leur protection au réclamant jusqu'à l'époque où il recevra les moyens de légitimation qu'il est occupé à se procurer de sa patrie. Le réclamant n'y a aucun *droit* avant d'avoir d'abord convaincu la légation de sa qualité de sujet prussien.

Néanmoins les missions jugeront par elles-mêmes si elles doivent, en prenant en considération l'état et les autres circonstances extérieures concernant l'individu en question, s'éloigner de ce principe, et regarder moins la forme légale que l'essence de la chose, en examinant les moyens de légitimation, la durée de leur force et leur validité.

Ainsi il pourra être permis à des individus exerçant la profession de commerçants et de négociants, dans le cas que leurs moyens de légitimation obtenus de la patrie auront perdu leur force et leur validité, ou qu'ils ne soient pas valables pour le territoire étranger dans lequel ils voudraient se rendre en quittant la résidence de la légation de suppléer à ce manque par d'autres preuves authentiques, sans que ce soit précisement des attestations des autorités de la patrie. On reconnaîtra notamment comme moyens de légitimation leur correspondance de commerce, ou bien la garantie donnée en leur faveur par un de leurs correspondants du pays. Il dépendra pareillement de la décision des légations respectives de se contenter, à l'égard des personnes d'une autre profession, de documents privés, au lieu des moyens de légitimation officiels, pouvu que les relations du réclamant y soient indubitablement énoncées.

Cependant de pareilles déviations à la règle ne pourront se justifier complètement, qu'autant que l'individu qui réclame les services de la légation au sujet d'un passeport, sera en état de prouver un intérêt essentiel pour qu'on lui épargne la perte de temps qu'entraînerait la nécessité de se procurer les moyens de légitimation de la patrie.

Les missions voudront du reste vouer une attention particuliaire aux individus, sans distinction d'état, qui sont encore dans l'âge où ils sont obligés à servir dans l'armée, à moins qu'ils puissent prouver d'une manière parfaitement indubitable qu'ils sont légalement dispensés de satisfaire à ce devoir.

Tandis que la légation ne se prêtera dans aucun cas à aider de *tels* individus à exécuter un voyage dans d'autre pays que ceux pour lesquels leurs passeports ont été expédiés, ou à leur accorder quelque soulagement au-delà du temps de la validité et de la force du passeport, jusqu'à la réception d'autres moyens de légitimation de la patrie, elle pourra par contre leur accorder sans hésitation toute facilité admissible selon les circonstances, lorsqu'il s'agira de leur retour dans la patrie. En outre, les légations de Sa Majesté sont aussi tenues, lorsqu'elles se trouvent dans les états avec lesquels la Prusse a un cartel, de prendre des mesures auprès des autorités étrangères pour empêcher l'individu qui y est intéressé de s'éloigner du district de la légation, afin que sa saisie ultérieure ne soit pas rendue difficile ou même impossible.

Aux principes développés ci-dessus peut se réduire en général tout ce que les missions royales auront à observer relativement à leur faculté de *délivrer* des passeports aux sujets prussiens qui *retourneront* de l'étranger en Prusse, ou bien qui séjourneront à d'étranger au-delà du terme de la validité de leurs moyens de légitimation qui leur auront été délivrés dans la patrie, ou enfin à ceux qui désireront se rendre d'un pays étranger dans un autre, pour lequel le passeport des autorités de leur pays n'aura pas été délivré.

II. Visa des passeports.

Il faut remarquer, avant tout, que le visa d'un passeport par les missions du roi suppose toujours : que le terme du passeport qui doit être visé ne soit pas écoulé, et de plus, que le visa ne soit pas demandé pour un autre pays que celui pour lequel le passeport a été délivré par les autorités.

Les légations de Sa Majesté doivent, dans la règle, refuser le visa à un passeport qui n'a pas ces qualités, et alors il doit être procédé d'après ce qui a déjà été dit plus haut relativement à *l'expédition de passeports* de la part des légations.

Ont droit au visa des missions :

1º *Les sujets nationaux :*

a. S'ils sont munis de passeports valables de leur pays, qui les autorisent à passer par celui où réside la légation, dans le but de se rendre dans un troisième pays ;

b. De passeports valables et encore en vigueur pour un séjour plus ou moins long (d'après l'indication du passeport) dans le pays où la légation du roi a sa résidence ;

c. De passeports valables pour le retour d'un pays étranger dans la patrie.

Dans les cas sub *a* et *b* les porteurs des passeports sont libres de profiter ou non de leur droit au visa ; par contre, dans le cas sub *c*, ils n'ont pas seulement le droit, mais encore l'obligation de faire viser leurs passeports, et cela en conformité des lois qui régissent la police des passeports dans la patrie. Mais si des sujets de Sa Majesté demandent aussi le visa des légations royales dans les cas sub *a* et *b*, ce visa doit leur être accordé; il est même à croire que les voyageurs tant soit peu expérimentés rempliront, dans la règle, cette dernière formalité : ils le feront dans leur propre intérêt, et particulièrement parce que la plupart des autorités de police étrangères des endroits où résident des légations ou des agents consulaires d'autres puissances, ont l'usage de n'accorder le visa de la police aux nationaux de ces derniers, qu'après que leurs papiers ont été visés par les légations ou par les agents consulaires respectifs, vu que ce visa doit servir à constater l'authenticité des signatures des autorités étrangères. qui sont inconnues aux autorités de police susmentionnées.

2° *Les sujets étrangers.*

Dans le but d'entrer dans les états prussiens, s'ils sont pourvus à cet effet de passeports de sortie en règle de la part des autorités compétentes de leur pays.

S'il s'agit de sujets de l'état auprès duquel la légation de Sa Majesté est accréditée, celle-ci doit prendre pour principe constant de n'accorder le visa à aucun de ces passeports dans le cas où n'ayant pas été délivré immédiatement par le ministère des affaires étrangères du pays ou par une autorité qui en exerce les fonctions, ce passeport n'a pas été préalablement visé par cette autorité.

Car pour les légations royales considérées comme telles, il n'y a, dans le pays où elles résident, aucune autre autorité dont la signature ait pour elles une force officielle, que celle du ministère des affaires étrangères auprès du gouvernement duquel elles sont accréditées en raison de leur charge diplomatique. Il en est absolument de même dans ces circonstances que lorsqu'il est question de la légalisation d'autres documents officiels de l'étranger, tels que procurations, etc.

Cependant s'il s'agit de sujets étrangers d'un *troisième* état qui demandent le visa de leurs passeports pour entrer dans les états prussiens, nous citerons alors les trois cas suivants comme les plus remarquables.

a. Le sujet étranger vient directement de son pays avec un passeport délivré pour les états prussiens.

Alors la légation prussienne à laquelle il s'adresse en route pour obtenir le visa de son passeport, doit examiner si ce titre est dûment visé par la légation prussienne dans la résidence de laquelle il a été délivré; supposé toutefois qu'il se trouve une légation prussienne dans cette localité.

b. Le sujet étranger ne possède pas le passeport supposé sub *a*, mais celui dont il est muni ne fait mention que du pays où réside la légation prussienne susmentionnée, et le porteur de ce passeport a aussi l'intention de voyager, de là, dans les états du roi de prusse.

Dans ce cas la légation prussienne ne pourra pas refuser le visa, si le sujet étranger est muni d'un passeport de la légation étrangère de l'état même dont il est sujet, qui réside dans le même endroit que lui; supposé encore qu'une telle légation se trouve dans cet endroit.

c. Le sujet étranger ne possède pas le passeport dont il est question sub *a*, et il n'existe dans le lieu de résidence de la légation prussienne aucune agence diplomatique de son pays, de laquelle il puisse obtenir un passeport.

Dans ce cas le sujet d'un troisième état entre absolument dans la catégorie des sujets de l'état auprès duquel la légation royale est accréditée. Le sujet étranger doit, pour obtenir un passeport pour les états prussiens, s'adresser aux autorités compétentes de l'état dans lequel il séjourne dans ce moment, et la légation royale prussienne vise alors son passeport sans difficulté, pourvu qu'il soit revêtu de toutes les qualités dont on fait dépendre ci-dessus le visa des passeports des individus qui sont sujets de l'état auprès duquel la légation royale prussienne est accréditée.

Il est inutile d'en dire davantage pour établir une règle générale sur le visa des passeports de la part des légations royales; car tous les cas spéciaux qui pourront survenir se rapporteront toujours plus ou moins à ceux qu'on vient de prévoir; de sorte que si toutes les missions royales prennent cette règle générale pour guide, tant pour la délivrance que pour le visa des passeports, il n'arrivera plus, avec le temps, qu'une légation prussienne aura consenti à délivrer ou à viser un passeport, parce qu'antérieurement il aurait été procédé de la même manière en faveur du porteur de la part d'une mission royale, résidant auprès d'une autre cour.

Il n'y a du reste aucun inconvénient à ce que les légations royales retiennent, dans le but de justifier leurs procédés, surtout pour ce qui est de la délivrance des passeports, quelqu'une des pièces de légitimation, comme par exemple les passeports expirés ou les nouveaux certificats de la patrie qui ne peuvent plus être d'aucune utilité pour le réclamant. Par contre, il n'est pas possible, pour ce qui regarde la forme de ces pièces de légitimation, d'établir une règle sûre qui embrasse tous les cas; on doit donc en ceci s'en rapporter au jugement des légations royales respectives.

Ce qui vient d'être observé relativement à l'expédition et au visa des passeports de la part des légations, peut en général être également appliqué aux mêmes fonctions de la part des *consuls*. sauf les modifications qui découlent d'elles-mêmes de la différence de leur emploi et de leurs rapports officiels.

Les légations de Sa Majesté sont donc chargées de donner d'après cela, aux consuls qui leur sont subordonnés, les instructions nécessaires sur la manière dont ils devront désormais délivrer et viser les passeports.

Berlin, le 15 juin 1830.

Ministère des affaires étrangères.

DE SCHÖNBERG.

N° XI.

Circulaire du 6 novembre 1840.

Le ministère des finances du royaume de Prusse, qui, selon les rapports actuels de ressort, remplit en même temps les fonctions de l'ancien département du commerce mentionnés dans le règlement consulaire du 18 septembre 1796, article x, n'a pas trouvé, d'après ce qui vient de m'être communiqué, dans la plupart des relations annuelles consulaires faites jusqu'ici, toute l'étendue désirable pour le but de cette administration.

En sa qualité d'administration supérieure du commerce, cette autorité doit prendre à tâche de se procurer autant que possible des notices complètes sur les relations de commerce de tous les ports de mer étrangers avec lesquels le commerce de la Prusse se trouve être en rapport immédiat, ou qui reçoivent de nos produits par une voie indirecte; elle doit faire en sorte d'obtenir les mêmes renseignements pour ce qui est de la part qu'ont d'autres nations aux rapports d'importation et d'exportatien desdits ports de mer. Cependant ces vœux n'ont pas été parfaitement accomplis par la plupart des rapports annuels consulaires transmis jusqu'ici.

Quoique l'article x du règlement consulaire de 1796 ne requière comme objet des rapports annuels des consuls que ce qui concerne le commerce proprement prussien, et que pour les relations plus étendues il ne demande positivement des agents consulaires prussiens que l'envoi d'un état de la navigation, pour le cas où un tel état soit publié au moyen de l'impression, le gouvernement ne verra pas moins avec reconnaissance que les agents consulaires prussiens dépassent les bornes des prescriptions qui leur ont été faites, pour retracer dans leurs rapports annuels, soit d'après leur propre expérience, soit en profitant des sources qui pourraient être à leur disposition, le tableau le plus complet possible des relations du commerce de leur résidence dans toutes ses différentes directions, ou au moins pour y indiquer le nombre des navires de chaque pavillon qui sont entrés dans le port de leur résidence et qui en sont sortis, et, s'il est possible, avec l'indication exacte du nombre des tonneaux et du contenu des chargements d'importation et d'exportation. Toutefois, l'accomplissement le plus strict des dispositions réglementaires susmentionnées, reste toujours pour leurs consuls un des points de leurs obligations qu'ils ne doivent pas perdre de vue.

Telles sont les observations que, sur la demande du ministère des finances, je me permets de faire à tous les agents consulaires prussiens.

Berlin, le 6 novembre 1840.

Ministère des affaires étrangères.

Baron DE WERTHER.

Les dispositions législatives et administratives qui précèdent ayant rapport exclusivement aux établissements consulaires de la Prusse à l'étranger, nous ferons suivre encore quelques extraits de loi qui ont pour objet les priviléges des consuls étrangers résidants en Prusse.

N° XII.

Le règlement général de justice de Prusse (*Allgemeine Gerichtsordnung*), part. I, tit. 2, § 65, contient la prescription suivante sur la juridiction à laquelle les consuls étrangers sont soumis.

Les consuls des nations étrangères sont assujétis, dans leurs affaires litigieuses privées, aux tribunaux du pays auxquels ils ressortissent en raison de leurs autres qualités personnelles. Mais aussi longtemps qu'ils sont effectivement en fonction, et qu'ils ne font point le négoce en Prusse, la prise de corps ne peut pas avoir lieu contre eux, sans la demande préalable au ministère des affaires étrangères.

N° XIII.

Selon l'édit général sur les passeports, en date du 22 juin 1817, § 9, art. 6, on reconnaît aux agents de commerce et aux consuls étrangers :

La faculté de délivrer des passeports pour la sortie des états prussiens, mais exclusivement aux sujets de leur souverain, et sous le *visa* de l'autorité de police du lieu où ils résident, sans quoi les passeports consulaires n'auront aucune validité.

OBSERVATIONS GÉNÉRALES.

Ainsi que nous l'avons exposé plus au large dans les chapitres II et IV de la *première partie,* c'est un des principes du droit des gens que les prérogatives proprement diplomatiques n'appartiennent pas aux agents consulaires; cependant un certain caractère public ne leur est contesté ni en Prusse ni ailleurs.

En traitant des attributions qu'on délègue à ces fonctionnaires en Prusse, nous aurons à faire observer d'abord que pour ce qui concerne la faculté d'imprimer le caractère d'authenticité, on fait une distinction entre la passation d'un acte public et la légalisation d'un tel acte.

Relativement à la passation d'actes (outre les passeports et les certificats que le consul est tenu de délivrer dans l'exercice des fonctions de son ressort, par exemple au sujet des déclarations d'arrivée et de départ faites par les patrons de navire, dans les cas d'avaries, etc.), la compétence du consul ne consiste, d'après l'article VIII du règlement consulaire prussien général, du 18 septembre 1796, que dans l'autorisation de délivrer aux sujets prussiens, sur leur demande, des certificats pour tout objet de commerce et de navigation dont il possède une connaissance certaine, ainsi que de légaliser, par sa signature et par l'apposition du sceau consulaire, les actes et les contrats qui sont passés dans le lieu de sa résidence, par des sujets prussiens entre eux, sur des affaires de cette même nature, autant que ces pièces ne pourraient être légalisées par les autorités du pays. La passation des actes de *l'état civil* ne fait donc pas partie, selon le règlement, des attributions des agents consulaires prussiens. Une autorité plus étendue sous ce rapport, et abstraction faite des relations existantes en Turquie, où, vu la juridiction qu'ont à exercer les consulats, les dispositions du règlement de 1796, ne peuvent généralement pas être appliquées d'une manière absolue, n'est accordée qu'aux agents consulaires *dans les pays d'outre-mer*, qui ont été autorisés, par ordre du cabinet du 11 novembre 1829, à dresser et à confirmer les procurations de sujets prussiens, quel qu'en soit l'objet, de manière à donner à ces actes toute la force d'une procuration judiciaire ; c'est à cela aussi que se rattache l'article sous n⁰ II, 2, du tarif des droits consulaires du 10 mai 1832.

C'est par égard pour la compétence des autorités étrangères que, lors de la question sur la passation d'actes publics, on s'est vu dans le cas de restreindre, ainsi qu'on vient de le mentionner, l'autorité des agents consulaires prussiens.

Quant à la vérification de l'authenticité d'un acte public, ce qu'on comprend généralement sous la dénomination de légalisation, il n'en est question ni dans le règlement consulaire du 1796, ni dans le tarif de 1832. L'attribution qu'a le consul d'imprimer à des actes le caractère d'authenticité, qui y est mentionnée comme légalisation, ne consiste absolument que dans l'autorisation de revêtir d'abord du caractère d'actes publics les documents qui en général n'ont pas encore ce caractère. La légalisation proprement dite, par laquelle l'authenticité d'un acte public dressé à l'étranger doit, pour que cet acte soit valable dans le pays, être particulièrement constaté, serait, prise à la lettre, entièrement exclue de la compétence consulaire, vu qu'il découle de la nature même d'une pareille fonction, qu'elle soit réservée exclusivement aux organes qui sont généralement appelés à concilier les relations réciproques de deux états, et à représenter l'un de ces états auprès de l'autre, c'est-à-dire aux agents diplomatiques, dont les agents consulaires ne font pas partie. Ce point de vue est aussi exprimé dans l'instruction relative à la manière de procéder aux légalisations, qui a été émise par les ministères de la justice et des affaires étrangères en date du 22 mars 1833, et qui se trouve insérée dans les Annales de KAMPTZ. Cependant, comme, en conséquence de l'instruction susmentionnée, une légalisation formelle n'est pas *toujours* nécessaire pour l'usage des actes d'autorités étrangères, et qu'il appartient bien plutôt aux tribunaux d'examiner les différents rapports, on doit aussi, en pareil cas et si toutefois un agent consulaire n'a pas déjà jugé à propos de certifier l'authenticité par sa légalisation, s'en remettre au juge sur le soin de décider si, selon les circonstances, il n'y a pas un motif suffisant pour se contenter de cette attestation consulaire, sans exiger encore une légalisation diplomatique.

Comme complément aux notices sur les instructions adressées aux agents consulaires prussiens, nous avons communiqué dans les pages précédentes les circulaires ministérielles qui ont rapport à différentes branches des fonctions consulaires.

Pour ce qui est de l'organisation et du personnel des établissements consulaires de la Prusse à l'étranger, cet état ne possède actuellement d'agents consulaires salariés, ayant le rang de fonctionnaires d'état nationaux, outre Varsovie et différentes places de la Turquie, qu'à Anvers et au Mexique. Cependant plusieurs des autres agents consulaires prussiens, qui sont choisis parmi les négociants de l'endroit, reçoivent annuellement de la caisse d'état une compensation fixe, pour les aider à subvenir aux frais d'administration qui ne sont pas entièrement couverts par le montant des émoluments consulaires. Les dépenses autorisées sont remboursées spécialement à chaque agent consulaire prussien.

Les mandataires consulaires qui se trouvent faire partie du personnel de l'administration consulaire prussienne ne sont pas en rapports immédiats avec le gouvernement de Sa Majesté, et ne possèdent pas non plus un exéquatur à eux propre. Le consul qui leur est préposé, et dont ils sont les délégués, est personnellement responsable de leur gestion. Il est toutefois de son devoir de ne jamais conférer de pareilles charges sans avoir préalablement demandé le consentement de son gouvernement. Les autorités étrangères ont du reste l'usage de demander une communication spéciale avant de prendre en considération des nominations de ce genre. Dans ses rapports avec les sujets prussiens, il est proprement indifférent que l'agent consulaire soit muni d'une patente émanée immédiatement de Sa Majesté ou qu'il ne soit investi que d'un mandat privé.

———

Les agents consulaires étrangers placés dans les états prussiens peuvent, sauf réciprocité et pour autant qu'ils sont munis de l'exéquatur du gouvernement prussien, compter que ce gouvernement leur reconnaîtra tous les priviléges auxquels ils ont droit de prétendre, sans préjudice des droits de souveraineté de la Prusse, et d'après les principes du droit des gens en rapport avec l'usage reçu par les états.

En conséquence, pour ce qui constitue en général leurs fonctions, ils peuvent d'abord observer les intérêts de commerce et de navigation de leur nation et veiller au maintien de ses droits en pareille matière; ils peuvent également assister de leurs conseils et de leur activité, dans des affaires personnelles, leurs compatriotes qui s'occupent de commerce et de navigation, concilier leurs différends au moyen de compromis, et délivrer des certificats dans des affaires de commerce et de navigation. Cependant il n'est pas du tout de leur compétence d'exercer un pouvoir exécutif contre leurs nationaux sur le territoire prussien, ni d'avoir recours pour l'exercice d'un tel pouvoir à l'assistance des autorités du royaume, à moins qu'il n'en soit décidé autrement par des conventions spéciales. Ils ne peuvent en général exercer aucun acte de police ou de juridiction du ressort des autorités locales, vu que les mêmes principes qui ont été émis à ce sujet pour les agents consulaires prussiens, par le règlement de 1796, servent aussi de règle pour les agents consulaires étrangers résidant en Prusse. Leurs annonces publiques ne sont pas exemptes de la censure.

10 ·

Pour ce qui est des immunités proprement dites, il faut distinguer si l'agent consulaire est personnellement sujet prussien ou non.

Les agents consulaires qui ne sont pas sujets du royaume sont exempts de redevances directes et personnelles tant à l'état qu'à la commune, ainsi que de logement de guerre, pour autant qu'ils n'exercent pas dans le pays un commerce ou toute autre profession, et qu'ils n'y possèdent pas d'immeuble.

Les agents consulaires de l'autre catégorie susmentionnée n'ont à cet égard que le droit de demander qu'il leur soit permis de se libérer des redevances personnelles au moyen de substitut ou de dédommagement pécuniaire, pour autant qu'il ne s'agit pas du service militaire de l'état, et que de plus, dans la fixation du logement de guerre, on leur laisse libre l'espace dont ils ont besoin pour l'exercice de leur emploi, ainsi que pour la conservation des archives consulaires. Du reste, les devoirs d'un sujet prussien ne sauraient éprouver la moindre altération par son admission à un poste d'un consulat étranger. C'est aussi le cas pour ce qui est de l'obligation générale au service militaire ; c'est par cette considération qu'il n'est généralement pas permis à des citoyens prussiens qui sont encore astreints à servir dans l'armée permanente, d'accepter le poste d'un consulat étranger. Si l'obligation militaire d'un sujet prussien nommé à un poste de consulat étranger ne se rapporte qu'à la *Landwehr*, et s'il n'y a pas d'autre obstacle, l'exéquatur lui sera accordé, il est vrai, par le gouvernement de Sa Majesté, mais avec la condition expresse qu'il remplira ses devoirs militaires. La même chose a lieu à l'égard de ceux qui appartiennent à la réserve de l'armée permanente.

Relativement à la sujétion des agents consulaires aux tribunaux, l'acceptation d'un poste à un consulat étranger peut

en général d'autant moins être prise en considération pour
les sujets prussiens, que les consuls envoyés exprès eux-
mêmes ne jouissent, dans la règle, de certains égards que pour
ce qui concerne la juridiction criminelle et lorsqu'il y a lieu à
une arrestation. Par rapport à la sujétion à la juridiction du
pays des agents consulaires étrangers résidants en Prusse, et
abstraction faite de leurs rapports de service proprement dits,
le gouvernement de Sa Majesté a, pour autant qu'il n'en sera
pas décidé autrement par des arrangements spéciaux, adopté
généralement, sauf réciprocité, les principes suivants :

Dans les affaires civiles, comme dans celles de la juridiction volontaire, les agents consulaires étrangers établis dans
les états prussiens sont en général, sans autre distinction personnelle, assujettis aux tribunaux du pays, qu'ils soient sujets
prussiens ou non; dans ce dernier cas, ils seront traités en
Prusse comme tout autre sujet étranger qui a fixé son domicile dans le royaume. Il est également indifférent si la cause
dans laquelle est dirigée la plainte a pris son origine dans le
pays ou à l'étranger, et si le créancier appartient au royaume
ou à un autre état. Cependant le gouvernement de Sa Majesté
reconnaît, comme durant encore, le for civil qu'avait antérieurement dans son pays un sujet étranger qui occupe sur
le territoire prussien un poste d'un consulat étranger, pour
autant qu'on puisse y prétendre en même temps, sans préjudicier à la compétence des autorités judiciaires prussiennes.
On peut ainsi établir une double juridiction personnelle et en
laisser le choix au créancier.

Quant aux causes criminelles, on admet, par contre, la règle
que les agents consulaires étrangers qui ne sont pas sujets
prussiens, et qui n'exercent dans le royaume ni un commerce
ni une profession quelconque, sont exclus de la juridiction
du pays; de sorte qu'un criminel de cette catégorie serait
remis au gouvernement au service consulaire duquel il se

trouve, pour y être soumis à l'enquête et puni. Toutefois cette exemption ne saurait jamais s'étendre à ces actes réprouvés par les lois pénales de Prusse, et qui blessent immédiatement les droits de l'état, ni aux cas où l'intérêt de l'ordre et de la sûreté publique exigerait que le coupable fût appelé à rendre sur-le-champ compte de son action. Les agents consulaires étrangers sujets de Prusse, ainsi que les consuls envoyés exprès, desquels on ne saurait supposer l'exercice d'un commerce ou d'une profession en Prusse, sont en général soumis exclusivement à la juridiction criminelle du pays.

Pour ce qui regarde encore en particulier la question relative à l'arrestation opérée en Prusse d'un agent consulaire étranger résidant dans le royaume, il n'y a pas d'empêchement à ce qu'on ait recours à une mesure de ce genre, **pour autant que les motifs soient fondés**, et cela sans distinction s'il y a été donné sujet par un crime commis par cet agent consulaire, ou par des rapports privés de ce fonctionnaire, comme les arrêts civils pour dettes, et sans distinction non plus à quel état l'agent consulaire qui doit être arrêté appartient en qualité de sujet. Mais, si un pareil cas devait se présenter, il faudrait, au moins pour les causes civiles, prendre l'avis préalable du ministère royal des affaires étrangères, qui, si l'arrestation devait avoir lieu, en donnerait immédiatement connaissance au gouvernement étranger dont le service consulaire se trouverait compromis, afin que celui-ci pût bientôt songer à faire représenter ultérieurement les intérêts de son commerce et de sa navigation. On s'est réservé une pareille communication, même hors le cas d'arrestation, s'il s'agit de procéder criminellement contre un agent consulaire étranger établi dans les états prussiens.

Les ménagements que prescrivent en général les lois prussiennes à l'égard des étrangers d'un certain rang, pour ce qui concerne l'arrêt civil personnel, pourraient du reste être également observés à l'égard d'un consul envoyé exprès; les agents consulaires étrangers établis en Prusse, qui n'exercent dans le royaume ni un commerce, ni une profession, et qui n'y possèdent pas d'immeuble, peuvent prétendre à la même faveur là où il existe une juridiction personnellement privilégiée; sinon la juridiction consulaire est déterminée d'après la nature et la forme de la plainte ou de l'affaire dont il s'agit. Sauf les ménagements susmentionnés pour les arrestations, les agents consulaires étrangers, dans les états de Sa Majesté, ne peuvent pas, pour autant qu'ils sont soumis à la juridiction prussienne, se soustraire aux formes généralement prescrites pour l'exercice de cette juridiction, ni dans les causes criminelles, ni dans les causes civiles.

EXTRAITS

DE TRAITÉS DE COMMERCE ET DE NAVIGATION,

ENTRE

LA PRUSSE ET DIFFÉRENTS AUTRES ÉTATS,

CONTENANT LES STIPULATIONS SPÉCIALES POUR FIXER LES POUVOIRS, PRIVILÉGES
ET EXEMPTIONS DES CONSULS RESPECTIFS.

––––––––

Peu de nations adhèrent aussi fermement que la Prusse aux principes du commerce et de la navigation libres avec toutes les nations. Agissant d'après ces maximes d'une sage politique, son gouvernement a contracté avec de nombreux états des traités de commerce et de navigation, basés sur une parfaite réciprocité. S'il entre dans le plan de notre ouvrage de nous occuper de ces traités, ce ne peut être que pour en extraire les articles qui contiennent des stipulations spéciales relatives aux consuls.

PRUSSE ET BRÉSIL.

Traité d'amitié, de navigation et de commerce, signé à Rio-de-Janeiro, le 18 avril 1828.

ART. II. Les sujets de chacune des hautes puissances contractantes, en restant soumis aux lois du pays, jouiront en leurs personnes et biens, dans toute l'étendue des territoires de l'autre, des mêmes droits, priviléges, faveurs et exemptions, qui sont ou seraient accordés aux sujets de la nation la plus favorisée. Ils ne seront point assujettis aux visites et recherches arbitraires, ni à aucun examen ou investigation de leurs livres et papiers, sous quelque prétexte que ce soit. Dans le cas de trahison, contrebande, ou autres crimes, dont les lois des pays respectifs font mention, des recherches, visites, examens et investigations ne pourront avoir lieu qu'avec l'assistance du magistrat compétent et en présence du consul de la nation à qui appartiendra la partie prévenue, du vice-consul ou de son délégué, en cas qu'il y en ait sur les lieux.

ART. III. En cas de mésintelligence ou de rupture entre les deux puissances (puisse Dieu ne le permettre jamais!), lequel cas ne sera réputé exister qu'après le rappel ou le départ des agents diplomatiques respectifs, les sujets de chacune des hautes puissances contractantes, résidants dans les domaines de l'autre, pourront y rester pour leurs affaires, sans être gênés en quelque manière que ce soit, tant qu'ils continueront à se comporter pacifiquement, et à ne commettre aucune offense contre les lois. Dans le cas cependant où ils se rendraient suspects par leur conduite, ils seront sommés de sortir du pays, et il leur sera accordé, pour se retirer avec leurs biens, un terme qui n'excédera par huit mois.

ART. IV. Les individus accusés, dans les états de l'une des hautes puissances contractantes, des crimes de haute trahison, fabrication de fausse monnaie ou du papier qui la représente, ne recevront point de protection dans les états de l'autre, mais au contraire en seront *expulsés*, aussitôt qu'elle en sera requise par le gouvernement respectif.

Les individus qui déserteraient du service de mer ou de terre d'une des hautes puissances contractantes, ne seront pas reçus dans les états de l'autre, mais seront arrêtés et remis sur la réclamation des agents consulaires respectifs.

ART. V. Les agents diplomatiques et consulaires de chacune des hautes puissances contractantes jouiront, selon leur grade, dans les états de l'autre, des mêmes faveurs, honneurs, priviléges, immunités, exemptions de droits et de charges, qui sont ou seront accordés aux agents de la nation la plus favorisée.

Il reste entendu que les agents consulaires ne pourront entrer dans l'exercice de leurs fonctions sans l'approbation préalable du souverain dans les états duquel ils seront employés.

ART. X. Tous les produits et marchandises exportés directement ou indirectement du territoire de l'une des hautes puissances contractantes pour les états de l'autre, seront accompagnés de certificats d'origine, signés par le consul de celle-ci, ou par les autorités compétentes du pays, en cas qu'il n'y ait pas d'agents consulaires.

PRUSSE ET DANEMARK.

Traité de commerce, conclu à Copenhague, le 17 juin 1818.

ART. XXVI. Les puissances contractantes ont établi dans leurs états réciproques des consuls, dans le but d'assister leurs sujets respectifs, et de faciliter les relations de commerce qui existent entre les deux nations. Si les circonstances rendaient désirable l'établissement de consuls, vice-consuls ou agents de commerce des parties contractantes dans des ports *prussiens* ou *danois*, en Europe, où il n'y en a pas encore, l'on ne s'y opposera pas.

ART. XXIX. Durée du traité fixée à vingt ans, en réservant aux deux parties contractantes la faculté de le prolonger avant qu'il expire.

Ce traité, expiré le 17 juin 1838, et tacitement prolongé du consentement des deux parties contractantes, a été renouvelé en 1846 jusqu'à la fin de l'année 1851.

PRUSSE ET ÉTATS-UNIS DE L'AMÉRIQUE SEPTENTRIONALE.

Traité de commerce et de navigation, du 1er mai 1828.

ART. X. Les deux parties contractantes se sont accordé mutuellement la faculté de tenir dans leurs ports respectifs des consuls, vice-consuls, agents et commissaires de leur choix, qui jouiront des mêmes priviléges et pouvoirs dont jouissent ceux des nations les plus favorisées; mais dans les cas où lesdits consuls voudraient faire le commerce, ils seront soumis aux mêmes lois et usages auxquels sont soumis les particuliers de leur nation, à l'endroit où ils résident.

Les consuls, vice-consuls et agents commerciaux auront le droit, comme tels, de servir de juges et d'arbitres dans les différends qui pourraient s'élever entre les capitaines et les équipages des batiments de la nation dont ils soignent les intérêts, sans que les autorités locales puissent y intervenir, à moins que la conduite des équipages ou du capitaine ne trouble l'ordre ou la tranquillité du pays, ou que lesdits consuls, vice-consuls ou agents commerciaux ne requièrent leur intervention pour faire exécuter ou maintenir leurs décisions. Bien entendu que cette espèce de jugement ou d'arbitrage ne saurait pourtant priver les parties contendantes du droit qu'elles ont, à leur retour, de recourir aux autorités judiciaires de leurs pays.

Art. XI. Lesdits consuls, vice-consuls ou agents commerciaux seront autorisés à requérir l'assistance des autorités locales, pour la recherche, l'arrestation, la détention et l'emprisonnement des déserteurs de navires de guerre et marchands de leurs pays; et ils s'adresseront, à cet effet, aux tribunaux, juges et officiers compétents, et réclameront, par écrit, les déserteurs susmentionnés, en prouvant, par la communication des registres des navires ou rôles de l'équipage, ou par d'autres documents officiels, que de tels individus ont fait partie desdits équipages; et cette réclamation ainsi prouvée, l'extradition ne sera point refusée.

De tels déserteurs, lorsqu'ils auront été arrêtés, seront mis à la disposition desdits consuls, vice-consuls ou agents commerciaux, et pourront être enfermés dans les prisons publiques, à la réquisition et aux frais de ceux qui les réclament, pour être envoyés aux navires auxquels ils appartenaient, ou à d'autres de la même nation; mais s'ils ne sont pas renvoyés dans l'espace de trois mois, à compter du jour de leur arrestation, ils seront mis en liberté, et ne seront plus arrêtés pour la même cause.

Toutefois, si le déserteur se trouvait avoir commis quelque crime ou délit, il pourra être sursis à son extradition, jusqu'à ce que le tribunal, saisi de l'affaire, ait rendu sa sentence, et que celle-ci ait reçu son exécution.

PRUSSE ET GRÈCE.

Traité de commerce et de navigation, du 12 août (31 juillet) 1839.

Art. XVI. Chacune des hautes parties contractantes accorde à l'autre la faculté d'entretenir dans ses ports et places de commerce des consuls, vice-consuls ou agents du commerce, qui jouiront de toute la protection et recevront toute l'assistance nécessaire pour remplir dûment leurs fonctions; mais elles se réservent la faculté de refuser la résidence d'un consul, vice-consul ou agent dans tel endroit qu'elles jugeront à propos d'en excepter.

Les consuls de quelque classe qu'ils soient, dûment nommés par leurs gouvernements respectifs, et après avoir obtenu l'exéquatur de celui dans le territoire duquel ils doivent résider, jouiront dans l'un et l'autre pays, tant dans leurs personnes que pour l'exercice de leurs fonctions, des priviléges dont y jouissent les consuls des nations les plus favorisées. Il est pourtant entendu que si ces priviléges ne sont accordés aux autres nations que sous des conditions spéciales, le gouvernement respectif ne peut y prétendre qu'en remplissant ces mêmes conditions.

Du reste, il est expressément déclaré que dans le cas d'une conduite illégale ou impropre envers les lois ou le gouvernement du pays dans lequel lesdits consuls, vice-consuls ou agents du commerce résideraient, ils pourront être privés de l'exercice de leurs fonctions par le gouvernement offensé, qui fera connaître à l'autre ses motifs pour avoir agi ainsi.

Bien entendu cependant que les archives et documents relatifs aux affaires du consulat seront à l'abri de toute recherche et devront être soigneusement conservés sous le scellé des consuls, vice-consuls ou agents commerciaux et de l'autorité de l'endroit.

Les consuls, vice-consuls et agents commerciaux, ou ceux qui seraient dûment autorisés à leur suppléer, auront le droit, comme tels, de servir de juges et d'arbitres dans les différends pui pourraient s'élever entre les capitaines et équipages des bâtiments de la nation dont ils soignent les intérêts, sans que les autorités locales puissent y intervenir, à moins que la conduite des équipages ou du capitaine trouble l'ordre ou la tranquillité du pays, ou que lesdits consuls, vice-consuls ou agents commerciaux ne requièrent leur intervention pour faire exécuter ou maintenir leurs décisions. Bien entendu que cette espèce de jugement ou d'arbitrage ne saurait pourtant priver les parties contendantes du droit qu'elles ont, à leur retour, de recourir aux autorités judiciaires de leur patrie.

Art. XVII. Lesdits consuls, vice-consuls ou agents commerciaux seront autorisés à requérir l'assistance des autorités locales pour l'arrestation, la détention et l'emprisonnement de déserteurs des navires de guerre et marchands de leurs pays, et ils s'adresseront pour cet objet aux tribunaux, juges et officiers compétents, et réclameront par écrit les déserteurs susmentionnés, en prouvant, par la communication des registres des navires ou rôles de l'équipage, ou par d'autres documents officiels, que de tels individus ont fait partie desdits équipages, et cette réclamation ainsi prouvée, l'extradition ne sera point refusée.

De tels déserteurs, lorsqu'ils auront été arrêtés, seront mis à la disposition desdits consuls, vice-consuls ou agents commerciaux, et pourront être enfermés dans les prisons publiques à la réquisition et aux frais de ceux qui les réclament, pour être envoyés aux navires auxquels ils appartenaient, ou à d'autres de la même nation. Mais s'ils ne sont pas renvoyés dans l'espace de deux mois à compter du jour de leur arrestation, ils seront mis en liberté et ne seront plus arrêtés pour la même cause.

Il est entendu toutefois que si le déserteur se trouvait avoir commis quelque crime ou délit, il pourra être sursis à son extradition, jusqu'à ce que le tribunal nanti de l'affaire aura rendu sa sentence, et que celle-ci aura reçu son exécution.

Art. XXI. S. M. le roi de la Grèce déclare être prêt à appliquer les dispositions du présent traité (en tant que ces dispositions, pour ce qu'elles concernent la navigation et le commerce maritime, ne seraient pas nécessairement limitées à la Prusse) à ceux des états allemands faisant partie avec la Prusse de l'association de douanes et de commerce, qui viendraient à exprimer le désir d'entrer en réciprocité avec la Grèce.

PRUSSE ET ÉTATS-UNIS DU MEXIQUE.

Traité d'amitié, de navigation et de commerce, du 18 février 1831.

Art. XIII. Chacune des parties contractantes pourra nommer des consuls, vice-consuls et agents commerciaux, afin de résider sur le territoire de l'autre, pour la protection du commerce. Mais avant que quelque consul exerce ses fonctions comme tel, il devra être approuvé et admis dans la forme usitée par le gouvernement sur le territoire duquel il devra résider, tandis que chacune des deux parties se réserve le droit d'excepter de la résidence des consuls tels points particuliers où elle ne juge pas expédient de les admettre.

Les agents diplomatiques et consuls du Mexique, dans les états de S. M. le roi de Prusse, jouiront de toutes les prérogatives, exemptions et immunités qui sont ou seront accordées ultérieurement aux agents du même rang de la nation la plus favorisée; et réciproquement les agents diplomatiques et consuls du roi jouiront, sur le territoire des États-Unis du Mexique, de toutes les prérogatives, exemptions et immunités, dont les agents diplomatiques et consuls mexicains jouiront dans le royaume de Prusse.

Les consuls, vice-consuls et agents commerciaux respectifs pourront, au décès de chacun de leur nationaux, croiser de leurs scellés, soit à la réquisition des parties intéressées, soit d'office, ceux apposés par l'autorité compétente sur les effets mobiliers et papiers du défunt, et dès-lors ces doubles scellés ne seront levés que de concert. Ils assisteront à l'inventaire qui sera fait de la succession, lors de la levée des scellés, et copie leur sera délivrée par l'autorité compétente, tant de cet inventaire que des dispositions de dernière volonté qu'aurait laissées le défunt. Si les consuls, vice-consuls et agents commerciaux sont munis de pleins pouvoirs, en forme légale, par les héritiers dûment légitimés, la succession leur devra être remise de suite, excepté de cas d'opposition provenant de quelque créancier national ou étranger[1].

Les consuls, vice-consuls et agents commerciaux auront le droit, comme tels, de servir de juges et d'arbitres dans les différends qui pourraient s'élever entre les capitaines et les équipages des bâtiments de la nation dont ils soignent les intérêts, sans que les autorités locales puissent y intervenir, à moins que la conduite des équipages ou du capitaine ne trouble l'ordre ou la tranquillité du pays, ou que lesdits consuls, vice-consuls ou agents commerciaux, ne requièrent leur intervention pour faire exécuter ou maintenir leurs décisions. Bien entendu que cette espèce de jugement ou d'arbitrage ne saurait pourtant priver les parties contendantes du droit qu'elles ont, à leur retour, de recourir aux autorités judiciaires de leur pays.

---

[1] Il paraîtrait cependant, d'après une lettre du ministre M. d'Ancillon, du 27 février 1835, insérée au Bulletin des lois de Prusse, que l'application de cette disposition sera suspendue aussi longtemps qu'il se trouvera dans les lois de l'un ou de l'autre pays des prescriptions contraires, et auxquelles il n'aura pas été fait d'exception en faveur d'une autre puissance.

Lesdits consuls, vice-consuls ou agents commerciaux seront autorisés à requérir l'assistance des autorités locales, pour la recherche, l'arrestation, la détention et l'emprisonnement des déserteurs des navires de guerre et marchands de leur pays; et ils s'adresseront, à cet effet, aux tribunaux, juges et officiers compétents, et réclameront, par écrit, les déserteurs susmentionnés, en prouvant, par la communication des registres des navires ou rôles de l'équipage, que de tels individus ont fait partie desdits équipages; et cette réclamation ainsi prouvée, l'extradition ne sera point refusée. De tels déserteurs, lorsqu'ils auront été arrêtés, seront mis à la disposition desdits consuls, vice-consuls ou agents commerciaux, et pourront être enfermés dans les prisons publiques, à la réquisition et aux frais de ceux qui les réclament, pour être envoyés aux navires auxquels ils appartenaient, ou à d'autres de la même nation; mais s'ils ne sont pas renvoyés dans l'espace de trois mois, à compter du jour de leur arrestation, ils seront mis en liberté, et ne seront plus arrêtés pour la même cause.

Toutefois, si le déserteur se trouvait avoir commis quelque crime ou délit, il pourra être sursis à son extradition, jusqu'à ce que le tribunal saisi de l'affaire ait rendu sa sentence, et que celle-ci ait reçu son exécution.

PRUSSE ET PORTUGAL.

Traité de commerce et de navigation, du 20 février 1844.

Art. XVI. Chacune des hautes parties contractantes accorde à l'autre la faculté d'avoir dans ses ports et places de commerce des consuls-généraux, consuls, vice-consuls, ou agents de commerce, tout en se réservant le droit d'excepter de cette concession tel endroit qu'elle jugera à propos.

Lesdits agents consulaires, de quelque classe qu'ils soient, et dûment nommés par leurs gouvernements respectifs, dès qu'ils auront obtenu l'exéquatur du gouvernement sur le territoire duquel ils doivent résider, y jouiront, tant pour leurs personnes que pour l'exercice de leurs fonctions, des priviléges dont y jouissent les agents consulaires de la même catégorie de la nation la plus favorisée.

Art. XVII. Lesdits consuls-généraux, consuls, vice-consuls ou agents de commerce seront autorisés à requérir l'assistance des autorités locales pour l'arrestation, la détention et l'emprisonnement de déserteurs des navires de guerre et marchands de leur pays, et ils s'adresseront pour cet objet aux tribunaux, juges et officiers compétents, et réclameront par écrit ces déserteurs, en prouvant, par la communication des registres des navires ou des rôles de l'équipage, ou par d'autres documents officiels, que de tels individus ont fait partie desdits équipages; et cette réclamation ainsi justifiée, l'extradition sera accordée.

De tels déserteurs, lorsqu'ils auront été arrêtés, seront mis à la disposition desdits consuls généraux, consuls, vice-consuls ou agents de commerce, et pourront être enfermés dans les prisons publiques à la réquisition et aux frais de ceux qui les réclament. pour être envoyés aux navires auxquels ils appartenaient, ou à d'autres de la même nation. Mais s'ils ne sont pas renvoyés dans l'espace de deux mois à compter du jour de leur arrestation, ils seront mis en liberté et ne seront plus arrêtés pour la même cause.

Il est entendu toutefois que si le déserteur se trouvait avoir commis quelque crime ou délit, son extradition pourra être retardée jusqu'à ce qne le tribunal saisi de l'affaire ait rendu sa sentence et que celle-ci ait reçu son exécution.

PRUSSE ET PORTE OTTOMANE.

*Traité d'amitié et de commerce, conclu à Constantinople,
le 22 mars 1764 (vieux style).*

Art. I. .... Si par quelque accident, leurs navires (ceux des sujets prussiens) souffraient quelque endommagement, il leur sera permis de les faire radouber; ils pourront aussi acheter des vivres, boissons et toutes choses dont ils auront besoin pour leur entretien, en les payant de leur argent, sans être empêchés par personne. Quant à l'achat et à la vente de tous les objets et marchandises non-prohibés, on leur accordera, ainsi qu'aux marchands prussiens, entièrement le même traitement qui s'observe envers les marchands des autres puissances amies....et si quelque navire prussien faisait naufrage dans les ports et échelles de l'empire ottoman, les gouverneurs, juges et officiers du lieu devront avoir soin de le préserver de tout acte d'hostilité, et de remettre tous les effets et marchandises sauvés 'du naufrage, à ceux des consuls prussiens qui se trouveront dans le voisinage, pour être restitués à leurs propriétaires, sans que pour cela on puisse demander autre chose que le salaire ordinaire de ceux qui auront servi à les sauver et à les transporter; et si lesdits effets et marchandises venaient à être enlevés, on devra tâcher de les retrouver et de les reprendre, pour les consigner et restituer en entier.

Art. II.... On ne pourra exiger du ministre de Prusse aucun droit de douanes, ni autre impôt pour les effets, hardes et autres choses appartenants à lui personnellement, ni pour les objets qu'il voudra employer à faire des présents... et, pour ce qui concerne la douane, on observera envers les Prussiens le même traitement qu'envers les autres puissances amies, et on ne demandera point des Prussiens, ni de ceux qui dépendent d'eux, de l'argent à titre de *Kassabiyè*.

Art. III.... Lorsque des marchands de la sublime Porte noliseront des navires prussiens, pour transporter leurs effets et marchandises, on observera, touchant le nolis, le même traitement qui a lieu vis-à-vis des autres puissances, et les marchands prussiens qui importeront ou exporteront des effets sur leurs navires, devront payer, sans aucune difficulté, aux ministres et consuls prussiens, le droit appelé *consulat*, pour tous les objets qui, suivant l'usage, sont soumis au payement des droits de douane.

Art. IV. Le ministre prussien résidant auprès de la sublime Porte devra jouir de l'indépendance et des priviléges dont les ambassadeurs des autres puissances amies ont coutume de jouir, et, dans toute la juridiction de la sublime Porte, dans les échelles, ports et îles, où se trouvent des consuls, vice-consuls et drogmans des autres puissances amies, les ministres prussiens pourront également envoyer des consuls, vice-consuls et drogmans, congédier ceux qu'ils voudront, et en constituer d'autres à leur place. Et, quant aux ministres qui résideront auprès de la sublime Porte, ils pourront employer quatre drogmans, et un drogman dans les endroits où résideront les consuls; et les consuls, vice-consuls, drogmans, voyageurs, marchands et autres gens de leur nation, jouiront des mêmes immunités dont jouissent les sujets des autres puissances amies.

11

Art. V. S'il arrivait quelque dispute entre des Prussiens et ceux qui dépendent d'eux, le ministre ou les consuls prussiens décideront l'affaire d'après leurs lois, et tant que les Prussiens ne demanderont pas eux-mêmes à être jugés par la justice ottomane, les juges et gouverneurs de la sublime Porte ne pourront s'ingérer par force, sous prétexte de vouloir les juger.

Les consuls qui résideront dans le territoire ottoman ne seront pas mis aux arrêts, et tous les procès qu'ils auront, se décideront par l'entremise de leurs ministres; leurs maisons ne pourront point être scellées, et elles seront exemptes de recherches et de visites.

S'il s'élevait quelque contestation entre les sujets de la sublime Porte et ceux de Prusse, on procédera, dans les tribunaux ottomans, avec l'assistance de leurs ministres, consuls ou vice-consuls et aussi par l'entremise des drogmans; et si quelque mahométan ou autre sujet de la sublime Porte faisait comparaître devant le tribunal quelques sujets prussiens ou quelqu'un de ceux qui dépendent d'eux, dans un temps où aucun de leurs drogmans ou procureurs ne serait présent, on ne pourra point les contraindre à répondre.

Et si les procès des consuls ou de leurs drogmans excèdent la valeur de quatre mille *aspres*, ils devront être examinés dans la capitale de l'empire ottoman. S'il s'élevait quelque contestation entre les mahométans ou d'autres sujets de la sublime Porte, et les Prussiens ou ceux qui dépendent d'eux, sur des points concernant les ventes, achats ou emprunts d'argent, et qu'il n'existe ni acte juridique, ni autres documents valides, on n'écoutera point les témoignages forcés, et s'il survenait quelque contestation au moment du départ d'un navire prussien, elle devra être décidée sans délai par l'entremise du consul ou du drogman, et le navire ne sera ni arrêté, ni retardé dans son départ sans raison. Si quelque Prussien, endetté ou coupable de quelque délit, prenait la fuite, on ne pourra saisir ni molester un autre Prussien, qui ne sera point débiteur, et qui n'aura point participé audit délit.

Si, dans un lieu où demeure un Prussien, on trouve le corps de quelque homme tué, on ne pourra point molester ledit Prussien, en exigeant de lui ce qu'on appelle le prix du sang, à moins qu'il ne soit légalement convaincu d'avoir commis le meurtre.

Art. VI. Il ne sera point permis de faire esclave aucun sujet prussien. Cependant, si, en temps de guerre, quelque Prussien était pris, ensemble avec des troupes ennemies en guerre avec la sublime Porte, il sera permis de le faire esclave. Mais si, lorsqu'il a été fait esclave, ledit Prussien ne s'était trouvé parmi les troupes ennemies que par inadvertance, ou de quelque autre manière, alors, après que sa qualité de Prussien aura été prouvée et qu'il aura été demandé et réclamé, il sera mis en liberté. De même, aucun mahométan, ni autre sujet de la sublime Porte, ne sera fait esclave par la cour de Prusse, et si quelqu'un d'eux se trouvait dans l'esclavage, il sera rendu à la liberté sans délai, ni retard.

Si quelque Prussien, ou quelqu'un de ceux qui dépendent d'eux, venait à mourir dans les états de la sublime Porte, les effets qu'ils laisseront après leur mort seront remis entre les mains du ministre ou des consuls prussiens, pour être restitués à leurs héritiers, et s'il ne se trouvait sur les lieux ni ministre ni consul, le compagnon du défunt les prendra, sans aucun empêchement de la part des juges et officiers de la sublime Porte ottomane. Si cependant il ne se trouvait aucun Prussien dans l'endroit où a eu lieu le décès, on fera un inventaire de ses effets, qui sera scellé du sceau du juge de l'endroit, et lesdits effets, après avoir été mis en dépôt, seront consignés, sans aucune opposition, à la personne à laquelle le ministre de Prusse donnera ordre d'aller les recevoir, et on n'en exigera point le droit légal appelé *Resmi Kismet*.

On emploiera tous les soins et diligence possibles, tant pour mettre en bon ordre toutes les choses qui concernent le commerce, que pour empêcher celles qui pourraient lui faire du tort.

Quant à l'exercice de la religion et aux autres matières, on observera vis-à-vis des Prussiens en tout point le même traitement qui s'observe envers les autres nations amies.

PRUSSE ET PORTE OTTOMANE.

Traité d'alliance, entre la Prusse et la Porte ottomane, conclu à Constantinople, le 31 janvier 1790.

ART. 1. Les deux cours, c'est-à-dire les cours prussienne et ottomane, renouvellent le traité de commerce conclu entre elles à Constantinople, l'année 1764, et, pour l'exécuter comme il faut,

11.

en tous les points y contenus, il doit être annexé à la présente convention. Après cela, la cour ottomane s'oblige à laisser aller et venir dans la Méditerranée les bâtiments marchands prussiens, avec pleine liberté, sous leurs propres pavillons et patentes, sur le pied des autres cours amies les plus favorisées, et à ne laisser aucunement molester et infester lesdits bâtiments prussiens de la part des régences d'Alger, de Tunis et de Tripoli. Et pour que lesdites régences, selon l'exigence de leur indépendance, fassent d'un accord réciproque des conventions séparées avec la cour de Prusse, les régences susmentionnées doivent être informées et sommées après la conclusion de ce traité.

Les changements survenus dans les derniers temps, d'une part, dans la législation et l'administration ottomane, et, de l'autre part, dans les rapports commerciaux de la Prusse, depuis l'établissement du *Zollverein,* ont donné lieu à une convention de commerce entre les états formant l'association de douanes et de commerce allemande et la sublime Porte ottomane, signée à Constantinople, le 22 octobre 1840. (Voir *troisième partie.*)

PRUSSE ET RUSSIE.

Traité de commerce et de navigation, conclu à Saint–Pétersbourg, le 19 décembre 1818 [1].

(Ce traité n'a plus force de loi, ses dispositions ayant été abrogées par la convention subséquente du 11 mars 1825.)

ART. I statue que l'étendue à laquelle s'applique la présente convention, quant aux règlements de commerce et de navigation, se compose de tout le territoire qui a fait partie de l'ancienne Pologne, depuis l'année 1772, et qui se trouve compris entre la Duna, le Dnieper, le Dniester, l'Oder et la mer, en y comprenant la Prusse orientale.

[1] Nous insérons ce traité dans cette collection, parce qu'il est du petit nombre de ceux, conclus entre les différents états, qui ont fixé le plus explicitement les priviléges et les attributions des consuls.

Art. III. 2° Les consuls que les deux hautes parties contractantes se reconnaissent mutuellement le droit de nommer dans les provinces de l'étendue susmentionnée, auront l'autorisation de délivrer des passeports aux sujets de leur gouvernement qui seraient dans le cas de se rendre, pour affaire de commerce, du lieu où le consul réside, dans une autre province, comprise dans l'étendue déterminée par l'art. i. Ces passeports seront délivrés moyennant une rétribution de deux florins de Pologne par passeport, visés par l'autorité compétente du lieu, sans le moindre retard, et surtout reconnus et respectés réciproquement.

Art IV. 6° Les certificats d'origine, mentionnés au paragraphe précédent, seront délivrés d'après la formule ci-jointe sub 6° par les consuls, s'il y en a dans les lieux d'expédition, et à leur défaut par le magistrat. Dans l'un et l'autre cas, il sera nécessaire que la régence du département (c'est-à-dire de la province), ou un commissaire spécialement délégué par elle à cet effet, constate la vérité et l'authenticité de ces certificats d'origine.

Art. VI. Dans la vue de garantir d'une manière plus immédiate encore, à leurs sujets respectifs, la pleine jouissance des avantages stipulés ci-dessus, les deux hautes parties contractantes se reconnaissent réciproquement le droit de nommer et de faire résider dans les provinces de l'étendue désignée à l'art. i, des consuls ou agents de commerce, dont la destination sera d'assister leurs compatriotes dans les affaires d'intérêt qu'ils auraient à y régler, toutes les fois qu'ils se verraient obligés de recourir à leur appui, et de veiller à l'exécution des présentes transactions, en se conformant aux règlements ci-après.

En conséquence de ce principe, les deux hautes puissances sont convenues des points suivants :

1° Il sera libre à chacune des deux hautes parties contractantes de nommer, dans l'étendue désignée à l'art. i, autant de consuls ou agents de commerce qu'elle jugera convenable, de déterminer les endroits où ils devront résider, ainsi que l'étendue dans laquelle ils devront exercer leurs fonctions.

2° Il sera libre à chaque gouvernement de nommer également un consul général, qui, de droit, sera chargé de veiller sur la conduite des consuls, et de leur donner des directions. Le consul général aura le droit de s'adresser, s'il le juge convenable, directement aux ministères des pays où il se trouvera, pour écarter les difficultés ou entraves que le commerce pourrait éprouver. Cette démarche ne pourra avoir lieu, toutefois, que dans le cas où, contre toute attente, les autorités locales se refuseraient à faire droit à de justes réclamations.

3° Lorsqu'une des puissances contractantes aura annoncé, dans les formes usitées, la nomination d'un consul ou agent de commerce, le gouvernement auprès duquel il sera destiné à résider lui fera délivrer son exéquatur en bonne et due forme, et il est mutuellement convenu qu'on y apportera le moins de retard possible.

4° Dans les villes ou autres places de frontière, le même individu pourra être accrédité auprès de deux gouvernements; ainsi, par exemple, le consul de S. M. le roi de Prusse à Brody, pourra aussi exercer ses fonctions à Radziwilow. Il en sera de même partout ailleurs où il conviendra aux deux gouvernements de nommer des consuls ou agents de commerce, pour exercer les mêmes fonctions dans des villes d'une domination différente.

5° Une des principales obligations du consul ou agent de commerce, sera de veiller à ce que la présente convention soit maintenue et exécutée dans tous ses points et clauses.

6° Dans tous les cas urgents, relatifs aux affaires de commerce, il aura le droit d'adresser directement aux autorités de l'arrondissement de son consulat, des réclamations verbales ou par écrit, conçues dans la langue du pays de sa résidence, ou en langue française, en y joignant autant que possible des traductions.

7° Il sera autorisé à intervenir dans tous les différends qui pourraient naître, soit entre ses compatriotes commerçants, soit entre ceux-ci et des commerçants ou habitants du pays où il résidera, toutes les fois que les parties intéressées voudront le prendre pour arbitre. Les lois de son pays, et les instructions dont il sera muni, détermineront le degré de validité que devra avoir sa décision à l'égard de ses compatriotes, et en prescriront les formes.

8° Il sera également en droit d'assister ses compatriotes commerçants, et il plaidera leur cause auprès des autorités de l'arrondissement de son consulat, dans tous les différends et procès qu'ils pourraient avoir avec les douaniers et les habitants du pays, ou avec des étrangers, par suite de leurs affaires de commerce.

9° Au cas qu'un compatriote commerçant du consul vînt à décéder dans l'arrondissement de son consulat, et que les héritiers du défunt fussent absents, sans avoir de mandataire présent sur les lieux, le consul aura le droit de s'enquérir des biens et des effets du décédé; de se les faire délivrer par les autorités locales, en tant que les lois du pays n'y sont pas contraires; enfin, de prendre toutes les mesures nécessaires pour la sûreté de la propriété du défunt, et de soigner ses affaires, jusqu'à ce que les héritiers ou leurs fondés de pouvoir se présentent.

10° Les consuls, en délivrant des passeports à leurs compatriotes (voyez plus haut l'art. III 2°), seront tenus, sous peine de responsabilité personnelle, de veiller à ce que ces passeports ne deviennent, pour des gens sans aveu et évidemment dangereux, un moyen de s'introduire dans les états respectifs.

11° En qualité de consuls, ils jouiront des prérogatives et priviléges dont jouissent les consuls des nations les plus favorisées. Les armes de leur pays pourront être arborées à leur maison, pour indiquer leur demeure.

Les consuls des deux hautes parties contractantes, dans l'étendue désignée à l'art. I, dès qu'ils ne seront pas sujets du pays de leur résidence, et qu'ils ne posséderont pas de maison à eux appartenante dans les villes où ils exerceront leurs fonctions, seront exempts de tout logement militaire. Cette franchise, toutefois, est restreinte à leur logement personnel.

PRUSSE ET RUSSIE.

*Convention de commerce et de navigation, conclue à Berlin,
le 11 mars 1825.*

Le préambule porte que l'acte additionnel (c'est-à-dire le traité) du 19 décembre 1818, n'ayant plus force de loi, les parties contractantes, sincèrement animées du désir, etc., etc., ont procédé à la conclusion de la convention ci-après.

ART. I. Les sujets russes et polonais en Prusse, et les sujets prussiens en Russie et en Pologne, seront constamment considérés et traités, dans leurs relations de commerce, à l'égal des sujets indigènes. Il est entendu que les sujets russes et polonais en Prusse, et les sujets prussiens en Russie et en Pologne se soumettront aux lois et aux règlements commerciaux du pays.

Art. XXII. Afin que les consuls et agents commerciaux des puissances respectives puissent veiller à l'exécution de la présente convention, il leur sera désigné l'autorité avec laquelle ils se trouveront en rapport, dans les lieux de leur résidence, et qui sera chargée d'accueillir les réclamations qu'en vertu de leurs attributions ils lui adresseraient.

La durée de la convention est fixée par l'art. XXIII à neuf ans; *elle n'a pas été prolongée.*

———

Les traités d'accession, entre les différents états respectifs de l'association de douanes et de commerce allemande (*Zollverein*) et la Prusse [1] arrêtent (art. XIX) ce qui suit :

Les ports de mer prussiens seront ouverts au commerce des sujets de.... (*la partie contractante*) ainsi qu'à celui des sujets des autres états faisant partie de l'association, contre le payement des droits parfaitement égaux à ceux que les sujets de Sa Majesté prussienne sont tenus de payer, et les consuls de l'une ou de l'autre des parties contractantes établis dans les ports et places de commerce à l'étranger, seront chargés de prêter aide et conseil en cas de besoin, aux sujets des autres parties contractantes. [2]

---

[1] Voir, *troisième partie*, le tableau des états formant le *Zollverein.*

[2] Nous citerons dans une traduction de l'original allemand, à propos de cet article, l'*extrait* d'une circulaire du ministère des affaires étrangères du roi de Prusse, adressée aux consuls de Sa Majesté :

« Dans les traités d'état, par lesquels S. M. le roi a réuni ses états avec ceux de plusieurs souverains allemands en une association commune de douanes et de commerce, il a été convenu, à l'article XIX, « que les « consuls de l'un ou de l'autre des états contractants, établis dans un « port de commerce ou dans une autre place marchande, doivent être « engagés à prendre au possible sous leur protection, dans les cas occu- « rents, les sujets des autres états contractants. »

« Tous les consuls généraux, consuls et vice-consuls prussiens sont donc invités d'assister, autant que les circonstances le permettront, les individus qui appartiennent à un des états du *Zollverein*, et qui, à défaut d'un consul de leur propre nation, se verraient dans le cas de recourir à leur protection. Cependant, pour autant que les affaires par rapport auxquelles les individus susmentionnés s'adressent aux consuls prussiens devraient nécessiter leur entremise auprès des autorités étrangères, il faudra, pour éviter tout inconvénient, ne jamais perdre de vue que les consuls de Sa Majesté ne sont formellement placés et accrédités que comme consuls prussiens, et que ce n'est que comme tels qu'ils ont obtenu l'exéquatur du gouvernement sur le territoire duquel ils exercent leurs fonctions; ainsi c'est plutôt au moyen d'une recommandation ou d'une entremise privée, que par voie officielle, qu'ils s'adresseront à des autorités étrangères pour des affaires de sujets étrangers, et c'est en proportion de l'empressement qu'auront pu montrer en pareilles circonstances ces mêmes autorités, qu'ils s'efforceront d'être utiles aux sujets étrangers dont il s'agit.

« En réponse à des demandes particulières, on fera encore remarquer que, pour le moment et jusqu'à quelque disposition ultérieure, les consuls de Sa Majesté ne doivent pas se croire autorisés à délivrer ou à viser des passeports pour des sujets d'autres états de l'association de douanes et de commerce, et que, sans autorisation particulière, ils peuvent d'autant moins fournir des secours d'argent sur le compte d'un gouvernement quelconque, que, même pour ce qui concerne les sujets prussiens, leur compétence, à cet égard, se borne au soulagement des marins qui se trouvent dans le besoin.

«Berlin, le 25 avril 1834.

« Ministère des affaires étrangères.

« Eichhorn. »

ROYAUME DE BAVIÈRE.

Traduction.

Tarif des droits à percevoir dans les consulats royaux bavarois, promulgué le 20 septembre 1833.

Droits pour les actes d'office.	Monnaie de Bavière, au pied de 24 florins.	
	Florins.	Kreuzer.
1º Pour la formation d'un certificat de santé et d'origine :		
a. Pour l'entière expédition.................	—	45
b. Pour chaque paquet ou colis séparé.........	—	24
2º Pour une attestation, quelle qu'en soit la nature.........................	—	45
3º Pour l'admission de procurations..........	1	30
4º Pour un passeport.......................	1	—
5º Pour le visa d'un passeport....	—	45
Aux artisans et aux indigents les passeports et les visa seront délivrés.......................	gratis.	

Droits pour les actes qui ne sont pas d'office.

Les consuls de Sa Majesté pourront en outre exiger, comme les négociants, une commission proportionnelle pour les actes consulaires qui, sans être proprement d'*office*, ont rapport à des cas de guerre, de procès, de décès ou à d'autres cas semblables, et qu'ils sont autorisés à dresser en vertu de leur charge, soit sur la demande spéciale d'un sujet bavarois, soit par suite de circonstances urgentes, concernant ces mêmes sujets qui n'auraient sur le lieu ni correspondant ni procureur.

Il est entendu que pour ces droits il ne sera jamais permis aux agents de Bavière d'outrepasser ce que les autres consuls allemands, d'après leurs règlements, perçoivent dans les cas de même nature.

Les consuls de S. M. le roi de Bavière à l'étranger, relativement à leur position comme employés de la couronne, sont en tout jugés d'après les principes connus du droit international. Suivant ces principes, ces fonctionnaires sont des organes publics du gouvernement royal, revêtus d'un caractère officiel, et ils ressortissent au ministère des affaires étrangères.

Ils sont tenus, en vertu de leurs instructions, d'assister tous les sujets de leur souverain dans les affaires pour lequelles ceux-ci réclament leur appui, et d'authentiquer leurs passeports et leurs autres papiers par le visa du consulat, pour autant que cela est nécessaire.

Une désignation spéciale des actes que les consuls bavarois sont autorisés à délivrer n'ayant pas été donnée, la décision d'une question qui s'élèverait à ce sujet ne saurait avoir lieu que d'après les dispositions législatives existantes du lieu et selon les principes généraux du droit des gens.

Pour ce qui regarde le visa des passeports, nous nous rapportons à ce qui en a été dit ci-dessus.

Il n'y a d'autorisés à délivrer de nouveaux passeports que ceux des consuls de Sa Majesté qui, pour des raisons se rattachant à la localité, y ont été spécialement autorisés.

Les lois existantes en Bavière ne contiennent aucune disposition qui interdirait aux consuls à l'étranger de fonctionner, s'ils en ont été priés, comme arbitres dans les différends entre leurs nationaux.

Relativement aux priviléges et aux immunités qu'on accorde en Bavière aux consuls des puissances étrangères résidants dans le royaume, il n'existe à cet égard aucun règlement général, mais on leur applique les principes du droit des gens et de la réciprocité.

ROYAUME DE SAXE.

Le gouvernement de Saxe refuse à ses *consuls à l'étranger* la qualité diplomatique, mais il leur attribue le *caractère public*, et admet qu'ils jouissent ainsi de la protection du droit des gens dans l'étendue qu'à défaut de conventions à cet égard, les gouvernements étrangers respectifs accordent aux consuls accrédités auprès deux.

Les consuls de S. M. le roi de Saxe prêtent serment oral ou par écrit; néanmoins ils ne sont pas considérés comme officiers d'état, dans le sens de la loi.

Bien que les consuls saxons portent quelquefois le titre de consuls-généraux, d'agents de commerce, ces dénominations n'établissent point de différence légale quant à leur position officielle.

Touchant les attributions qui leur sont déférées par leur gouvernement, ils ont le pouvoir de légaliser, s'ils en sont requis, les certificats en forme légale, délivrés par les autorités compétentes de l'arrondissement, relatifs aux biens neutres, à l'origine de marchandises et autres de pareille nature. Les dispositions du *Mandat royal,* en date du 3 septembre 1827, déférant aux légations de Sa Majesté à l'étranger la faculté de légaliser les documents et la signature de l'auteur (*Recognition von Urkunden*), ont été étendues, par la loi promulguée le 13 juin 1840, aux consuls du roi à l'étranger, sauf, pour ce qui regarde les § 2 à 8, l'autorisation particulière du ministère des relations extérieures.

Le mandat, en date du 3 septembre 1827, susmentionné porte :

§ 2. Il est de rigueur que le requérant soit personnellement connu à la légation, ou reconnu pour celui pour lequel il se fait passer, par deux témoins qu'il aura à présenter et qui soient connus et admis comme dignes de foi par la légation, ou qu'il se justifie comme tel par un passeport en règle.

§ 3. Dans l'un et dans l'autre de ces cas seulement, la légation aura à délivrer l'acte de reconnaissance demandé; mais au défaut des prescriptions indiquées au § 2, et particulièrement lorsque les moyens de justification paraîtront être douteux, la requête sera refusée.

§ 4. L'acte constatant la reconnaissance du document produit doit être placé au-dessous de la signature du requérant, et rédigé en forme de certificat, lequel sera signé par la légation qui y apposera le sceau d'office.

§ 5. Il est particulièrement exigé de mentionner expressément dans cette attestation, suivant ce qui a été exprimé au § 2, ou que le requérant est personnellement connu à la légation, ou que son identité a été constatée par deux témoins connus et dignes de foi, dont les noms devront être ajoutés, ou, enfin, que la légation aura trouvé le passeport indubitable et conforme à la personne.

§ 6. Il suffit du reste de déclarer dans le certificat en question que le comparant avoue et reconnaît le contenu du document produit, ainsi que la signature et son sceau.

§. 7. La lecture du document légalisé, ni celle de l'attestation, ne sont nécessaires.

§ 8. Les légalisations données conformément aux prescriptions indiquées ci-dessus, auront l'effet de légalisations faites en justice.

§ 9. En considération de ce que les lois de quelques pays requièrent, de la part des ministères ou de la légation respective, la légalisation des actes publics émanés des autorités de pays étrangers, les agents diplomatiques et consulaires de Saxe sont autorisés, pour en faciliter l'usage, à légaliser les actes publics, délivrés ou bien certifiés par une des *autorités supérieures* du royaume de Saxe [1].

Voir Modèles n° 16, 3° et n° 17, 2°.

[1] Touchant la juridiction *volontaire* que les consuls de Saxe exercent sur les sujets de leur pays, ils ne peuvent point légalement dresser et

Les consuls de Saxe ont en outre la faculté de viser les passeports, et quelques-uns sont exceptionnellement autorisés par des instructions particulières d'en délivrer à leurs compatriotes; il leur est cependant enjoint de se régler à cet égard, comme en toute autre circonstance relativement à l'exercice de leurs fonctions, d'après les prescriptions et les lois des pays où ils résident.

Pour ce qui concerne la protection et l'intercession que les consuls, le cas échéant, prêteront à leurs nationaux, il est déterminé, par ordonnance ministérielle du 2 octobre 1835, que d'ordinaire il n'est pas permis aux autorités, corporations et sujets de Saxe, de s'adresser à cet effet directement aux consulats saxons à l'étranger. Ces demandes doivent être soumises d'abord au ministère des affaires étrangères, et, seulement dans les cas urgents, touchant les poursuites criminelles et de police, il leur est accordé de réclamer l'assistance du consul, pourvu que cela ait lieu simultanément.

La plus ou moins grande étendue des immunités et priviléges que le gouvernement de Saxe accorde aux consuls étrangers résidants dans le royaume, dépend de leur qualité de sujet étranger ou du pays. En général, et sans distinction s'ils sont étrangers de nation ou indigènes, on suit le principe qu'ils ne sont autorisés par *l'exéquatur* qu'à de certaines actions relatives aux intérêts du commerce de leur pays, et qu'ils ne sont à considérer que comme commissaires de leur gouvernement [1].

recevoir en dépôt dans leurs chancelleries des testaments de leurs compatriotes. Cette dernière défense se rapporte, d'après GRÜNLER (voyez son ouvrage ci-après indiqué), aux légations de Saxe; elle est donc à plus forte raison applicable aux consulats.

[1] Par exemple, la concurrence des agents étrangers à l'occasion de l'apposition des scellés sur les biens d'un compatriote défunt n'est par admise en Saxe.

Ils n'appartiennent conséquemment pas au corps diplomatique, et ne peuvent point prétendre aux prérogatives et à l'étiquette de celui-ci. D'après ces principes, l'exterritorialité ne peut avoir lieu chez eux dans toute son étendue; ils sont soumis au droit régalien de l'état, et traités, s'ils sont étrangers, par analogie avec d'autres étrangers distingués; mais s'ils sont naturels du pays, ils ne sont reconnus «qu'à la réserve expresse de leurs rapports et obligations de citoyens.» La protection internationale qui revient aux consuls résidants en Saxe n'a donc rapport qu'aux points suivants :

1° L'*exemption de la juridiction du pays,* si les consuls sont étrangers, et pour autant qu'ils ne sont pas en possession de biens immeubles [1].

2° L'*exemption de l'impôt personnel* (Personalsteuer) qui est accordée à tous les consuls étrangers *sans exception,* pour eux-mêmes, tant que leur qualité consulaire est prise en considération, et pour les individus au service de leur personne et de leur famille, ou qui sont attachés au service de la chancellerie du consulat. L'exemption du service militaire, de même que celle d'autres charges civiles auxquelles ils sont soumis comme natifs du pays, ne peut pas leur être accordée; ils sont cependant, sous certaines conditions, dispensés de servir dans la garde bourgeoise, quoiqu'ils continuent à être inscrits dans les rôles.

---

[1] En vertu d'un rescrit du ministère de la justice, du 19 avril 1837, au tribunal municipal de Leipzig, concernant une demande de *droits de consulat* non acquittés par un administré du même tribunal et faite de la part d'un étranger y résidant en qualité de consul, ces consuls sont considérés comme *autorités publiques étrangères;* les cours de justice du pays ne sont pas seulement incompétentes dans les affaires litigieuses entre le consul et des individus sujets aux tribunaux du pays, mais elles sont même tenues à donner suite à leur réquisition. Si le défendeur se croit lésé de la part du consul, il doit s'adresser à son gouvernement, soit directement, soit par l'entremise du ministère du pays. (Voyez pour plus ample information : *Zeitschrift für Rechtspflege und Verwaltung, zunächst für das Königreich Sachsen,* Th. II, Heft 3, 1839.)

3⁰ Si l'exercice de l'attribution de *délivrer et de viser des passeports* leur est déléguée par leur gouvernement, il leur est aussi accordé de la part de l'état saxon, avec la restriction rigoureuse cependant de ne pouvoir les délivrer qu'avec la connaissance et sur une attestation y relative de la police de l'endroit, ni les viser avant qu'ils ne soient munis du visa de la police [1].

4⁰ Ils peuvent placer les *armes de leur pays* sur leur habitation et porter *l'uniforme* qui est prescrit de la part de leur gouvernement.

Il ne peut être question, d'après les principes ci-dessus indiqués, de leur admission à la cour et d'une fixation de leur rang; cependant il peut leur être donné en certains cas des *marques honorifiques,* par exemple des invitations à des solennités politiques. (*Grünler: Beiträge des Königreichs Sachsen, 1858.*)

---

[1] Il paraît, en outre, que les lois du pays ne s'opposent pas à ce que les autorités consulaires exercent de tels actes de la juridiction *volontaire,* qui sont exécutoires dans leur pays; bien entendu que cette faculté ne constitue point de pouvoir coactif en faveur des consuls étrangers.

EXTRAITS

DE TRAITÉS DE COMMERCE ET DE NAVIGATION;

STIPULATIONS AU SUJET DES CONSULS.

SAXE ET GRÈCE.

*Traité de commerce, entre les royaumes de Saxe et de Grèce,
conclu le 12/24 mai 1841.*

Art. V. Chacune des hautes parties contractantes accorde à
l'autre la faculté d'entretenir dans ses places de commerce des
consuls, vice-consuls ou agents de commerce, qui jouiront de
toute la protection et recevront toute l'assistance nécessaire pour
remplir dûment leurs fonctions; mais elles se réservent la faculté
de refuser la résidence d'un consul, vice-consul ou agent dans
tel endroit qu'elles jugeront à propos d'en excepter.

Les consuls de quelque classe qu'ils soient, dûment nommés
par leurs gouvernements respectifs, et après avoir obtenu l'exéquatur de celui dans le territoire duquel ils doivent résider, jouiront dans l'un et l'autre pays, tant dans leurs personnes que pour
l'exercice de leurs fonctions, des priviléges dont y jouissent les
consuls des nations les plus favorisées. Il est pourtant entendu
que si ces priviléges ne sont accordés aux autres nations que
sous des conditions spéciales, le gouvernement respectif ne peut
y prétendre qu'en remplissant ces mêmes conditions.

Du reste il est expressément déclaré que dans le cas d'une
conduite illégale ou impropre envers les lois ou le gouvernement.
du pays dans lequel lesdits consuls, vice-consuls ou agents de
commerce résideraient, ils pourront être privés de l'exercice de
leurs fonctions par le gouvernement offensé, qui fera connaître à
l'autre ses motifs pour avoir agi ainsi.

Bien entendu cependant que les archives et documents relatifs aux affaires du consulat seront à l'abri de toute recherche, et
devront être soigneusement conservés sous le scellé des consuls, vice-consuls ou agents commerciaux et de l'autorité de
l'endroit.

SAXE ET ÉTATS-UNIS MEXICAINS.

Traité d'amitié et de commerce, entre le royaume de Saxe et les États-Unis mexicains, conclu à Londres, le 4 octobre 1831, et ratifié à Dresde, le 30 juin 1832.

Art. III. Les deux parties contractantes s'accordent réciproquement la faculté d'avoir dans leurs places de commerce respectives des consuls, ou vice-consul, agents et commissaires de leur choix, qui jouiront des mêmes priviléges et pouvoir dont jouissent ceux des nations les plus favorisées: mais dans le cas où lesdits consuls font le commerce, ils seront soumis aux mêmes lois et usages auxquels sont soumis les particuliers de leur nation à l'endroit où ils résident. Il sera permis aux consuls respectifs de faire des remontrances toutes les fois qu'il leur sera prouvé qu'un article a été porté sur le tarif au-dessus de sa valeur. Ces remontrances seront prises en considération dans le plus court délai possible, et sans qu'il en résulte aucun retardement pour l'expédition des marchandises.

Article séparé.

Les deux parties contractantes réservent à S. A. R. le grand-duc de Saxe-Weimar, et à LL. AA. sérénissimes les ducs de Saxe-Altenbourg, Cobourg-Gotha et Meiningen, ainsi qu'à LL. AA. sérénissimes les princes de Schwarzbourg et de Reuss, la faculté d'accéder à la convention signée entre elles aujourd'hui. Cette accession, qui de la part de leursdites Altesses devra être déclarée dans le terme d'un an à dater de l'échange des ratifications du présent article, leur rendra communs les droits et obligations résultant pour les parties contractantes des stipulations arrêtées entre elles.

Cet article séparé aura la même force et vertu que le traité signé aujourd'hui, et sera ratifié dans le même espace que le traité principal.

SAXE ET PORTUGAL.

*Traité de commerce, entre les royaumes de Saxe et de Portugal,
en date du 19 septembre 1844.*

Art. V. Chacune des hautes parties contractantes accorde à l'autre la faculté d'avoir dans ses ports et places de commerce des consuls généraux, consuls, vice-consuls, ou agents de commerce, tout en se réservant le droit d'excepter de cette concession tel endroit qu'elle jugera à propos.

Lesdits agents consulaires, de quelque classe qu'ils soient, et dûment nommés par leurs gouvernements respectifs, dès qu'ils auront obtenu l'exéquatur du gouvernement sur le territoire duquel ils doivent résider, y jouiront, tant pour leurs personnes que pour l'exercice de leurs fonctions, des priviléges dont y jouissent les agents consulaires de la même catégorie de la nation la plus favorisée [1].

[1] Les stipulations relatives aux consuls sont de la même teneur dans les traités de commerce qui ont été conclus entre le royaume de Portugal et le grand-duché de Hesse, sous la date du 4 novembre, de Saxe-Weimar, du 24 décembre 1844, de Bade, du 7 juin, le duché de Nassau, du 18 juin, et le royaume de Bavière, du 30 juin 1845. Les duchés d'Anhalt et les principautés de Reuss ont stipulé le même article.

ROYAUME DE WURTEMBERG.

———

Les consuls de S. M. le roi de Wurtemberg portent le caractère d'officiers publics.

Ils n'exercent point, dans la règle, des actes de juridiction volontaire, mais ils doivent les abandonner aux autorités du pays, ainsi que la délivrance de certificats de baptême et de décès. Mais un certificat de vie, qu'un consul délivrerait concernant une personne à lui connue, ne serait probablement pas contesté. Ce ne serait, dans la règle, que par un ordre spécial de son gouvernement qu'il pourrait déférer le serment.

Les consuls de Wurtemberg ont cependant la faculté de légaliser des documents destinés à être produits devant les autorités de leur pays; ils pourront aussi, au besoin et d'après les circonstances, délivrer des certificats à leurs nationaux.

Ils sont également autorisés à légaliser des actes délivrés par les autorités publiques de leur district, et ils peuvent légalement attester la reconnaissance de signatures.

Il n'y aurait probablement pas d'empêchement à ce qu'ils prissent en dépôt dans leurs chancelleries des documents de leurs compatriotes, et à ce qu'ils acceptassent un compromis volontaire d'arbitrage de leurs nationaux.

Les consuls wurtembergeois ont à viser des passeports, lorsqu'ils en ont été requis, et quelques-uns d'entre eux sont, d'après les circonstances, autorisés à délivrer des passeports dans des cas déterminés et selon les usages établis dans le lieu de leur résidence, autant qu'il ne s'y trouve pas de légation.

Un tarif de droits consulaires n'existant pas, ces fonctionnaires se règlent à l'égard de ces droits sur les coutumes locales.

———

Le gouvernement de Sa Majesté reconnaît aux consuls étrangers, résidant dans le royaume, le caractère public.

Les consuls des états étrangers qui sont actuellement établis en Wurtemberg sont des sujets du pays, et ceux-ci sont selon leur rang soumis, comme les autres sujets de Sa Majesté, aux dispositions législatives existantes. Ils jouissent cependant de l'exemption du service personnel.

Quant à l'exercice de la juridiction volontaire sur leurs nationaux, auquel les consuls étrangers pourraient prétendre, il est à présumer que l'attribution de délivrer et de légaliser des certificats qui seraient destinés à faire foi et à devenir exécutoires dans leur pays, ne leur serait pas contestée.

Leur présence à l'apposition des scellés sur les effets de leurs nationaux décédés, ne rencontrerait probablement pas d'obstacles.

La question, si les consuls étrangers établis en Wurtemberg peuvent délivrer des passeports, n'a pas encore eu lieu d'être traitée.

On leur reconnaît le droit de porter l'uniforme et de placer sur leur habitation les armes de leur souverain.

GRAND-DUCHÉ DE BADE.

Traduction.

Instructions générales pour les consuls de S. A. R. le grand-duc de Bade.

Carlsruhe, le 3 mai 1833.

Les consuls du grand-duché sont, selon leur destination, des agents de commerce placés dans des villes commerçantes, ou dans des ports de mer de l'étranger, pour y protéger les intérêts commerciaux du grand-duché en général, ainsi que ceux qui regardent particulièrement les sujets badois. Cependant le gouvernement grand-ducal se verra aussi dans le cas, surtout dans les états où il ne se trouve pas d'agents diplomatiques, de réclamer exceptionnellement les services de ses consuls pour des affaires d'une autre nature touchant des sujets badois, dans lesquelles ils pourraient être appelés à intervenir en faveur de ces derniers.

Pour déterminer plus particulièrement le cercle d'administration prescrit aux consuls, on juge à propos de les rendre attentifs aux points suivants :

1° Relativement à la conduite qu'ils ont à tenir à l'égard du gouvernement du pays dans lequel ils sont établis, les consuls badois doivent d'abord s'en rapporter à l'usage établi. Ils devront donc en prendre exactement connaissance, comme aussi des lois et des ordonnances du pays qui se rapportent aux relations des consuls, au commerce, à la navigation et à l'admission des sujets étrangers, ils prendront aussi à cet égard de plus amples informations auprès de collègues expérimentés, avec lesquels ils auront soin d'entrer à cet effet en rapport. Ils ne négligeront également pas d'obtenir leur participation aux droits, aux privilèges et aux exemptions que l'usage accorde, dans le pays où ils résident, aux agents consulaires des autres nations.

Si dans l'état étranger où réside le consul, il se trouve une légation badoise, c'est celle-ci que ce fonctionnaire devra d'abord consulter dans toutes les circonstances particulières qui auront trait à ses rapports avec le gouvernement étranger; mais en cas contraire, le consul devra en référer au ministère badois.

2° Pour ce qui concerne leurs rapports de service avec le gouvernement grand-ducal, les consuls sont d'abord subordonnés au ministère des affaires étrangères. C'est de ce ministère qu'ils ont à recevoir des ordres et c'est à lui qu'ils doivent adresser leurs rapports.

3° Ils doivent vouer leur attention à tout ce qui peut être d'un intérêt essentiel pour le commerce et l'industrie du grand-duché, et donner communication au gouvernement du résultat de leurs remarques. On n'a pas, à la vérité, l'intention d'entretenir à cet égard une correspondance suivie, mais on n'attend ces communications qu'à la suite d'observations d'une importance particulière.

4° On désire également que les consuls badois donnent connaissance d'autres événements qui, sans toucher proprement à leur administration, pourraient cependant être, à cause de leur importance, d'un intérêt particulier pour le gouvernement grand-ducal.

5° Si le gouvernement badois devait se trouver dans le cas de prendre des informations sur des affaires de ses sujets qui demanderaient son entremise, ou de donner des ordres quelconques, les consuls devront toujours remplir convenablement toutes les prescriptions qui leur seront faites en pareille occurrence.

6° Leur principal devoir consiste à accorder leur protection et leur appui aux sujets badois, dans le libre exercice permis par les lois du pays de leur commerce et de leurs autres affaires; à les assister, à leur demande, de leurs conseils et de leurs bons offices, et à représenter convenablement au besoin leurs personnes et leurs propriétés.

7° Ils ont à viser, d'après le règlement, les passeports et autres documents de sujets badois; mais d'abord ils devront veiller avec le plus grand soin à ce que l'authenticité de ces pièces ait été reconnue par un examen préalable, afin de ne pas donner lieu à quelque abus.

Le consul est aussi chargé de délivrer de nouveaux passeports aux sujets badois; mais on lui recommande en ceci la plus grande circonspection. La délivrance de nouveaux passeports n'a ordinairement lieu que sur la présentation de passeports plus anciens délivrés par les autorités badoises, ou de documents qui légitiment suffisamment le porteur comme sujet badois, et, en échange, celui-ci devra chaque fois laisser ces titres déposés comme pièces justificatives auprès du protocole tenu par le consulat. On fera en outre observer que les sujets badois dont les passeports sont déjà expirés n'en recevront, dans la règle, de nouveaux que pour retourner dans leur patrie, et que ce n'est que dans ce but qu'on pourra leur prolonger les passeports qu'ils posséderont déjà. Si des circonstances particulières devaient justifier une exception à cette règle, comme cela peut être le cas lorsque des sujets badois ont déjà fait un long séjour à l'étranger, on s'en rapporte alors au jugement des consuls, en leur recommandant seulement, dans de pareils cas, une prévoyance et une attention toute particulière. Les passeports doivent être délivrés dans la forme et dans la langue employées ordinairement par les consuls d'autres états allemands résidants dans le même endroit.

8° Afin qu'au besoin il puisse être donné en tout temps des renseignements satisfaisants, les consuls badois sont tenus de pourvoir tous les passeports ou autres documents et visas qu'ils délivreront d'un numéro suivi, et de les inscrire, avec indication de la date, du nom de la personne qui a été munie, ainsi que de l'objet, dans un journal (registre des passeports) à part, qui devra être clos chaque année et envoyé, *sur une demande spéciale*, pour être examiné.

9° Tous les documents doivent, après les mots : «Consulat du grand-duché de Bade à N....» être signés par le consul lui-même, et munis de l'indication de l'année et du jour ainsi que du sceau consulaire.

10° Pour la délivrance de passeports et d'autres documents, pour le visa de ces pièces ainsi que pour le soin d'autres intérêts des sujets badois, le consul a droit au montant des émoluments dont de pareilles affaires sont rétribuées dans le lieu de sa résidence. On s'attend toutefois à ce qu'il ne soit exigé aucune espèce d'émoluments des personnes indigentes.

De plus, les consuls badois auront à réclamer des particuliers toutes les avances qu'ils auront été dans le cas de faire pour eux.

11° Les frais occasionnés par des commissions officielles, comme pour ports de lettres, etc., seront remboursés au consul sur la présentation de sa note, à moins que ce remboursement ne soit à la charge de la personne intéressée. De pareilles notes devront être transmises pour être acquittées, ou tous les six mois, ou tous les ans seulement; mais en tous cas jusqu'au 1ᵉʳ décembre, époque de la clôture des comptes de l'année.

12ᵉ Si le consul devait se voir dans le cas, pour cause d'absence, de maladie, etc., de suspendre ses fonctions, il est autorisé ou à prier le consul d'une autre puissance allemande de s'en charger provisoirement, ou à se nommer à cet effet un vice-consul; mais cette nomination ne saurait être générale, et elle devra avoir lieu à chaque cas qui se présentera et seulement pour le temps que durera l'empêchement du consul. Dès qu'un pareil cas se présente, il doit en être donné immédiatement avis, aussi bien à l'autorité compétente de la résidence du consul qu'au ministère grand-ducal.

Il est du devoir essentiel des consuls de S. A. R. de se conformer avec zèle et exactitude à ces prescriptions.

Nous nous référons aux *instructions consulaires* qui précèdent pour ce qui est des attributions que le gouvernement du grand-duché de Bade confère à ses consuls de commerce à l'étranger et pour les fonctions qu'ils ont généralement à exercer [1]. Quant à la juridiction consulaire, il n'existe point encore dans le grand-duché de normes fixes à cet égard : on est cependant fondé à admettre que les consuls badois ne sont pas autorisés à exercer tous actes de juridiction qui émanent du droit régalien de l'état, mais que leur compétence se borne simplement aux affaires comprises sous la juridiction *volontaire*.

Les consuls de S. A. R. portent l'uniforme dont il leur est donné la description.

---

[1] Quant aux spécialités de leur mission, nous nous trouvons à même de citer une circulaire ministérielle, datée du 18 septembre 1835, portant que les consuls badois sont tenus, selon les circonstances et autant qu'il est dans leur pouvoir, d'assister de leurs conseils et de protéger des individus appartenants au territoire du *Zollverein*, qui auraient recours à eux, n'ayant pas sur les lieux de consuls de leur propre pays; mais ils ne doivent pas délivrer ou viser des passeports aux sujets d'un autre état, ni accorder, sans autorisation spéciale, des secours d'argent pour le compte de quelque autre gouvernement.

Quant au traitement des consuls étrangers résidants dans le grand-duché de Bade, le gouvernement, en suivant le principe de la réciprocité, leur reconnaît, dans la règle, le cas échéant, les droits qu'on accorde aux consuls badois dans l'état auquel le consul étranger appartient.

Cette mesure se rapporte spécialement à la fixation du caractère public et au degré de la protection du droit international dont on fait jouir dans le grand-duché les consuls étrangers.

Il est toutefois entendu que ces derniers ne sauraient être exemptés de la juridiction du pays, des impôts directs et personnels et des services personnels à rendre à l'état ou à la commune dans les endroits où ils résident dans le grand-duché de Bade

L'exercice de la juridiction volontaire sur leurs nationaux, le pouvoir de dresser et de légaliser des documents destinés pour leur pays, et particulièrement de ceux qui ont trait à des affaires de commerce, ainsi que la délivrance et le visa des passeports, repose également sur le principe de la réciprocité : l'apposition des scellés sur les effets de leurs nationaux décédés n'est cependant pas de leur compétence.

Les consuls étrangers sont libres de placer sur leur habitation les armes de leur pays.

ÉLECTORAT DE HESSE.

L'electorat de Hesse manquant, d'après des renseignements authentiques, de dispositions de droit particulier sur les rapports des agents consulaires, c'est surtout par cette raison que les fonctions des consuls hessois, en dehors du cercle ordinaire des attributions des agents de commerce, ne peuvent être précisées, pas plus que les prérogatives et les immunités des consuls étrangers résidants dans l'électorat.

GRAND-DUCHÉ DE HESSE.

La mission dont sont chargés les consuls de S. A. R le grand-duc de Hesse dans les états étrangers consiste particulièrement à vouer des soins consciencieux aux relations commerciales des sujets de leur souverain; à veiller avec prudence à la prospérité de leur commerce, au maintien de leurs droits et de leurs priviléges; à les secourir dans le malheur, à défendre leurs personnes et leur liberté, et enfin à les aider en général de leurs conseils et de leurs bons offices chaque fois que leurs intérêts l'exigent. Ils doivent à cet effet faire, selon les circonstances, les démarches nécessaires, soit de vive voix soit par écrit, auprès des autorités du lieu de leur résidence, dresser des protocoles, délivrer des certificats et expédier des rapports au ministère grand-ducal des affaires étrangères.

Il est encore du devoir des consuls du grand-duché de concilier leurs compatriotes dans les différends qui peuvent s'élever entre eux; mais cependant leur compétence en pareille matière est limitée tant par l'usage général que par le droit international, et il est recommandé spécialement à ces fonctionnaires de ne pas perdre de vue les droits de juridiction des gouvernements auprès desquels ils sont accrédités.

Les titres, actes, documents, certificats, etc., que le consul est autorisé, selon ses fonctions, à délivrer, s'ils le demandent, aux sujets du grand-duché sur des objets de commerce et de navigation, ne doivent contenir que des faits que son expérience, ainsi que les observations qu'il peut avoir faites dans le pays où il est établi, le mettent à même de certifier d'une

manière plus positive que ne peuvent le faire les autorités
de ce pays.

Ces titres peuvent aussi être fondés sur d'autres actes
authentiques qu'il a sous les yeux, et qui sont émanés ou des
autorités grand-ducales, ou de celles du pays dans lequel il
réside. Le consul ne doit considérer dans la règle comme documents authentiques des autorités du grand-duché de Hesse,
que ceux qui sont munis de la légalisation du ministère grand-
ducal des relations extérieures; quant à ceux émanés des
autorités de l'état où il réside, il ne peut les considérer comme
authentiques qu'autant qu'il en reconnaît parfaitement la griffe
ou la légalisation. Le consul est aussi autorisé et, suivant les
circonstances, obligé, de munir de sa légalisation ultérieure,
si elle est demandée, ces actes provenant des autorités de la
patrie ou de celles du pays de sa résidence, comme il est
tenu, pour autant que ce soin ne regarde pas les autorités du
pays, à légaliser, au moyen de sa signature et du sceau consulaire, les actes et contrats passés par des sujets de son
souverain entre eux sur des objets de nature commerciale.

Les documents ainsi délivrés et légalisés par le consul font
aussi bien foi devant les tribunaux du grand-duché que s'ils
eussent été dressés ou légalisés par des fonctionnaires publics
de Hesse; ce qui doit porter le consul à procéder en de
pareilles matières de la manière la plus scrupuleuse et la plus
consciencieuse.

Nous ne quitterons pas cet objet sans signaler, à propos
de la délivrance de certificats, un cas spécial qui est hors des
limites des attributions consulaires. S'il arrive que des sujets
de Hesse voulant s'établir dans le pays où réside le consul
du grand-duché, prient ce fonctionnaire de leur délivrer, pour
un but quelconque, un certificat attestant qu'ils ont satisfait à
leurs obligations militaires ou qu'ils sont déchargés du service, il n'est nullement de sa compétence de délivrer un pareil

certificat, vu que des rapports de cette nature ne peuvent être connus d'une manière certaine et officielle que par les autorités compétentes du pays.

Quoique un tel certificat des autorités de Hesse soit de toute nécessité pour les émigrants, le gouvernement grandducal ne le considère cependant pas comme suffisant, ainsi que le prouve la loi du 30 mai 1821 [1]. Celui qui désire obtenir la permission d'émigrer doit avoir préalablement satisfait

[1] *Traduction.* Loi sur les émigrations :

Louis, par la grâce de Dieu, grand-duc de Hesse, etc., etc.

La charte constitutionnelle du grand-duché assure, à l'article xxiv, à tout sujet de Hesse le droit de libre émigration d'après les dispositions de la loi. Nous ordonnons conséquemment, avec l'avis et l'approbation de nos fidèles états, ce qui suit :

Art. I. Tout indigène peut émigrer du grand-duché, si aucune considération de créanciers ou de service public n'y met obstacle. Cependant l'émigrant doit être indépendant dans ses rapports personnels, ou produire le consentement requis.

Art. II. L'émigrant ne peut laisser au pays ses enfants encore sous puissance paternelle qu'avec une permission spéciale du gouvernement grand-ducal.

Art. III. Les enfants de l'émigrant qui accompagnent leur père deviennent également étrangers.

Art. IV. Celui qui veut émigrer doit faire part de son intention au gouvernement provincial. Celui-ci fait une proclamation judiciaire aux créanciers que peut avoir l'émigrant, pour qu'ils fassent valoir leurs prétentions dans le terme de trois mois.

Art. V. Les militaires et les employés civils doivent, avant d'émigrer, avoir obtenu leur congé du service, d'après les lois qui s'y rapportent, et, selon les circonstances, avoir rendu compte de leur administration.

Art. VI. Si, dans le terme fixé, il ne s'est pas présenté de créanciers ; si ceux qui se sont présentés ont été satisfaits, ou s'ils ont obtenu une garantie pour le cas où ils n'auront pas pu exiger de suite qu'il soit fait droit à leurs réclamations ; si, de cette manière, les empêchements mentionnés à l'article v se trouvent être écartés, et que du reste il n'y ait pas d'enquête criminelle ou de police qui nécessite la présence de l'émigrant, le gouvernement provincial délivre alors la permission d'émigration, pour autant que l'émigrant n'ait pas pour but de se soustraire, lui ou son fils, au service de guerre.

Darmstadt, le 30 mai 1821.

(L. S.)   Signé : Louis.

à toutes ses obligations, tant envers l'état qu'envers les particuliers de sa nation, et, de plus, il ne pourra, conformément à ce qui a été arrêté plus tard, obtenir un certificat formel d'émigration, que sur la présentation d'un certificat légal, émané des autorités du pays dans lequel il veut s'établir, et attestant qu'on est prêt à l'y recevoir comme sujet ou bourgeois.

Le consul verra jusqu'à quel point il sera à propos de donner connaissance de ces prescriptions aux autorités compétentes du lieu de sa résidence, afin qu'elles puissent procéder dorénavant avec plus de précautions à la réception des sujets de Hesse qui voudront s'établir pour toujours sur leur territoire; le consul aura ensuite soin de faire ce que les circonstances exigeront.

Le consul est autorisé à délivrer des passeports dans la forme ordinaire à des sujets de S. A. R. le grand-duc, mais seulement pour le retour dans la patrie; il est cependant de toute nécessité que ceux-ci lui soient parfaitement connus, ou qu'ils puissent du moins se légitimer au moyen de certificats authentiques. Si un sujet du grand-duché a perdu, par hasard, son passeport; si le terme en est échu, ou s'il désire continuer son voyage par une autre direction que celle qui se trouve indiquée sur ce titre, c'est à lui qu'il appartient, s'il ne veut pas se rendre lui-même dans son pays, de s'adresser, à l'effet d'obtenir un nouveau passeport, en produisant l'ancien ainsi que les actes de légitimation nécessaires, soit directement, soit par l'entremise du consul, au ministère des affaires étrangères de Hesse, dont il devra attendre la décision.

Le consul peut *viser*, sans difficultés, tous les passeports délivrés par le ministère des affaires étrangères, pour autant que le terme n'en est pas encore écoulé. Cependant ce visa ne doit pas comprendre des endroits situés hors des pays dont il est fait mention dans le passeport. Il n'est autorisé à viser et à prolonger des passeports dont le terme est échu que pour le retour dans le pays, à moins qu'il ne les ait remplacés dans ce but par de nouveaux titres; autrement il prescrira aux porteurs de ces passeports le procédé mentionné à l'occasion de la délivrance de passeports dans le cas analogue. Il est de toute nécessité que le consul tienne un registre de tous les titres, actes, certificats, passeports et visa dont il a été parlé ci-dessus.

On attend des consuls qu'ils adressent de temps en temps au ministère des affaires étrangères des rapports qui le mettent à même de juger de l'état du commerce du grand-duché dans le pays où ils sont établis, et qu'ils le tiennent au courant de tout ce qui peut survenir d'important, soit touchant le grand-duché, soit par rapport à quelque occurrence remarquable. Il n'a pas moins l'obligation d'étendre ses rapports à des événements d'autre nature qu'il peut importer au gouvernement grand-ducal de connaître, et à l'égard desquels il pourrait avoir besoin de règles de conduite.

Il doit conserver les dépêches, etc., qui lui parviennent, ainsi qu'un double de ses offices, de ses rapports et autres actes; en former un registre consulaire, en classant ces différentes pièces selon les matières par rubriques ou par ordre chronologique. Il lui est en général recommandé de tenir dans le meilleur ordre tous les papiers qui se rapportent à ses fonctions, et de tout disposer de manière à ce que, en cas de décès ou lorsqu'il quitte sa place, tous les papiers appartenants au consulat puissent être transmis en bon ordre à son successeur en fonctions, qui en donne décharge.

Le consul de S. A. R. se sert, dans l'expédition des affaires de sa charge, d'un sceau consulaire; s'il trouve à propos de mettre les armes grand-ducales sur son habitation, afin que celle-ci soit plus facilement reconnue par les commerçants du grand-duché, son gouvernement le lui permet, pour autant que ce soit en même temps conforme aux usages du pays.

Comme il peut se présenter certains cas qui n'ont pas été spécialement prévus dans les instructions dont le consul est muni, et qui réclameraient des dispositions plus précises, ce fonctionnaire doit se référer aux instructions particulières qui lui sont adressées dans le courant de son administration, aussi souvent que les circonstances et ses rapports officiels l'exigent.

Les consuls de S. A. R. le grand-duc de Hesse perçoivent les mêmes droits consulaires à l'endroit où ils sont établis que perçoivent les consuls des autres états allemands avec l'autorisation de leurs gouvernements respectifs.

On peut réduire aux points suivants les principes observés dans le grand-duché de Hesse à l'égard des consuls étrangers.

Sur un ordre émané chaque fois de S. A. R. le grand-duc, les consuls étrangers reçoivent l'exéquatur du ministère des affaires étrangères.

L'exéquatur est également accordé à des indigènes, s'il n'y est pas mis obstacle par quelque rapport particulier, comme, par exemple, s'ils ne sont pas membres de la chambre de commerce ou du tribunal de commerce.

L'usage général prescrit aux fonctions du consul des bornes qu'il doit avoir soin de ne pas outre-passer ; mais pour ce qui est des spécialités qui se rattachent à ses fonctions, c'est à l'état qu'il représente qu'il appartient de les préciser, pourvu toutefois qu'il ne soit rien entrepris qui porte atteinte à l'ordre légal du grand-duché et qui s'éloigne de l'usage établi.

On ne dénie point aux consuls de commerce étrangers la faculté de viser des passeports de sujets de leur nation qui rentrent dans leurs foyers, mais ces titres ne doivent pas moins être munis du visa des autorités de police du grand-duché.

Quant à l'autorité qu'ont à exercer les consuls étrangers dans le grand-duché, elle ne saurait s'étendre que sur les sujets de leurs souverains, à moins cependant qu'ils n'aient aussi été autorisés, avec le consentement du gouvernement grand-ducal, à aider de leurs conseils et de leurs bons offices les sujets de l'un ou de l'autre des états du Zollverein, en suite de traités conclus entre les états de cette association [1].

Le gouvernement du grand-duché de Hesse n'admet pas non plus le principe de considérer les consuls comme personnes diplomatiques; mais, en leur qualité d'officiers publics, protégés spécialement par le droit des gens, cet état leur accorde le droit de porter l'uniforme, de mettre sur leur habitation les armes de la nation dont ils soignent les intérêts, et d'avoir un sceau consulaire à eux propre; leur chancellerie et les papiers relatifs à leur emploi doivent être respectés.

On exempte, pour leur personne, de toutes redevances et charges directes et personnelles, tant à l'état qu'à la commune, les consuls qui sont étrangers et qui ne s'adonnent, dans le grand-duché, ni à un commerce, ni à une profession quelconque. Cette exemption ne s'étend pas aux droits indirects et réels.

Les consuls étrangers qui exercent le commerce ou une autre profession dans le grand-duché, aussi bien que ceux qui

---

[1] Le gouvernement du grand-duché de Hesse, ayant adopté les mêmes principes que ceux énoncés par le ministère des affaires étrangères de Prusse dans la circulaire du 25 avril 1834 (voir *Royaume de Prusse*, la note à l'article xix des traités d'accession du *Zollverein*, p. 168), recommande à ses consuls de ne pas prendre sur eux d'accorder sans autorisation spéciale des secours d'argent ni à des sujets du grand-duché, ni, pour le compte du gouvernement prussien, à des sujets de Prusse.

sont sujets du pays, peuvent, en cas de logement de guerre, demander que le bureau du consulat en soit exempté; mais ils restent soumis à toutes les contributions et charges personnelles susmentionnées, en tant qu'ils ne sont pas à même de se faire remplacer légalement à l'égard de ces dernières.

Tous les consuls sont assujettis, pour les affaires civiles, aux lois et aux tribunaux du grand-duché. Quant aux affaires criminelles, on n'y assujettit que les consuls qui sont sujets du pays et ceux qui, bien qu'étrangers, exercent un commerce ou une autre profession dans le grand-duché. Pour ce qui est des autres étrangers résidant comme consuls dans le grand-duché, ils ne sont pas soumis à la juridiction criminelle du pays; mais ils peuvent, aussi souvent qu'un motif de sûreté le requiert, être provisoirement arrêtés et entendus. Cependant il ne peut être procédé à l'arrestation d'un consul, ni pour affaires civiles, ni pour affaires criminelles, sans l'avis préalable du ministère des affaires étrangères, à moins d'un crime flagrant, où un retard entraînerait quelque danger. Lorsqu'il y a lieu à l'arrestation d'un consul, et chaque fois qu'il s'agit de procéder criminellement contre un tel fonctionnaire, on en avertit le ministère susmentionné, qui entre, au besoin, en rapports avec le ministère de l'intérieur et de la justice, et fait au gouvernement étranger les communications qu'il juge nécessaires, pour le mettre à même de pourvoir aux exigences que réclamerait le service consulaire. On use néanmoins de certains ménagements à l'égard des consuls qui sont étrangers, et n'exercent ni un commerce ni aucune autre profession dans le grand-duché, pour autant que ce privilége personnel est légalement admis par la juridiction du lieu de leur résidence.

Les priviléges et les immunités que le gouvernement grand-ducal accorde en général aux consuls étrangers, sous la réserve de conventions particulières avec des états séparés, présupposent que les états respectifs accorderont une parfaite réciprocité aux consuls de S. A. R. le grand-duc. On suppose donc, dans tous les cas susmentionnés, une telle réciprocité, ou, si elle n'existait pas, on s'attend qu'elle sera accordée avec l'exéquatur

GRAND-DUCHÉ DE SAXE-WEIMAR-EISENACH.

Les consuls de S. A. R. le grand-duc sont considérés comme des officiers publics de l'état, et ils en portent l'uniforme établi.

Ils ont la faculté de délivrer, s'ils en ont été requis, aux sujets de leur souverain en pays étrangers, des attestations, certificats, procurations et autres actes semblables, qui ont rapport au commerce et qui sont destinés à être produits devant les administrations et les tribunaux du grand-duché. Il n'existe cependant pour les autorités du pays aucune obligation spéciale à accorder dans toutes les circonstances à ces documents une pleine force de preuve.

Les consuls de S. A. R. ne sont pas autorisés à recevoir et à rédiger des actes de naissance, de mariage et de décès de leurs compatriotes, ni à délivrer des certificats de résidence : ils ne peuvent point recevoir en dépôt dans leurs chancelleries les testaments de leurs nationaux.

En raison d'une convention entre les ministères respectifs du grand-duché et du royaume de Saxe, S. A. R. le grand-duc a daigné conférer, par ordonnance en date du 28 août 1837, à ses légations et consulats à l'étranger, les mêmes attributions, à l'égard de la légalisation des documents et de la signature de l'auteur (*Recognition von Urkunden*), que celles qui ont été déléguées aux agents diplomatiques et consulaires de S. M. le roi de Saxe, en vertu du mandat royal, § 2 à 9, sous la date du 3 septembre 1827. (Voyez *royaume de Saxe*)

Les consuls de S. A. R. ne sont pas tenus à légaliser la griffe des autorités du district de leurs consulats, mais, comme il a été indiqué dans le § 9 du mandat susmentionné, ils doivent légaliser, si on l'exige, celle des autorités supérieures du grand-duché.

Lesdits agents consulaires enfin sont libres d'exercer, comme tout autre particulier, les fonctions d'arbitre dans les différends entre leur compatriotes, lorsqu'ils ont été choisis volontairement à cet effet.

TROISIÈME PARTIE.

DU ZOLLVEREIN,

ou

ASSOCIATION DE DOUANES ET DE COMMERCE ALLEMANDE.

Tableau des états formant l'association de douanes et de commerce allemande.

	Milles carrés géogr.	Habitants d'après le dénombrement de 1843.	Totalité des	
			milles carrés,	habitants.
I. Royaume de **Prusse**, à l'exclusion de la principauté de Neuchâtel			5077,41	15,447,440
A déduire :				
1° Les garnisons prussiennes de Mayence et de Luxembourg.......		5,024		
2° Les cercles d'Erfurt, de Schleusingen et de Ziegenruck (arrondissement de la régence d'Erfurt); de plus, les villages de Kischlitz et de Mollschutz (arrondissement de la régence de Mersebourg), qui font partie de l'union douanière de la Thuringe....................	16,43	97,526		
3° Les 26 villages reçus, depuis le 1er janvier 1842, dans l'union douanière de Hanovre-Oldenbourg.....	2,5	10,345	18,93	112,895
A reporter			5058,48	15,334,545

	Milles carrés géogr.	Habitants d'après le dénombrement de 1843.	Totalité des	
			milles carrés.	habitants.
Report			5058,48	15,334,545
4º Les villages de Wolfsbourg, Hehlingen, Hesslingen et Luchtringen, qui ressortissent de l'administration des douanes de Brunswick..		2,933		
5º Les pays qui par leur situation isolée sont exclus de l'union douanière :				
La verrerie de Gernheim (cercle de régence de Minden).... 274 h.				
Pays de Drenikow, Porep) et Sucow......... 386 h. / 488 h. Gross-Menow.... 102 h.)				
Arrondissement de la régence de Potsdam........	0,2			
Les terres seigneuriales et villages de Zettetin, Dukow, Rothmannshagen, Nutzenfelde, Carlsrouhe et Pinnow en Poméranie......... 1,225 h.	0,45	1,987	0,65	4,920
Ajoutez les pays allemands qui, de concert avec la Prusse, participent aux revenus des douanes :			5057,83	15,329,625
1º Schwarzbourg - Sondershausen, la basse-seigneurie,........	8,92	32,923		
2º Schwarzbourg-Rudolstadt, la basse-seigneurie...............	3,28	14,919		
3º Saxe-Weimar-Eisenach, les bailliages d'Allstedt et Oldisleben,..	2,65	8,607		
4º Anhalt-Bernbourg, la haute-seigneurie, le bailliage de Muhlingen, la basse-seigneurie........	14,19	46,929		
5º Lippe, les villages de Lipperode, Cappel et Graefenhagen......	0,18	969		
6º Mecklenbourg-Schwérin, les pays de Rossow, Netzeband et Schœneberg, ...	1,12	1,003		
7º Anhalt-Dessau, territoire principal, les bailliages de Sandersleben et de Gross-Alsleben...........	15,32	62,691		
8º Anhalt-Cœthen, territoire principal, le comté de Warmsdorf,....	12,07	42,106		
9º Saxe-Cobourg-Gotha, bailliage de Volkenrode................	1,27	2,741		
10º Hesse-Hombourg, grand-bailliage de Meissenheim........	3,48	14,429	62,48	227,317
A reporter			5120,31	15,556,942

	Milles carrés géogr.	Habitants d'après le dénombrement de 1843.	Totalité des	
			milles carrés.	habitants.
Report			5120.31	15,556,942
11° Holstein-Oldenbourg, la principauté de Birkenfeld.	9,88	29,480		
12° Waldeck, la principauté. . . .	20,17	52,001		
13° Hanovre, le comté de Hohenstein, 3,54 m. c., et le bailliage d'Elbingerode, 1,83 m. c., ...	5,37	14,105		
14° Brunswick, la principauté de Blankenbourg, le bailliage du chapitre Walkenried, 8,02 m. c., le bailliage de Calvoerde, 2,25 m. c., ...	10,45	25,202		
15° La principauté de Lippe.	20,6	103,493		
16° Le comté de Pyrmont.	1,5	6,752		
			67,97	231,033
			5188,28	15,787,975
En outre le grand-duché de Luxembourg			46,6	179,904
II. Le royaume de **Bavière**.	1394,3	4,440,327		
A déduire :				
1° L'enclave de Kaulsdorf, située dans la Thuringe (à peu près 0,12 m. c., 436 hab.)	1	1,696		
2° L'arrondissement de Fraisch (en Bohème), 1 m. c., 1,260 hab.)				
	1393,3	4,438,631		
De plus :				
1° Le bailliage d'Ostheim, appartenant au grand-duché de Saxe-Weimar-Eisenach.	1,04	3,723		
2° Le bailliage de Königsberg appartenant au duché de Saxe-Cobourg-Gotha.	0,9	2,564		
			1395,24	4,444,918
III. Le royaume de **Saxe**.			272.16	1,757,800
IV. Le royaume de **Wurtemberg**	362,4	1,680,309		
A ajouter :				
$^{19}/_{32}$ de la commune badoise et wurtembergeoise de Widdern.		489		
(Voir la remarque sous Bade.)				
	362,4	1,680,798		
De plus :				
1° La principauté de Hohenzollern-Sigmaringen, à l'exclusion des parcelles de Tautenborn, Thalheim et Hofmuhlhausen reçues dans le système de douanes badoises.	15,8	38,765		
A reporter	378,2	1,719,563	6902,28	22.170,597

	Milles carrés géogr.	Habitants d'après le dénombrement de 1843.	Totalité des	
			milles carrés.	habitants.
Report	378,2	1,719,563	6902,28	22,170,597
2° La principauté de Hohenzollern-Hechingen.	5,5	20,143		
			383,7	1,739,706
V. Grand-duché de **Bade**, à l'exclusion de l'île de Reichenau, des fauxbourgs de Constance, du Paradis et de Kreutzling, du pays de Busingen, ainsi que des villages et fermes du bailliage Jestetten et de $^{13}/_{32}$ de la population du pays de Widdern.	278,5	1,335,200		
A déduire.	3	6,945		
(Par traité du 28 janvier 1845, la partie, ci-devant badoise, de Widdern, a été cédée au Wurtemberg.)	275,5	1,328,255		
De plus :				
De Hohenzollern - Sigmaringen (voir ci-dessus IV, 1°).		4,062		
			275,5	1,332,317
VI. **L'électorat de Hesse**, y compris le comté de Schaumbourg (9,2 m. c.), à l'exception de Schœnlingen avec les Eichhœfen et la terre d'Eichenbruch (36,764 hab.).	208,9	746,598		
A déduire :				
Le cercle de Schmalkalden, faisant partie de l'union de la Thuringe	5,47	27,278		
			203,43	719,320
VII. **Grand-duché de Hesse**. . .	152,75	834,711		
Ajoutez le grand - bailliage de Hombourg, appartenant à Hesse-Hombourg.	1,52	9,944		
			154,27	844,655
VIII. Les territoires appartenants à l'**union de la Thuringe** :				
1° De la Prusse : les cercles d'Erfurt, de Schleusingen et Ziegenruck, les villages Kischlitz et Mollschutz.	16,45	97,311		
2° De la Bavière : l'enclave de Kaulsdorf.		436		
3° De la Hesse électorale : le cercle de Schmalkalden.	5,47	27,278		
4° Saxe - Weimar - Eisenach, le grand-duché, à l'exclusion des bail-				
A reporter	21,9	125,025	7919,18	26,806,595

	Milles carrés géogr.	Habitants d'après le dénombrement de 1843.	Totalité des	
			milles carrés.	habitants.
Report	21,9	125,025	7919,18	26,806,595
liages d'Ostheim, d'Allstedt et d'Oldisleben, mais y compris le village de Melpers (appartenant au bailliage d'Ostheim).	63,11	240,503		
5° Saxe-Meiningen, le duché, y compris le village d'Altlœbnitz avec 209 hab.	45,75	156,930		
6° Le duché de Saxe-Altenbourg	24,47	125,342		
7° Le duché de Saxe-Cobourg, 9,5 m. c., à l'exclusion du bailliage de Kœnigsberg.	8,6	40,419		
8° Le duché de Saxe-Gotha, 2,81 m. c., à l'exclusion du bailliage de Volkenrode.	26,83	98,321		
9° La principauté de Schwarzbourg-Sondershausen, la haute-seigneurie.	6,53	24,986		
10° La principauté de Schwarzbourg-Rudolstadt, la haute-seigneurie.	12,29	53,972		
11° Les principautés de Reuss : Reuss-Schleitz, y compris la moitié de la commune de Saalbourg, avec 1,532 hab.	6,6	22,613		
Reuss-Greitz.	6,8	33,803		
Reuss-Lobenstein-Ebersdorf, y compris la moitié de la commune de Saalbourg avec 1,532 hab.	8,25	23,081		
Reuss-Gera, à l'exclusion de Saalbourg.	6,25	29,189		
			237,38	974,184
IX. Le duché de **Brunswick**.	72,08	267,565		
A déduire : La principauté de Blankenbourg et le bailliage de Calvœrde (voir Prusse). m. c. hab. 10,45 25,202				
Les enclaves d'Oelsbourg, Bodenbourg, Oestrum et Ostharingen, ainsi que le bailliage de Thedinghausen, non compris dans l'union commerciale de l'Allemagne. 1,9 6,265				
	12,35	31,467		
A reporter	59,73	236,098	8156,56	27,780,779

	Milles carrés géogr.	Habitants d'après le dénombrement de 1843.	Totalité des	
			milles carrés.	habitants.
Report	59,73	236.098	8156.56	27.780,779
De plus :				
Les possessions que le Brunswick a en commun avec le royaume de Hanovre dans le Harz.........		713		
Les villages prussiens de Wolfsbourg, Hehlingen et Hesslingen....	0.75	2.933		
			60.48	239,744
X. Le duché de **Nassau**........			84.73	412,271
XI. La ville libre de **Francfort**			1,8	65,831
			8303,57	28,498,625

BUT ET ORGANISATION

DE L'ASSOCIATION DE DOUANES ET DE COMMERCE
ALLEMANDE.

L'association de douanes et de commerce allemande (*Zoll-verein*), à part la haute pensée politique qu'elle renferme, considérée seulement sous le point de vue industriel et commercial, et relativement aux avantages matériels qu'en ont retirés les peuples alliés, est la plus heureuse conception du gouvernement éclairé de la Prusse, le résultat salutaire de ses efforts persévérants pour la prospérité et pour l'unité de l'Allemagne.

Mais ce n'est pas moins à la sage politique commerciale des autres états du *Zollverein*, et à leur sollicitude pour le bien-être des peuples allemands compris dans cette union, que ceux-ci sont redevables de l'adhésion à un système qui devait puissamment contribuer à développer les rapports intérieurs et extérieurs de l'industrie et du commerce nationaux.

Grâce à cette mesure, non-seulement un ensemble de trente millions d'hommes qui naguère étaient séparés par une infinité de lignes de douanes, et qui avaient à surmonter des obstacles sans nombre pour pouvoir échanger les produits variés de leur travail et de leur intelligence, est régi depuis par une même loi commerciale: mais aussi l'élan qui fut donné à l'industrie indigène par le libre mouvement dont elle commença dès lors à jouir, le progrès qu'elle fit, secondé par l'application de droits modérés, et enfin la position imposante qu'acquirent les états associés, mirent les gouvernements à même, en concluant des traités de commerce et de navigation sur la base d'un parfaite réciprocité, de protéger et d'avancer efficacement le commerce extérieur et d'ouvrir de nouveaux débouchés à l'esprit d'entreprise.

Le tarif des droits de douane de l'union, fondé sur la liberté du commerce, sans restrictions, sans prohibitions quelconques, tout en évitant de préjudicier à une branche d'industrie aux dépens d'une autre, assure à l'industrie nationale une protection suffisante pour lui faciliter la concurrence avec les produits étrangers. Ce tarif cependant n'est pas assez élevé pour favoriser la tendance que pourraient manifester les producteurs et fabricants à l'exercice du monopole avec ses accessoires pernicieux, au désavantage des intérêts financiers de l'état, et au détriment de la majorité de la population consommante.

Les gouvernements, en adoptant des droits modérés, conformes aux principes d'une saine économie politique, en harmonie avec les intérêts véritables de l'état, sont évidemment partis du point de vue, qu'une industrie artificielle, maintenue seulement par le moyen de restrictions, de droits démesurés, ne parviendra jamais à lutter avec avantage contre la concurrence étrangère. Elle ne peut obtenir des succès durables, ni prospérer, qu'en développant une vigoureuse activité.

Il est prouvé par des actes officiels que le *Zollverein*, en maintenant son système actuel, a complètement accompli ses fins industrielles et financières : dans les douze années de son existence les revenus provenant des droits de douane se sont élevés dans la proportion de 100 à 189, bien que dans cet espace de temps les positions du tarif aient été plutôt modérées que haussées.

Il convient de dire que ce tarif est soumis tous les trois ans à une révision, pour être mis d'accord, autant que les intérêts communs de l'union le permettent, avec la situation de l'industrie indigène et, s'il est nécessaire, avec les modifications qui peuvent survenir dans la politique commerciale des pays étrangers et qui pourraient y influer.

Il est en dehors de notre sujet de reproduire ici toutes les phases de cette grande révolution commerciale, les négociations préparatoires et définitives, aboutissant à la conclusion des conventions entre la Prusse et les autres états actuellement membres de l'association; nous nous contenterons de faire observer que l'accession du grand-duché de Hesse, par le traité du 1er juillet 1828, au système prussien, fut un événement décisif, en ce qu'il détermina l'adhésion des autres états sur la même base, et que ce système, qui dans le principe était personnel à la Prusse, put devenir quelques années plus tard celui de la confédération des douanes allemandes.

L'association douanière et commerciale allemande comprend aujourd'hui à peu près 8,300 milles carrés et au moins 30 millions d'habitants. Elle s'étend, dans la direction du nord-est à l'ouest, de Memel, 37^0 de longitude, jusqu'à Aix-la-Chapelle, 23^0 $50'$ de longitude, et dans la direction du nord au sud, depuis Stralsund, 54^0 $50'$ de latitude, jusqu'aux frontières autrichiennes derrière Munich, 47^0 $50'$ de latitude. Elle est actuellement bornée à l'est par la Russie et la Pologne, au sud par l'Autriche et la Suisse, à l'ouest par la France, ou nord-ouest par la Belgique et la Hollande, et au nord enfin par le Hanovre et les autres états du nord de l'Allemagne qui ne font point partie de la confédération.

Les principes fondamentaux du *Zollverein* sont :

1^0 *La liberté absolue du commerce* entre les états associés, à la seule exception : des objets monopolisés (les cartes à jouer et le sel); des produits indigènes, dont la production ou la fabrication est soumise dans l'intérieur des états associés à des impôts différents, ou exceptés de tout droit dans un état et importés dans un autre, et qui, par cette raison, doivent être assujettis à un *droit de compensation;* des objets qui, sans préjudicier aux brevets d'invention ou aux priviléges concédés dans un des états respectifs, ne peuvent y être imités ou importés, et doivent, par conséquent, pendant la durée des brevets ou priviléges, être exclus de l'importation dans l'état qui les a accordés.

2⁰ *Un système uniforme de douanes* pour les droits d'entrée, de sortie et de transit, sauf les modifications qui, sans faire tort au but commun, résultent nécessairement, soit de la législation particulière qui régit chaque état membre de l'union, soit d'intérêts locaux.

3⁰ *L'adoption d'un même tarif.*

4⁰ *La communauté des recettes de douanes,* dans la proportion de la population pour laquelle chaque état se trouve dans l'union.

5⁰ La résolution des états respectifs d'unir leurs efforts pour introduire chez eux *un système uniforme de monnaies, de poids et de mesures.*

6⁰ La conclusion d'un *cartel réciproque,* pour protéger le système commun de douanes contre la contrebande.

Dans le cas où d'autres états allemands manifesteraient le désir d'être reçus dans l'association, les parties contractantes se déclareront prêtes à accéder à ce désir par des traités spéciaux, en tant toutefois que cette accession s'accordera avec les intérêts particuliers des membres de l'association.

Nous indiquerons encore de quelle manière on a réglé la distribution des revenus de douanes.

Ces recettes se composent, comme nous venons de le dire, des droits d'entrée, de sortie et de transit, et se partagent entre tous les états, à proportion de leur population respective, d'après le dernier recensement triennal, et déduction faite des frais. Chaque état limitrophe d'un pays étranger fait percevoir les droits de douane à ses frontières par des préposés qu'il nomme. Sur ces recettes il prélève d'abord quelques dépenses communes, telle que la restitution des droits indûment perçus, et les primes d'exportation établies par les traités. Il prélève également les frais du personnel de l'administration des douanes et du matériel des bureaux. Toutefois le nombre des bureaux et la force du personnel destiné à la garde des frontières, sont fixés d'un commun accord, et les traitements sont déterminés d'une manière uniforme.

Les frais de bureau et d'entrepôts de l'intérieur, ceux de la direction générale des douanes sont supportés par chaque état, qui paie aussi les primes spéciales qu'il croit devoir accorder en dehors des dispositions générales qui régissent l'association.

TRAITÉS DE COMMERCE ET DE NAVIGATION

QUI ONT ÉTÉ CONCLUS JUSQU'A CE JOUR ENTRE LES ÉTATS DU ZOLLVEREIN
COLLECTIVEMENT ET DES PUISSANCES ÉTRANGÈRES.

(DANS L'ORDRE CHRONOLOGIQUE.)

————

ÉTATS DU ZOLLVEREIN ET PORTE OTTOMANE.

*Convention de commerce, entre les états formant l'Union de douanes
et de commerce allemande, d'une part, et la Porte ottomane, d'autre
part; du 10/22 octobre 1840 [1].*

Pendant la longue alliance qui a heureusement subsisté entre la
Prusse et la sublime Porte, des traités conclus entre les deux
puissances ont réglé le taux des droits payables sur les marchandises exportées de Turquie comme sur celles y importées, et ont
établi et consacré les droits, priviléges, immunités et obligations
des marchands prussiens trafiquant ou résidant dans l'étendue de
l'empire ottoman. Cependant des changements de différente nature sont survenus récemment, d'une part, en ce qui concerne la
sublime Porte, tant dans l'administration intérieure de l'empire
que dans ses relations extérieures avec d'autres puissances, et
d'autre part, en ce qui concerne la Prusse, par suite de la fonda-
tion de l'association de commerce et de douanes, formée entre la
Prusse et les couronnes de Bavière, de Saxe et de Wurtemberg,
le grand-duché de Bade, l'électorat de Hesse, le grand-duché de
Hesse, les états appartenants à l'union de douanes et de commerce
dite de Thuringe, nommément le grand-duché de Saxe, les
duchés de Saxe-Meiningen, de Saxe-Altenbourg et de Saxe-
Cobourg-Gotha, et les principautés de Schwarzbourg-Rudolstadt,
de Schwarzbourg-Sondershausen, de Reuss-Greiz, de Reuss-

————

[1] Nous omettrons le traité de commerce, du 21 janvier 1839, avec le
royaume des Pays-Bas, qui, étant expiré à la fin de l'an 1841, n'a point
été renouvelé.

Schleitz et de Reuss-Lobenstein et Ebersdorf, le duché de Nassau et la ville libre de Francfort. En considération de ces changements, S. M. le roi de Prusse, agissant tant en son nom qu'en celui des autres états membres de l'association de commerce et de douanes, et S. M. I. le sultan, sont convenus de régler de nouveau, par un acte spécial et additionnel, les rapports commerciaux de leurs sujets, et de comprendre en même temps dans les traités existants déjà entre eux, ainsi que dans les nouvelles stipulations, les relations entre les autres susdits états et la sublime Porte, le tout dans le but d'augmenter le commerce entre les états respectifs, comme dans celui de faciliter davantage l'échange de leurs produits. A cet effet ils ont nommé pour leurs plénipotentiaires:

S. M. le roi de Prusse, tant en son nom qu'en celui des autres états membres de l'association de commerce et de douanes allemande: le sieur Jean-Charles-Albert comte de Kœnigsmark, son chambellan, envoyé extraordinaire et ministre plénipotentiaire près la sublime Porte, chevalier de son ordre royale de l'Aigle-Rouge de la troisième classe avec le nœud, de celui de Saint-Jean-de-Jérusalem; décoré du grand-ordre du Nichani-Iftihar; chevalier de l'ordre de Charles III d'Espagne;

S. M. I. le sultan: S. E. Mustapha-Rechid-Pacha, un des vizirs, ministre d'état et des affaires étrangères de la sublime Porte, décoré des insignes en brillants affectés à cette haute dignité, grand-croix de l'ordre de la Légion-d'Honneur, de l'ordre américain d'Isabelle-la-Catholique, de l'ordre de Léopold de Belgique, de l'ordre du Lion Néerlandais, de celui de l'Épée de Suède, etc.

Lesquels, après s'être donné réciproquement communication de leurs pleins pouvoirs trouvés en bonne et due forme, sont tombés d'accord sur les articles suivants:

ART. I. Tous les points des stipulations commerciales précédentes entre la Prusse et la sublime Porte, et nommément toutes les stipulations du traité d'amitié et de commerce du 22 mars 1761 (vieux style), autant qu'ils ne se trouvent pas en contradiction avec la présente convention, sont maintenus, confirmés pour toujours, et étendus, avec les droits et obligations réciproques qui en résultent, à tous les autres états nommés ci-dessus. formant l'association de commerce et de douanes.

Les sujets et les produits du sol et de l'industrie de la Prusse et des autres états de l'association de commerce et de douanes, ainsi que les bâtiments prussiens auront de droit, dans l'empire ottoman, l'exercice et la jouissance de tous les avantages, priviléges et immunités qui sont ou qui par la suite seraient accordés aux sujets, aux produits du sol et de l'industrie, et aux bâtiments de toute autre nation la plus favorisée [1].

Art. II. Les sujets de S. M. le roi de Prusse et ceux des autres membres de l'association de commerce et de douanes, ou leurs ayants cause, pourront acheter dans toutes les parties de l'empire ottoman, soit qu'ils veuillent en faire le commerce à l'intérieur, soit qu'ils se proposent de les exporter, tous les articles, sans exception, provenant du sol ou de l'industrie de ce pays. La sublime Porte s'engage formellement à abolir tous les monopoles qui frappent les produits de l'agriculture et les autres productions quelconques de son territoire, comme aussi elle renonce à l'usage des *teskérés*, demandés aux autorités locales pour l'achat de ces marchandises ou pour les transporter d'un lieu à un autre quand elles étaient achetées. Toute tentative qui serait faite par une autorité quelconque pour forcer les sujets prussiens ou ceux des autres membres de l'association de commerce et de douanes, à se pourvoir de semblables permis ou *teskérés*, sera considérée comme une infraction aux traités, et la sublime Porte punira immédiatement avec sévérité tous vizirs ou autres fonctionnaires auxquels on aurait une pareille infraction à reprocher, et elle indemnisera les sujets prussiens et ceux des autres états de l'association des pertes ou vexations dont ils pourront prouver qu'ils ont eu à souffrir.

Art. III. Les marchands prussiens et ceux des autres états de l'association de commerce et de douanes ou leurs ayants cause qui achèteront un objet quelconque, produit du sol ou de l'industrie de la Turquie, dans le but de le revendre pour la consommation dans l'intérieur de l'empire ottoman, payeront, lors de l'achat ou de

---

[1] La présente convention ne contient aucune stipulation relative aux consuls, mais il est évident que la disposition rapportée ci-dessus de l'article I, qui étend à tous les états formant le *Zollverein*, les droits et les obligations réciproques résultant du traité d'amitié et de commerce entre la Prusse et la sublime Porte, du 22 mars 1761 (vieux style), voir *deuxième partie*, attribue également auxdits états la faculté d'établir des consuls, vice-consuls et drogmans dans les échelles, ports et îles de la juridiction de la sublime Porte.

la vente, les mêmes droits qui sont payés, dans les circonstances analogues, par les sujets musulmans ou par les rayâs les plus favorisés parmi ceux qui se livrent au commerce intérieur.

Art. IV. Tout article, produit du sol ou de l'industrie de la Turquie, acheté pour l'exportation, sera transporté libre de toute espèce de charge et de droits à un lieu convenable d'embarquement par les négociants prussiens ou des autres états de l'association de commerce et de douanes ou leurs ayants cause. Arrivé là, il payera à son entrée un droit fixe de neuf pour cent de sa valeur, en remplacement des anciens droits de commerce intérieur, supprimés par la présente convention. A sa sortie il payera le droit de trois pour cent anciennement établi et qui demeure subsistant. Il est toutefois bien entendu que tout article acheté au lieu d'embarquement pour l'exportation, et qui aura déjà payé à son entrée le droit intérieur, ne sera plus soumis qu'au seul droit primitif de trois pour cent.

Art. V. Tout article, produit du sol ou de l'industrie de la Prusse ou des autres états de l'association de commerce et de douanes, et toutes marchandises de quelque espèce qu'elles soient, apportées par terre ou par mer d'autres pays par des sujets prussiens ou des autres états de ladite association, seront admises dans toutes les parties de l'empire ottoman, sans aucune exception, moyennant un droit de trois pour cent calculé sur la valeur de ces articles.

En remplacement de tous les droits de commerce intérieur qui se perçoivent aujourd'hui sur lesdites marchandises, le négociant prussien ou des autres états de l'association qui les importera, soit qu'il les vende au lieu d'arrivée, soit qu'il les expédie dans l'intérieur pour les y vendre, payera un droit additionnel le deux pour cent. Si ensuite ces marchandises sont revendues à l'intérieur ou à l'extérieur, il ne sera plus exigé aucun droit ni du vendeur ni de l'acheteur, ni de celui qui, les ayant achetées, désirera les expédier au dehors.

Les marchandises qui auront payé l'ancien droit d'importation de trois pour cent dans un port, pourront être envoyées dans un autre port, franches de tout droit, et ce n'est que lorsqu'elles y seront vendues ou transportées de celui-ci dans l'intérieur du pays que le droit additionnel de deux pour cent devra être acquitté.

Il demeure entendu que le gouvernement de S. M. le roi de

Prusse, et ceux des autres membres de l'association de commerce et de douanes ne prétendent pas, soit par cet article soit par aucun autre du présent traité, stipuler au-delà du sens naturel et précis des termes employés, ni priver en aucune manière le gouvernement de S. M. l'empereur de Turquie de l'exercice de ses droits d'administration intérieure, en tant toutefois que ces droits ne porteront pas une atteinte manifeste aux stipulations des anciens traités et aux priviléges accordés par la présente convention aux sujets prussiens et à ceux des autres états de l'association et à leurs propriétés.

Art. VI. Les sujets prussiens et ceux des autres états de l'association de commerce et de douanes ou leurs ayants cause pourront librement trafiquer, dans toutes les parties de l'empire ottoman, des marchandises apportées des pays étrangers; et si ces marchandises n'ont payé à leur entrée que le droit d'importation, le négociant prussien ou des autres états de l'association ou son ayant cause aura la faculté d'en trafiquer en payant le droit additionnel de deux pour cent, auquel il serait soumis pour la vente des propres marchandises qu'il aurait lui-même importées, ou pour leur transmission faite dans l'intérieur avec l'intention de les y vendre. Ce payement une fois acquitté, ces marchandises seront libres de tous autres droits, quelle que soit la destination ultérieure qui sera donnée à ces marchandises.

Art. VII. Aucun droit quelconque ne sera prélevé sur les produits du sol ou de l'industrie des états de la Prusse et des autres membres de l'association de commerce et de douanes, ni sur les marchandises appartenantes à leurs sujets et provenant du sol ou de l'industrie de tout autre pays étranger, quand ces deux sortes de marchandises passeront par les détroits des Dardanelles, du Bosphore ou de la mer Noire, soit que ces marchandises traversent ces détroits sur les bâtiments qui les ont apportées, ou qu'elles soient transportées sur d'autres bâtiments, ou que, devant être vendues ailleurs, elles soient, pour un temps limité, déposées à terre pour être mises à bord d'autres bâtiments et continuer leur voyage.

Toutes les marchandises importées en Turquie pour être transportées en d'autres pays, ou qui, restant entre les mains de l'importateur, seront expédiées par lui dans d'autres pays pour y être vendues, ne payeront que le premier droit d'importation de trois pour cent, sans que, sous aucun prétexte, on puisse les assujettir à d'autres droits.

Art. VIII. Les firmans exigés des bâtiments marchands prussiens à leur passage dans les Dardanelles et dans le Bosphore, leur seront toujours délivrés de manière à leur occasionner le moins de retard possible.

Art. IX. La sublime Porte consent à ce que la législation créée par la présente convention soit exécutable dans toutes les provinces de l'empire ottoman, c'est-à-dire dans les possessions de S. M. I. le sultan situées en Europe et en Asie, en Egypte et dans les autres parties de l'Afrique appartenantes à la sublime Porte, et qu'elle soit applicable à toutes les classes de sujets ottomans.

Art. X. Suivant la coutume établie entre la Prusse et la sublime Porte, et afin de prévenir toute difficulté et tout retard dans l'estimation de la valeur des articles importés en Turquie ou exportés des états ottomans par les sujets prussiens, des commissaires versés dans la connaissance du commerce des deux pays avaient été nommés tous les quatorze ans pour fixer, par un tarif, la somme d'argent en monnaie du Grand-Seigneur, qui devra être payée comme droit de trois pour cent, sur la valeur de chaque article. Or le terme des quatorze ans, pendant lequel le dernier tarif devait rester en vigueur, étant expiré, et des commissaires étant déjà nommés depuis quelque temps pour la fixation d'un nouveau tarif, il est convenu que le tarif dont ils tomberont d'accord restera en vigueur pour les sujets prussiens et pour ceux des autres états appartenants à l'association de commerce et de douanes, pendant sept années, à dater de sa fixation. Après ce terme chacune des hautes parties contractantes aura droit d'en demander la révision ; mais si, pendant les six mois qui suivront l'expiration des sept premières années, ni l'une ni l'autre n'use de cette faculté, le tarif continuera d'avoir force de loi pour sept autres années, à dater du jour où les premières seront expirées, et il en sera de même à la fin de chaque période successive de sept années.

Conclusion.

La présente convention sera immédiatement soumise à la ratification de tous les gouvernements respectifs, et les ratifications en seront échangées à Constantinople dans l'espace de quatre mois à compter d'aujourdhui, ou plus tôt si faire se peut. Elle sera publiée et mise à exécution immédiatement après l'échange des ratifications.

Fait à Constantinople, le 10/22 octobre 1840 (et de l'hégire le 26 Schaban 1256) [1].

ÉTATS DU ZOLLVEREIN ET GRANDE-BRETAGNE.

Convention of commerce and navigation between the German States forming the customs and commercial union on the one part, and Great Britain on the other part.

His Majesty the king of Prussia, on the one part, in his own name, as well as in the name of the other powers, members of the Association of customs and commerce existing in virtue of the treaties of the 22^d and 30th of March, and the 11th of May 1833, the 12th of May and 10th of December 1835, and 2^d of January 1836, that is to say, their Majesties the king of Bavaria, the king of Saxony, and the king of Wurtemberg, their Royal Highnesses the grand duke of Baden, the prince electoral and co-regent of Hesse, the grand duke of Hesse and « bei Rhein » the states forming the customs and commercial union, called the States of Thuringia, — viz., His Royal Highness the grand duke of Saxe-Weimar-Eisenach, their Serene Highnesses the dukes of Saxe-Meiningen, Saxe-Altenburg, and Saxe-Cobourg-Gotha; the princes of Schwarzbourg-Rudolstadt, of Schwarzbourg-Sondershausen, of Reuss-Greitz, of Reuss-Schleitz, and of Reuss-Lobenstein and Ebersdorf; — His Serene Highness the duke of Nassau, and the free town of Frankfort; and Her Majesty the queen of the united kingdom of Great-Britain and Ireland, on the other part, being equally animated by the desire of extending, as far as possible, the commercial relations between their respective states, have agreed, for this purpose, to enter into a convention of commerce

---

[1] A ce traité est annexé un tarif, conformément à l'article x, pour fixer la somme d'argent en monnaie de la Turquie, qui devra être payée comme droit de trois pour cent sur la valeur de chaque article exporté des états ottomans, ou importé par des sujets des états du *Zollverein* dans les domaines du Grand-Seigneur.

and navigation, and have named their respective plenipotentiaries,
that is to say, — His Majesty the king of Prussia, in His own
name as well as in the name of the other powers, members of
the association of customs and commerce, the sieur Henry William, baron de Bülow, knight of the order of the Red Eagle of
the first class of Prussia, grand cross of the orders of Leopold
of Austria, of St. Anne of Russia, and of the Guelphs of Hanover,
knight of the order of St. Stanislaus, of the second class, and
knight of St. Wladimir of the fourth class, of Russia; comman-
der of the order of the White Falcon of Saxe-Weimar; His cham-
berlain, actual privy councillor, envoy extraordinary and mi-
nister plenipotentiary to Her Britannic Majesty; — and Her
Majesty the queen of the united kingdom of Great-Britain and
Ireland, the right honourable Henry John viscount Palmerston,
baron Temple, a peer of Ireland, a member of Her Majesty's most
honourable privy council, knight grand cross of the most honourable order of the Bath, a member of parliament, and Her
Britannic Majesty's principal secretary of state for foreign
affairs; — and the right honourable Henry Labouchere, a member of Her said Majesty's most honourable privy council, a member of parliament, president of the committee of privy council
for the affairs of trade and foreign plantations, and master of the
mint; — who, after having communicated to each other their
respective full powers, found to be in good and due form, have
agreed upon and concluded the following articles:

Art. I. In consideration of the circumstance that british vessels
are admitted, together with their cargoes, to entry in the ports of
Prussia and of the other states of the aforenamed union of
customs; when coming from the ports of all countries, and in consideration of the concessions stipulated in this present convention
for british trade with all the states of this union of customs; —
in consideration also of the facility which the application of steam
power to inland navigation affords for the conveyance of produce
and merchandize of all kinds up and down rivers; and in consideration of the new opening which may by these means be
given to the trade and navigation between the United Kingdom
and the british possessions abroad, on the one hand, and the
states now composing the union of customs, on the other, some
of which states use as the natural outlet of their commerce, ports

not within their own dominions; — it is agreed that from and after the date of the exchange of the ratifications of this present convention, prussian vessels, and the vessels of the other states forming the said union of customs, together with their cargoes consisting of all such goods as can be legally imported into the United Kingdom and the british possessions abroad by the said vessels, from the ports of the countries to which they respectively belong, — shall, when coming from the mouths of the Meuse, of the Ems, of the Weser, and of the Elbe or from the mouths of any navigable river lying between the Elbe and the Meuse, and forming the means of communication between the sea and the territory of any of the german states which are parties of this treaty, — be admitted into the ports of the United Kingdom and of the british possessions abroad, in as full and ample a manner, as if the ports from which such vessels may have come as aforesaid, were within the dominions of Prussia, or of any other of the states aforesaid, and such vessels shall be permitted to import the goods abovementioned upon the same terms on which the said goods might be imported, if coming from the national ports of such vessels; and also that in like manner, such vessels proceeding from Great-Britain and her colonial possessions abroad to the ports or places thus referred to, shall be treated as if returning to a Prussian Baltic port: — It being understood that these privileges are to extend to the vessels of Prussia and of the states aforesaid, and to their cargoes, only in respect to each of the said ports in which british vessels and their cargoes shall, upon their arrival thereat, and departure therefrom, continue to be placed on the same footing as the vessels of Prussia and of the other states of the union.

Art. II. His Majesty the king of Prussia, in his own name and in the name of the states aforesaid, agrees to place, always and in every way, the trade and navigation of the subjects of her Britannic Majesty, in respect to the importation of sugar and rice, upon the same footing as that of the most favoured nations.

Art. III. In the event of other german states joining the germanic union of customs, it is hereby agreed that such other states shall be included in all the stipulations of the present convention.

Art. IV. The present convention shall be in force until the 1st of January 1842; and further, for the term of six years, provided neither of the high contracting parties shall have given to the other six months previous notice that the same shall cease to be in force on the said 1st of January 1842; and if neither party shall have given to the other six months previous notice that the present convention shall cease on the 1st day of January 1848, then the present convention shall further remain in force until the 1st day of January 1854, and further, until the end of twelve months after either of the high contracting parties shall have given notice to the other of its intention to terminate the same; — Each of the high contracting parties reserving to itself the right of giving such notice to the other. — And it is hereby agreed between them, that at the expiration of twelve months after such notice shall have been received by either party from the other, this convention, and all the provisions thereof shall altogether cease and determine.

Art. V. The present convention shall be ratified, and the ratifications thereof shall be exchanged at London at the expiration of two months, or sooner if possible.

In witness whereof the respective plenipotentiaries have signed the same and have affixed thereto the seals of their arms.

Done at London, the second day of March, in the year of our Lord one thousand eight hundred and forty one.

(L. S.) Bülow.   (L. S.) Palmerston.
                                  (L. S.) H. Labouchere.

ÉTATS DU ZOLLVEREIN ET BELGIQUE,

Traité de commerce et de navigation entre les états de l'association de douanes et de commerce allemande, d'une part, et la Belgique, d'autre part, ratifié à Bruxelles, le 19 octobre 1844.

Au nom de la très-sainte Trinité,

S. M. le roi de Prusse, agissant tant en son nom et pour les autres pays et parties de pays souverains compris dans son système de douanes et d'impôts, savoir: le grand-duché de Luxembourg, les enclaves du grand-duché de Mecklenbourg-Rossow, Netzeband et Schönberg, la principauté de Birkenfeld du grand-duché d'Oldenbourg, les duchés d'Anhalt-Cöthen, d'Anhalt-Dessau et d'Anhalt-Bernbourg, les principautés de Waldeck et Pyrmont, la principauté de Lippe et le grand-bailliage de Meisenheim du landgraviat de Hesse, qu'au nom des autres membres de l'association de douanes et de commerce allemande (*Zollverein*), savoir: la couronne de Bavière, la couronne de Saxe et la couronne de Würtemberg, tant pour elle que pour les principautés de Hohenzollern-Hechingen et de Hohenzollern-Sigmaringen; le grand-duché de Bade, l'électorat de Hesse, le grand-duché de Hesse, tant pour lui que pour le bailliage de Hombourg du landgraviat de Hesse; les états formant l'association de douanes et de commerce de Thuringe, savoir: le grand-duché de Saxe, les duchés de Saxe-Meiningen, de Saxe-Altenbourg et de Saxe-Cobourg et Gotha, les principautés de Schwarzbourg-Rudolstadt et de Schwarzbourg-Sondershausen, de Reuss-Greitz, de Reuss-Schleitz et de Reuss-Lobenstein et Ebersdorf; le duché de Brunswick, le duché de Nassau et la ville libre de Francfort d'une part, et S. M. le roi des Belges d'autre part, étant également animés du désir d'établir promptement entre le *Zollverein* et la Belgique un état de choses conforme à leurs intérêts commerciaux réciproques, et de constituer leurs relations de navigation et de commerce sur des bases durables qu'ils se réservent d'élargir par d'autres concessions mutuelles, sont convenus, dans ce but, d'entrer en négociations, et ont nommé pour leurs plénipotentiaires respectifs, savoir:

S. M. le roi de Prusse, le sieur Alexandre-Henri Baron d'Arnim, son chambellan, conseiller intime de légation et envoyé extraordinaire et ministre plénipotentiaire près S. M. le roi des Belges, chevalier de l'ordre de l'Aigle rouge de la deuxième classe, de Saint-Jean-de-Jérusalem et de la Croix de fer de Prusse, chevalier des ordres militaires de Sainte-Anne de la troisième classe et de Saint-Georges de la cinquième classe de Russie, commandeur des ordres du Lion de Zähringen de Bade, et de Louis de la Hesse grand-ducale;

S. M. le roi des Belges, le lieutenant-général comte Goblet d'Alviella, son aide-de-camp et ministre d'état et des affaires étrangères, inspecteur-général des fortifications et du corps du génie, membre de la chambre des représentants, officier de son ordre, grand-croix de l'ordre de la branche Ernestine de la maison de Saxe, chevalier grand-croix de l'ordre du Mérite civile de Saxe, grand - croix de l'ordre du duc Pierre-Frédéric-Louis d'Oldenbourg, commandeur de l'ordre de la Légion-d'Honneur, décoré de l'ordre de Sainte-Anne de Russie de la deuxième classe, décoré de la croix de troisième classe de l'ordre militaire de Guillaume.

Lesquels, après avoir échangé leurs pleins pouvoirs, et les avoir trouvés en bonne et due forme, sont convenus des articles suivants.

Art. I. Les navires appartenants à la Prusse ou à l'un des autres états du *Zollverein*, qui entreront sur lest ou chargés dans les ports de la Belgique ou qui en sortiront, et réciproquement les navires appartenants à la Belgique qui entreront sur lest ou chargés dans les ports de la Prusse ou dans l'un des ports des autres états du *Zollverein*, ou qui en sortiront, quel que soit le lieu de leur départ ou de leur destination, ne seront pas assujettis à des droits de tonnage, de pavillon, de port, de balisage, de pilotage, d'ancrage, de remorque, de fanal, d'écluse, de canaux, de quarantaine, de sauvetage, de courtage, d'entrepôt ou à d'autres droits ou charges, de quelque nature ou dénomination que ce soit, perçus au nom et au profit du gouvernement, de fonctionnaires publics, de communes ou d'établissements quelconques, que ceux qui sont actuellement ou pourront, par la suite, être imposés aux bâtiments nationaux à l'entrée et pendant leur séjour dans ces ports ou à leur sortie.

Art. II. En tout ce qui concerne le placement des navires, leur chargement et déchargement dans les ports, rades, hâvres et bassins, et généralement pour toutes formalités et dispositions quelconques auxquelles peuvent être soumis les navires de commerce, leur équipage et leur chargement, il est également convenu qu'il ne sera accordé aux navires nationaux aucun privilége ou faveur qui ne le soit également à ceux de l'autre partie, la volonté des deux hautes parties contractantes étant que, sous ce rapport aussi, leurs bâtiments soient traités sur le pied d'une parfaite égalité.

Art. III. Le remboursement par la Belgique du droit perçu sur la navigation de l'Escaut par le gouvernement des Pays-Bas, en vertu du paragraphe troisième de l'art. 9 du traité du 19 avril 1839, est garantie aux navires des états du Zollverein.

Art. IV. Tous les produits et autres objets de commerce dont l'importation ou l'exportation pourra légalement avoir lieu dans les états des hautes parties contractantes par navires nationaux, pourront également y être importés ou en être exportés par navires appartenants à l'autre partie contractante.

Les marchandises importées dans les ports du *Zollverein* et de la Belgique par des navires appartenants à l'une ou l'autre partie, pourront y être destinées à la consommation, au transit ou à la réexportation, ou enfin être mises en entrepôt au gré du propriétaire ou de ses ayants cause; le tout aux mêmes conditions et sans être assujetties à des droits de magasinage, de surveillance ou autres de cette nature plus forts que ceux auxquels sont soumises les marchandises apportées par navires nationaux.

Art. V. Les marchandises de toute espèce sans distinction d'origine importées directement des ports du *Zollverein* dans ceux de Belgique par navires appartenants à l'un des états du *Zollverein*, ainsi que celles qui seront importées directement des ports de Belgique dans ceux du *Zollverein* par navires belges, ne payeront dans les ports respectifs d'autres ni de plus forts droits d'entrée ou de sortie, et ne seront assujetties à d'autres formalités que si l'importation avait lieu par bâtiments nationaux.

Il en sera de même pour les marchandises de toute espèce exportées des ports de la Belgique par navires du *Zollverein*, ainsi que pour celles qui seront exportées des ports du *Zollverein* par navires belges pour quelque destination que ce soit.

Article séparé. Les cargaisons de navires du *Zollverein* importées en Belgique par navigation indirecte étant soumises à des droits différentiels, les navires belges qui importeront dans les ports du *Zollverein* des cargaisons prises dans un port n'appartenant ni au *Zollverein* ni à la Belgique payeront un droit extraordinaire de pavillon qui n'excédera pas la moitié du taux actuel de ce droit.

Cette stipulation restera en vigueur jusqu'au 1er janvier 1848, et au-delà de ce terme, pour toute la durée du présent traité, si audit terme l'une ou l'autre des hautes parties contractantes n'apporte point un changement général à son système de législation sur la navigation.

Dans ce dernier cas, les hautes parties contractantes s'entendront pour concilier la stipulation du paragraphe premier du

présent article avec les modifications qui pourraient être intro-
duites.

Aᴙᴛ. VI. Les produits du sol et de l'industrie du *Zollverein*
chargés dans les ports situés aux embouchures des fleuves depuis
l'Elbe jusqu'à la Meuse, y compris ces deux fleuves, sur bâtiments
du *Zollverein* et importés directement dans les ports belges,
seront traités dans ces derniers comme s'ils venaient directement
d'un port du *Zollverein*.

Par réciprocité, les produits du sol et de l'industrie de la Belgique, chargés dans les ports de la Meuse sur bâtiments belges et
importés directement dans les ports du *Zollverein*, seront traités
dans ces derniers comme s'ils venaient directement d'un port
belge.

De plus, les produits du sol et de l'industrie du *Zollverein* apportés sur bâtiments du *Zollverein* ou directement, ou des ports
assimilés aux ports du *Zollverein* et désignés au premier paragraphe, dans les ports assimilés aux ports belges et désignés au
second paragraphe, seront traités, lors de leur importation subséquente en Belgique, comme s'ils étaient importés directement
et sous pavillon du *Zollverein* dans un port belge; et de même
les produits du sol et de l'industrie de la Belgique apportés sur
bâtiments belges, ou directement, ou des ports assimilés de la
Meuse dans les ports assimilés depuis l'Elbe jusqu'à la Meuse,
seront traités, lors de leur importation subséquente dans le *Zollverein*, comme s'ils étaient importés directement et sous pavillon
belge dans un port du *Zollverein*.

Les deux hautes parties contractantes se réservent de déterminer, d'un commun accord, les preuves à fournir pour constater
l'origine des marchandises en tant que ces preuves seraient nécessaires.

Aᴙᴛ. VII. Les primes, restitutions du droit ou autres avantages
de ce genre qui sont ou qui pourraient être accordés dans les
états de l'une des deux hautes parties contractantes aux navires
nationaux ou à leurs cargaisons, seront également accordés soit
aux navires de l'autre partie, soit aux marchandises importées
directement d'un pays dans l'autre par navires de l'une ou de
l'autre partie, ou exportées pour quelque destination que ce soit.

Toutefois il est fait exception à ce qui précède et aux stipulations des articles premier et quatrième, en ce qui concerne les

avantages dont les produits de la pêche nationale et le commerce du sel sont ou pourraient être l'objet.

Art. VIII. Les sujets de chacune des deux parties contractantes se conformeront respectivement, en ce qui concerne l'exercice du cabotage, aux lois qui régissent actuellement ou qui pourront régir par la suite cette matière dans chacun des états des deux hautes parties contractantes.

Art. IX. Les navires du *Zollverein* entrant dans un des ports de la Belgique et les navires de la Belgique entrant dans un des ports du *Zollverein*, et qui n'y voudraient décharger qu'une partie de leur cargaison, pourront, toutefois en se conformant aux lois et règlements des états des deux hautes parties contractantes, conserver à leur bord la partie de la cargaison qui serait destinée pour un autre port soit du même pays, soit d'un autre, et la réexporter sans être astreints à payer, pour cette partie de la cargaison, aucuns droits de douane sauf ceux de surveillance.

Art. X. Les navires de l'une des deux hautes parties contractantes, entrant en relâche forcée dans l'un des ports de l'autre, n'y payeront, soit pour le navire, soit pour son chargement, que les droits auxquels les nationaux sont assujettis dans le même cas, pourvu que la nécessité de la relâche soit légalement constatée, que ces navires ne fassent aucune opération de commerce, et qu'ils ne séjournent pas dans le port plus longtemps que ne l'exige le motif qui a nécessité la relâche.

Art. XI. En cas d'échouement ou de naufrage d'un navire appartenant aux états de l'une des hautes parties contractantes sur les côtes de l'autre, il sera prêté toute aide et assistance au capitaine et à l'équipage tant pour leurs personnes que pour le navire et sa cargaison. Les opérations relatives au sauvetage auront lieu conformément aux lois du pays, et il ne sera payé de frais de sauvetage plus forts que ceux auxquels les nationaux seraient assujettis en pareil cas.

Les marchandises sauvées ne seront tenues au payement d'aucun droit, à moins qu'elles ne soient admises pour la consommation.

Art. XII. Les stipulations qui précèdent (articles premier, deuxième, quatrième, cinquième, sixième, septième et neuvième) s'appliquent à la navigation tant maritime que fluviale, de manière que, nommément par rapport aux droits de douane, aux droits de navigation, pesant soit sur les navires, soit sur les chargements, aux droits de patente ainsi qu'à tous autres droits ou charges de quelque nature ou dénomination que ce soit, les navires appartenants à l'autre partie contractante ne pourront être imposés de droits autres ou plus élevés que ceux dont sont frappés les navires nationaux.

ART. XIII. Les consuls respectifs pourront faire arrêter et renvoyer soit à bord soit dans leur pays, les matelots qui auraient déserté des bâtiments de leur nation. A cet effet, ils s'adresseront par écrit aux autorités locales compétentes, et justifieront, par l'exhibition en original ou en copie, dûment certifiée des registres du bâtiment ou du rôle d'équipage, ou par d'autres documents officiels, que les individus qu'ils réclament faisaient partie dudit équipage. Sur cette demande ainsi justifiée, la remise ne pourra leur être refusée. Il leur sera donné toute aide pour la recherche et l'arrestation desdits déserteurs, qui seront même détenus et gardés dans les maisons d'arrêt du pays à la réquisition et aux frais des consuls jusqu'à ce que ces agents aient trouvé une occasion de les faire partir. Si pourtant cette occasion ne se présentait pas dans un délai de trois mois à compter du jour de l'arrestation, les déserteurs seraient mis en liberté, et ne pourraient plus être arrêtés pour la même cause.

Il est entendu que les marins, sujets de l'autre partie, seront exceptés de la présente disposition [1].

ART. XIV. Si une des hautes parties contractantes accorde par la suite à un autre état quelque faveur particulière en fait de navigation, cette faveur deviendra commune à l'autre partie, qui en jouira gratuitement, si la concession est gratuite, ou en accordant la même compensation, si la concession est conditionnelle.

ART. XV. Seront considérés comme navires du *Zollverein* ou de la Belgique ceux qui seront reconnus tels dans les états auxquels ils appartiennent conformément aux lois et règlements en vigueur. Il est, toutefois, bien entendu que les commandants des navires de mer devront en prouver la nationalité par des lettres de mer expédiées dans les formes prescrites et munies de la signature des autorités compétentes du pays auquel le navire appar-

---

[1] Le contenu de cet article a été adopté, en 1845, par une déclaration réciproque entre le royaume de Prusse et le grand-duché d'Oldenbourg.

tient, et que, d'une part, les conducteurs ou patrons du Necker, du Mein, de la Moselle et du Rhin, et, d'autre part, les conducteurs ou patrons de la Meuse et de l'Escaut devront constater leur droit à la navigation de l'un desdits fleuves pour être admis à la navigation des fleuves appartenants à l'autre partie contractante.

Art. XVI. Il y aura pleine et entière liberté de commerce entre les sujets des deux hautes parties contractantes, en ce sens que les mêmes facilités, sécurité et protection dont jouissent les nationaux sont garanties des deux parts. En conséquence les sujets respectifs ne payeront point à raison de leur commerce ou de leur industrie dans les ports, villes ou lieux quelconques des deux hautes parties contractantes, soit qu'ils s'y établissent, soit qu'ils y résident temporairement, des droits, taxes ou impôts autres ou plus élevés que ceux qui se percevront sur les nationaux, et les priviléges, immunités et autres faveurs dont jouiront, en matière de commerce ou d'industrie, les sujets de l'une des deux hautes parties contractantes, seront communs à ceux de l'autre.

La patente dont sont passibles, dans les états des deux hautes parties contractantes, les voyageurs de commerce sera réduite, de part et d'autre, à un taux uniforme à fixer d'un commun accord.

Art. XVII. Le transit de marchandises venant de Belgique ou y allant, passant par les territoires ci-après désignés du *Zollverein*, sera soumis, au maximum, aux droits suivants :

1° Le droit de transit ne pourra excéder un demi-silbergros par quintal (*Zoll-Centner*) sur toutes les marchandises qui arrivent à Cologne par le chemin de fer belge-rhénan, et qui sont de là exportées du territoire du *Zollverein* par le Rhin, en amont ou en aval; *vice versa* toutes les marchandises qui, après être entrées par le Rhin sur le territoire du *Zollverein* par Emmerich et Neubourg, et être arrivées à Cologne par navires, sont de là exportées par Aix-la-Chapelle sur le chemin de fer belge-rhénan, ne peuvent être soumises à un droit plus élevé qu'un demi-silbergros par quintal.

2° Le droit de transit est réduit à un demi-silbergros par quintal à l'égard de toutes les routes partant de la frontière belge et traversant le territoire du *Zollverein* sur la rive gauche du Rhin, pour aboutir dans les ports du Rhin et *vice versa*.

3° Le droit de transit sera également réduit à un demi-silbergros par quintal à l'égard des routes qui vont de la Belgique en France, de Belgique dans les Pays-Bas et de Belgique en Belgique en traversant le territoire du *Zollverein.*

4° Le droit de transit est de même réduit à un demi-silbergros par quintal à l'égard des routes qui se dirigent de la Belgique par le territoire du *Zollverein,* et qui sortent par la frontière allemande depuis Saarebruck jusqu'à Mittenwald inclusivement, et *vice versa.*

5° Le droit de transit sera réduit à dix silbergros par quintal à l'égard des routes qui traversent le territoire du *Zollverein* pour sortir par la frontière, entre Mittenwald exclusivement et le Danube inclusivement.

Le droit de transit existant sur les objets suivants, savoir: les tissus de coton, les habillements neufs, les cuirs et ouvrages de cuir, les laines, les fils et tissus de laine, ne sera réduit, pour le moment, qu'à quinze silbergros par les routes désignées au tarif du *Zollverein,* troisième division, deuxième section.

Art. XVIII. La liberté du transit par la Belgique est maintenue, avec l'affranchissement de tout droit pour le transit par le chemin de fer belge, tant pour les marchandises venant des états du *Zollverein* que pour les marchandises y allant, aux termes des dispositions actuellement en vigueur.

L'exemption de droit dont jouissent en Belgique les draps, les casimirs et leurs similaires transitant par le chemin de fer, est étendue au transit de ces articles par toute autre voie.

Le droit de transit sur les ardoises provenant du *Zollverein,* entrant en Belgique par les bureaux de douane ouverts à cet effet, et sortant par les bureaux ouverts au transit de la frontière qui sépare le *Zollverein* de la Belgique, sera réduit à quinze centimes par cent francs de valeurs ou à vingt-cinq centimes les cent kilogrammes au choix de l'intéressé.

Le transit des écorces à tan du grand-duché du Luxembourg vers les états du *Zollverein* par la Belgique, sera exempt de tout droit par les bureaux à désigner de commun accord.

Art. XIX. Les fers d'origine belge entrant dans les états du *Zollverein* par la frontière de terre entre les deux pays seront admis, savoir:

1° Les fers désignés sub littera *a* au tarif du *Zollverein* (fers bruts, fontes, etc.) avec réduction de cinquante pour cent du droit général de dix silbergros introduit à partir du 1er septembre 1844.

2° Les fers désignés sub littera *b* de ce tarif, au droit d'un thaler sept silbergros et demi par quintal (*Centner*), c'est-à-dire avec cinquante pour cent de réduction sur l'augmentation des droits établis à partir du 1er septembre 1844.

3° Les autres espèces de fers façonnés, ouvragés ou non, ouvrages de fer de toute espèce compris dans les catégories suivantes du même tarif, aux droits généraux fixés par ce tarif.

Il est entendu que, si les droits d'entrée sur les diverses catégories de fer et d'ouvrages de fer venaient à être augmentés, cette augmentation, pendant la durée du présent traité, ne pourra s'étendre aux articles venant de Belgique, et que si, au contraire, les droits venaient à être réduits, cette réduction s'appliquera auxdits articles, de manière à conserver aux produits belges le même avantage sur les fers de la première et de la deuxième catégorie, et l'égalité de condition d'importation pour les fers ouvrés ou non des autres catégories.

Cependant, si par des réductions du tarif du *Zollverein* il arrivait que l'avantage de cinq silbergros quant à la catégorie *a*, et de sept silbergros et demi quant à la catégorie *b*, ne fût plus réalisable qu'en descendant, en faveur des espèces de fers belges désignées ci-dessus, au dessous du tarif général antérieur au 1er septembre 1844, alors les deux hautes parties contractantes s'entendraient sur les compensations à accorder à la Belgique à l'époque de l'application des réductions.

Art. XX. Les droits de sortie sur les laines, en vigueur dans le *Zollverein,* seront réduits de moitié pour les laines en destination de la Belgique.

Art. XXI. Le droit d'entrée existant dans le *Zollverein* sur les fromages d'origine belge sera réduit de cinquante pour cent.

Un nombre de quinze mille moutons venant de Belgique sera admis, chaque année, dans le *Zollverein,* avec exemption de tout droit, par les bureaux à désigner ultérieurement.

Art. XXII. Le droit de douane sur l'importation des vins originaires du *Zollverein,* tant par terre que par mer, sera réduit à cinquante centimes par hectolitre pour les vins en cercles, et à deux francs par hectolitre pour les vins en bouteilles; de plus, le droit d'accise maintenant existant sur les mêmes vins sera réduit de vingt-cinq pour cent.

Le droit actuel d'entrée existant en Belgique sur les tissus de soie originaires du *Zollverein*, sera réduit de vingt pour cent pour les tissus de soie originaires du *Zollverein*.

Pendant la durée du présent traité, les droits de douane et d'accise, ainsi réduits, ne pourront être augmentés, et il est entendu que les vins et les tissus de soie de toute autre origine que ceux provenant du *Zollverein*, ne pourront être soumis en Belgique à des droits quelconques plus favorables que ceux appliqués respectivement aux vins et aux tissus de soie originaires du *Zollverein*.

Art. XXIII. La sortie de Belgique des écorces à tan par les bureaux de Jalhay, de Petit-Heer et de Francorchamps aura lieu au droit de six pour cent *ad valorem*.

Art. XXIV. Les ouvrages dits de Nuremberg, compris au tarif des douanes belges dans la catégorie des merceries, seront classés séparément dans un tarif au droit de cinq pour cent *ad valorem*.

Le droit d'entrée en Belgique sur les ouvrages de mode originaires du *Zollverein* sera rétabli au taux de dix pour cent *ad valorem*, tel qu'il résultait du tarif belge avant l'arrêté du 14 juillet 1843.

Les outils et instruments de fer et d'acier originaires du *Zollverein* ne pourront être soumis à l'entrée en Belgique à des droits excédant les droits actuels.

Il en sera de même en ce qui concerne les tissus de coton de toute espèce de même origine.

L'eau minérale provenant du *Zollverein* est exempte de droits à l'entrée en Belgique.

Art. XXV. La Belgique continuera d'admettre au droit de cinq centimes par cent kilogrammes, des fils de Westphalie ou de Brunswick jusqu'à concurrence d'une quantité de deux cent cinquante mille kilogrammes par année.

Art. XXVI. La loi du 6 juin 1839 concernant des relations commerciales de la Belgique avec le grand-duché de Luxembourg est maintenue.

Art. XXVII. Dans le but de favoriser les relations de commerce et les opérations de transit entre les états des deux hautes parties contractantes, celles-ci se promettent réciproquement de rendre aussi faciles, aussi promptes et aussi économiques que possible, les communications par leur frontière de terre; si des mesures de précaution sont jugées de part et d'autre nécessaires pour prévenir ou réprimer les abus, elles seront combinées de telle sorte qu'elles ne puissent préjudicier aux facilités, à la promptitude ni à l'économie des transports de l'un vers l'autre territoire des deux hautes parties contractantes.

Art. XXVIII. Les deux hautes parties contractantes se réservent de régler ultérieurement, par une convention à conclure à cet effet, les dispositions à prendre, de commun accord, pour réprimer la fraude en matière de douane, sur la frontière qui sépare le *Zollverein* de la Belgique.

Le gouvernement belge s'engage à user dès à présent des facultés que lui donnent les articles 178 et suivants de la loi générale du 26 août 1822, et les articles 13 et suivants de la loi du 6 avril 1843, entre autres en ce qui concerne la suppression des dépôts et magasins mentionnés dans les lois précitées. Par réciprocité, le gouvernement prussien s'engage à user des moyens analogues pour réprimer la fraude exercée au détriment de la Belgique sur la frontière germano-belge.

Art. XXIX. Sera considéré comme partie contractante au présent traité tout état de l'Allemagne qui fera son accession au *Zollverein*.

Art. XXX. Le présent traité sera ratifié, et les ratifications en seront échangées à Bruxelles dans le délai de cinquante jours, ou plus tôt si faire se peut.

Le gouvernement belge s'engage à user des pouvoirs qu'il possède dès à présent pour mettre à exécution, dans les dix jours de la signature du traité, les dispositions des articles premier, troisième et vingt-deuxième.

Le traité aura force et vigueur pendant six années à dater du 1er janvier 1843; néanmoins les deux hautes parties contractantes pourront d'un commun accord le mettre à exécution avant cette époque.

Dans le cas où six mois avant l'expiration des six années ci-dessus fixées, ni l'une ni l'autre des hautes parties contractantes n'annonce par déclaration officielle son intention d'en faire cesser les effets, le traité restera en vigueur pendant un an au delà de ce terme, et ainsi de suite d'année en année.

En foi de quoi les plénipotentiaires respectifs ont signé le présent traité, et y ont apposé le cachet de leurs armes.

Fait en double à Bruxelles, le premier jour du mois de septembre de l'an de grâce mil huit cent quarante-quatre.

(L. S.) (Signé) ARNIM.   (L. S.) (Signé) GOBLET.

ÉTATS DU ZOLLVEREIN ET SARDAIGNE.

Traité de commerce et de navigation entre les états de l'association de douanes et de commerce allemande, d'une part, et la Sardaigne, d'autre part, du 23 juin 1845.

S. M. le roi de Prusse, agissant tant en son nom et pour les autres pays et parties de pays souverains, compris dans son système de douanes et d'impôts, savoir: le grand-duché de Luxembourg, les enclaves du grand-duché de Mecklenbourg (Rossow, Netzeband et Schœnberg), la principauté du Birkenfeld du grand-duché d'Oldenbourg, les duchés d'Anhalt-Coethen, d'Anhalt-Dessau et d'Anhalt-Bernbourg, les principautés de Waldeck et Pyrmont, la principauté de Lippe et le grand-bailliage de Meisenheim du landgraviat de Hesse, qu'au nom des autres membres de l'association de douanes et de commerce allemande (*Zollverein*), savoir: la couronne de Bavière, la couronne de Saxe et la couronne de Wurtemberg, tant pour elle que pour les principautés de Hohenzollern-Hechingen et de Hohenzollern-Sigmaringen, le grand-duché de Bade, l'électorat de Hesse, le grand-duché de Hesse, tant pour lui que pour le bailliage de Hombourg du landgraviat de Hesse; les états formant l'association de douanes et de commerce de Thuringe, savoir: le grand-duché de Saxe, les duchés de Saxe-Meiningen, de Saxe-Altenbourg, et de Saxe-Cobourg et Gotha, les principautés de Schwarzbourg-Rudolstadt, et de Schwarzbourg-Sondershausen, de Reuss-Greitz, de Reuss-Schleitz et de Reuss-Lobenstein et Ebersdorf, le duché de Brunswick, le duché de Nassau et la ville libre de Francfort d'une part, et S. M. le roi de Sardaigne d'autre part; animés du désir de consolider et d'étendre les relations commerciales entre l'association de douanes et de commerce allemande et les états sardes, et convaincus qu'un des moyens les plus propres à réaliser ce vœu, est de conclure un traité de navigation et de commerce, basé sur le principe d'une parfaite réciprocité, ont nommé à cet effet des plénipotentiaires, savoir:

S. M. le roi de Prusse: le sieur Henri-Ulric-Guillaume baron de Bülow, son ministre d'état, du cabinet et des affaires étrangères, grand-croix de l'ordre de l'Aigle rouge de Prusse, de ceux de Léopold d'Autriche et de la Couronne de Bavière, grand-croix de l'ordre royal des Guelphes de Hanovre et de celui du Lion d'or de la Hesse électorale, grand-croix de l'ordre de Louis de la Hesse grand-ducale et de celui du Faucon blanc de la Saxe grand-ducal, chevalier des ordres de St.-Alexandre-Newsky, de Ste.-Anne de la première classe, de St.-Stanislas de la second classe et de St.-Wladimir de la quatrième classe de Russie, grand-croix de l'ordre royal de Notre-Dame de la Conception de Villa-Viçosa de Portugal, de ceux du Lion néerlandais et de Léopold de Belgique, décoré du grand-ordre du Nichani-Iftihar; et S. M. le roi de Sardaigne: le comte Charles Rossi, commandeur de son ordre religieux et militaire de Saint-Maurice et de Saint-Lazare, colonel de cavalerie dans ses armées, son envoyé extraordinaire et ministre plénipotentiaire près S. M. le roi de Prusse.

Lesquels, après avoir échangé leurs pleins pouvoirs, trouvés en bonne et due forme, sont convenus des articles suivants:

ART. I. Les navires appartenants à la Prusse ou à l'un des autres états de l'association de douanes et de commerce allemande (*Zollverein*), qui entreront sur leur lest ou chargés dans les ports du royaume de Sardaigne ou qui en sortiront, et réciproquement les bâtiments sardes qui entreront sur leur lest ou chargés dans les ports du royaume de Prusse ou dans l'un des ports des autres états de ladite association ou qui en sortiront, y seront traités, quel que soit le lieu de leur départ ou celui de leur destination, à leur entrée, pendant leur séjour et à leur sortie, sur le même pied que les navires nationaux venant du même lieu ou partant pour la même destination, par rapport aux droits de port, de tonnage, de fanaux, de pilotage, de balisage, d'ancrage, de quai, de quarantaine, d'expédition, et généralement par rapport à tous les droits et charges, de quelque nature ou dénomination que ce soit, qui affectent le navire, soit que ces droits soient perçus au nom ou au profit du gouvernement, soit qu'ils le soient au nom ou au profit de fonctionnaires publics, de communes ou d'établissements quelconques.

Art. II. Tous les produits et autres objets de commerce, dont l'importation ou l'exportation pourra légalement avoir lieu dans les états des hautes parties contractantes par navires nationaux, pourront aussi y être importés ou en être exportés par navires appartenants à l'autre état.

Art. III. Les marchandises de toute espèce, sans distinction d'origine, importées de quelque pays que ce soit par bâtiments prussiens ou ceux d'un autre état de l'association de douanes et de commerce allemande dans les ports de la Sardaigne, ou par bâtiments sardes dans ceux de la Prusse ou d'un autre état de ladite association, de même les marchandises exportées pour quelque destination que ce soit des ports de la Sardaigne par bâtiments des états du *Zollverein* ou des ports du *Zollverein* par bâtiments sardes, ne payeront dans les ports respectifs d'autres droits ou des droits plus élevés que si l'importation ou l'exportation des mêmes objets avait lieu par bâtiments nationaux.

Les primes, remboursements de droits ou autres avantages de ce genre, accordés dans les états de l'une des deux hautes parties contractantes à l'importation ou à l'exportation par bâtiments nationaux, seront également accordés lorsque l'importation ou l'exportation se fera par des bâtiments de l'autre état.

Art. IV. Les articles précédents ne sont pas applicables au cabotage, c'est-à-dire au transport de produits ou marchandises chargés dans un port avec destination pour un autre port du même territoire, en autant que d'après les lois du pays ce transport est réservé exclusivement à la navigation nationale.

Art. V. Le gouvernement sarde se trouvant empêché encore par des motifs particuliers de supprimer dès à présent les droits différentiels qu'il fait percevoir aujourd'hui sur les blés, l'huile d'olive et le vin, importés directement des ports de la mer Noire, de la mer Adriatique et de la Méditerranée jusqu'au cap Trafalgar sous pavillon étranger, on est convenu que par exception à l'art. III précédent, ces droits différentiels pourront continuer aussi à l'égard des navires du *Zollverein* jusqu'à la fin de l'année 1847.

Si pourtant le gouvernement sarde n'était pas en mesure alors de faire cesser lesdits droits différentiels, les états du *Zollverein*

auront la pleine faculté d'établir, à partir du 20 décembre 1847
— époque à laquelle la Danemark, d'après son traité de commerce avec la Sardaigne du 14 août 1843, acquiert le même
droit, — au détriment du pavillon sarde, des droits différentiels
équivalents sur les mêmes articles importés des mêmes ports.
Ces droits différentiels cesseront cependant d'être perçus, dès que
les états du *Zollverein* auront été informés d'office de la cessation
des droits différentiels sardes.

ART. VI. Dans tout ce qui concerne le placement des navires,
leur chargement et leur déchargement dans les ports et rades des
états des deux hautes parties contractantes, il ne sera accordé
aucun avantage ni aucune préférence aux navires nationaux qui
ne le soit également à ceux de l'autre état.

ART. VII. L'intention des hautes parties contractantes étant de
n'admettre aucune distinction entre les navires de leurs états respectifs en raison de leur nationalité, en ce qui concerne l'achat
de produits ou d'autres objets de commerce importés dans ces
navires, il ne sera donné à cet égard, ni directement ni indirectement, ni par l'une ou l'autre des deux hautes parties contractantes, ni par quelque compagnie, corporation ou agent, agissant
en leurs noms ou sous leur autorité, aucune priorité ou préférence
aux importations par navires indigènes.

ART. VIII. Les navires de l'une des deux hautes parties contractantes entrant dans un des ports de l'autre, et qui n'y voudraient décharger qu'une partie de leur cargaison, pourront, de
même que les navires nationaux, en se conformant toutefois aux
lois et règlements du pays, conserver à leur bord la partie de la
cargaison qui serait destinée pour un autre port, soit du même
pays, soit d'un autre, et la réexporter, sans être astreints à payer
pour cette partie de la cargaison aucuns droits de douane, sauf
ceux de surveillance.

ART. IX. Les navires appartenants à l'un des états du *Zollverein*
ou ceux de la Sardaigne, qui entrent en relâche forcée dans un
des ports des hautes parties contractantes, n'y payeront, soit pour
le navire, soit pour son chargement, que les droits auxquels les
nationaux sont assujettis dans le même cas, et y jouiront des
mêmes faveurs et immunités, pourvu que la nécessité de la relâche soit légalement constatée, que ces navires ne fassent aucune
opération de commerce et qu'ils ne séjournent dans le port plus

longtemps que ne l'exige le motif qui a nécessité la relâche. Les déchargements et rechargements, motivés par le besoin de réparer les bâtiments, ne seront point considérés comme opération de commerce.

Art. X. En cas d'échouement ou de naufrage d'un navire appartenant aux états de l'une des hautes parties contractantes sur les côtes de l'autre, il sera prêté toute aide et assistance au capitaine et à l'équipage, tant pour leurs personnes que pour le navire et sa cargaison. Les opérations relatives au sauvetage auront lieu conformément aux lois du pays. Tout ce qui aura été sauvé du bâtiment et de la cargaison, ou le produit de ces objets, s'ils ont été vendus, sera restitué aux propriétaires ou à leurs ayants cause, et il ne sera payé de frais de sauvetage plus forts que ceux auxquels les nationaux seraient assujettis en pareils cas.

Les marchandises sauvées ne seront tenues au payement d'aucun droit, à moins qu'elles ne soient admises pour la consommation.

Art. XI. Il ne sera imposé d'autres ni de plus forts droits sur l'importation dans les états sardes des articles provenant du sol ou de l'industrie des états appartenants au *Zollverein,* et il ne sera imposé d'autres ni de plus forts droits sur l'importation des articles provenant du sol ou de l'industrie des états sardes dans les états appartenants au *Zollverein,* que ceux qui sont ou seront imposés sur les mêmes articles provenant du sol ou de l'industrie de tout autre pays étranger.

Le même principe sera observé à l'égard des droits de sortie.

Les hautes parties contractantes s'engagent à ne point frapper de prohibition, soit l'importation d'aucun article provenant du sol ou de l'industrie des états de l'autre, soit l'exportation d'aucun article de commerce vers les états de l'autre partie contractante, à moins que les mêmes prohibitions ne s'étendent également à tous les états étrangers.

Il est entendu cependant que dans le cas où l'une des hautes parties contractantes aurait accordé ou accorderait à un autre état des diminutions soit de droits d'entrée sur ses produits du sol ou de l'industrie, soit de droits de sortie sur ses exportations, à la suite d'un traité de commerce ou d'une convention spéciale et en compensation de diminutions de droits ou d'autres faveurs, accordés par cet autre état, l'autre des deux hautes parties contractantes ne pourra demander les mêmes avantages qu'en offrant des équivalents, qui feront l'objet d'un arrangement particulier.

Art. XII. Si par la suite l'une des hautes parties contractantes accordait quelque autre faveur spéciale à d'autres nations en fait de commerce ou de navigation, cette faveur deviendra aussitôt commune au commerce ou à la navigation de l'autre partie contractante, qui en jouira gratuitement, si la concession est gratuite, ou en accordant la même compensation ou une compensation équivalente, si la concession est conditionnelle.

Art. XIII. Vu l'éloignement des pays respectifs des deux hautes parties contractantes et l'incertitude qui en résulte sur les divers événements qui peuvent avoir lieu, il est convenu qu'un bâtiment marchand appartenant à l'une d'elles, qui se trouverait destiné pour un port supposé bloqué au moment du départ de ce bâtiment, ne sera cependant pas capturé ou condamné pour avoir essayé une première fois d'entrer dans ledit port, à moins qu'il ne puisse être prouvé que ledit bâtiment avait pu et dû apprendre en route que l'état de blocus de la place en question durait encore. Mais les bâtiments qui, après avoir été renvoyés une fois, essayeraient une seconde fois pendant le même voyage d'entrer dans le même port durant la continuation de ce blocus, se trouveront alors sujets à être détenus et condamnés.

Art. XIV. Les bâtiments des états du *Zollverein* et ceux de la Sardaigne ne pourront profiter des immunités et avantages que leur accorde la présente convention qu'en tant qu'ils se trouvent munis des papiers et certificats exigés par les règlements existants dans les pays respectifs pour constater leur port et leur nationalité.

Les hautes parties contractantes se réservent d'échanger une énumération claire et précise des papiers et documents dont les états respectifs exigent que leurs navires soient munis. Si après cet échange, qui aura lieu au plus tard trois mois après l'échange des ratifications du présent traité, l'un des états intéressés se trouvait dans le cas de changer ou de modifier ses ordonnances à cet égard, il en sera fait à l'autre une communication officielle.

Art. XV. Les deux hautes parties contractantes, pour favoriser le commerce de transit entre leurs états respectifs, se promettent mutuellement, quant à l'expédition des produits du *Zollverein* en transit par les états sardes et des produits sardes en transit par les états du *Zollverein*, d'accorder toutes les facilités compatibles avec les intérêts de la douane.

Art. XVI. Les hautes parties contractantes s'accordent réciproquement le droit de nommer dans les ports et places de commerce de l'autre des consuls, vice-consuls et agents commerciaux, se réservant toutefois de n'en pas admettre dans tels lieux qu'elles jugeront convenable d'en excepter généralement. Ces consuls, vice-consuls et agents jouiront des mêmes priviléges, pouvoirs et exemptions, dont jouissent ceux des nations les plus favorisées: mais dans le cas où ils voudraient exercer le commerce, ils seront tenus de se soumettre aux mêmes lois et usages, auxquels sont soumis dans le même lieu, par rapport à leurs transactions commerciales, les particuliers de leur nation.

Art. XVII. Les consuls respectifs pourront faire arrêter et renvoyer, soit à bord, soit dans leur pays, les matelots qui auraient déserté des bâtiments de leur nation. A cet effet ils s'adresseront par écrit aux autorités locales compétentes, et justifieront par l'exhibition en original ou en copie dûment certifiée des registres du bâtiment ou du rôle d'équipage, ou par d'autres documents officiels, que les individus qu'ils réclament faisaient partie dudit équipage. Sur cette demande, ainsi justifiée, la remise ne pourra leur être refusée. Il leur sera donné toute aide pour la recherche et l'arrestation desdits déserteurs, qui seront même détenus et gardés dans les prisons du pays à la réquisition et aux frais des consuls, jusqu'à ce que ces agents aient trouvé une occasion de les faire partir. Si pourtant cette occasion ne se présentait pas dans un délai de trois mois à compter du jour de l'arrestation, les déserteurs seraient mis en liberté et ne pourraient plus être arrêtés pour la même cause. Il est convenu que les marins sujets de l'autre état seront exceptés de la présente disposition.

Art. XVIII. Les gouvernements des états du *Zollverein* consentent, d'après le vœu du gouvernement sarde, à étendre toutes les stipulations du présent traité à la principauté souveraine de Monaco, placée sous le protectorat de S. M. le roi de Sardaigne, à charge de réciprocité de la part de ladite principauté.

Art. XIX. Sera considéré comme partie contractante du présent traité tout état de l'Allemagne qui accédera à l'association de commerce et de douanes allemande.

Art. XX. Le présent traité restera en vigueur jusqu'au 1er janvier 1852, et si six mois avant l'expiration de ce terme ni l'une ni l'autre des hautes parties contractantes n'a pas annoncé par une déclaration officielle son intention d'en faire cesser l'effet, il continuera à être obligatoire jusqu'au 1er janvier 1858. A partir du 1er janvier 1858, il ne cessera d'être en vigueur que douze mois après que l'une des hautes parties contractantes aura déclaré à l'autre son intention de ne plus vouloir le maintenir.

Art. XXI. Les ratifications du présent traité seront échangées à Berlin dans l'espace de deux mois à compter du jour de la signature, ou plus tôt si faire se peut.

En foi de quoi les plénipotentiaires respectifs l'ont signé et y ont apposé le cachet de leurs armes.

Fait à Berlin, ce 23 juin 1845.

(L. S.) BÜLOW.   (L. S.) ROSSI.

LISTE

DES CONSULS GÉNÉRAUX, CONSULS, VICE-CONSULS ET AGENTS DE COMMERCE QU'ONT LES ÉTATS DU ZOLLVEREIN A L'ÉTRANGER.

ABRÉVIATIONS.

Consul général : C. gén. — Consul et consul de commerce : C. et C. de com. — Vice-consul : V. C. — Agent de commerce : Ag. de com. — Mandataire consulaire : Mand. cons.

ARGENTINA
ou
PROVINCES-UNIES DU RIO-DE-LA-PLATA.

Buénos-Ayres.　Bavière. — Jean-Jacob Glück, Ag. de com.
　　　　　　　Francfort. — François Mohr, Ag. de com.
　　　　　　　Prusse. — Jos.-François Mohr, C.

AUTRICHE.

Bolzano (Botzen). Bavière. — Jean Putzer de Reibegg, C.
Fioum (Fiume).　Bavière. — Al. Cornet, C.
Trieste.　　　　Bade. — Hermann Lutteroth, C. de com.
　　　　　　　Bavière. — George Gwinner, C.
　　　　　　　Francfort. — Joseph-Antoine Brentano, C.
　　　　　　　Hesse grand-ducale. — Adolphe Böckmann, C.
　　　　　　　Prusse. — Herrmann Lutteroth, C.
　　　　　　　Saxe royale. — Le conseiller de la chambre Jean-Guillaume Sartorio, C.
　　　　　　　Wurtemberg. — de Kern, C.
Venise.　　　　Bavière. — (Vacat.)
　　　　　　　Prusse. — J. Treves, C.

16

VIENNE.

Bavière. — Richard-Adolphe de Gretzmiller, C.
Prusse. — Maurice Goldschmidt, Ag. de com.
Saxe royale. — L.-H. de Coith, C.
Wurtemberg. — Simon Biedermann, C.

BADE.

CARLSRUHE.

Bavière. — Henri Rosenfeld, C.
Wurtemberg. — M. de Haber, C.

MANHEIM.

Bavière. — Fréd.-Louis Bassermann, C.

BAVIÈRE.

MUNICH.

Saxe - Weimar. — Herrmann - Leonhard de Kraft, C.
Wurtemberg. — de Hirsch, C.

BELGIQUE.

ANVERS.

Bade. — Edouard Weber, C. de com.
Bavière. — Clem. Coomans, C.
Francfort. — George Born, C.
Hesse grand-ducale. — Henri Serigiers, C.
Prusse. — Max Philipsborn, Conseiller de légation et C. gén.
Prusse. — Adrien Saportas, C.

BRUXELLES.

Prusse. — Edouard Woeste, C.
Saxe royale. — C.-G. Rahlenbeck, C. gén.
Saxe - Weimar. — J.-H.-C.-W. Rahlenbeck, C. gén.

GAND.

Prusse. — Jean Pauli, C.

OSTENDE.

Bade. — Auguste d'Iseghem, C. de com.
Prusse. — Guillaume-Ad. Bach, C.
Francfort. — Auguste-C. d'Iseghem, C.
Hesse grand-ducale. — Auguste d'Iseghem, C.

BRÊME
VILLE LIBRE ET ANSÉATIQUE.

BRÊME.

Bade. — Jean-Fréd. Sauer, C. de com.
Bavière. — Théod. Lürmann j., C. gén.

Brême.	Brunswick. — G.-A. Bechtel, C.
	Hesse électorale. — H.-W.-L. Oelrichs, le cadet. C. gén.
	Hesse grand-ducale. — Jean-Fréd. Sauer, C.
	Prusse. — Fr.-Ad. Delius, C., comme aussi pour la rive gauche du Véser appartenante au grand-duché d'Oldenbourg.
	Saxe royale. — Henri Leupold, C.
	Saxe-Weimar. — Charles-B. Ulrichs, C.
	Saxe-Meiningen. — Charles-B. Ulrichs, C.
	Wurtemberg. — Fréd.-Gerhard Migault, C.
Bremerhafen.	Prusse. — J.-G. Claassen j., Mand. cons.
Vegesack.	Prusse. — Jean Lange, Mand. cons.

BRÉSIL.

Bahia.	Bavière. — Joachim-Jorge Monteiro, V. C.
	Prusse. — Pierre-Herrmann Berndes, C.
Pernambuco.	Prusse. — José-Diego da Silva, V. C.
Porto-Alegre.	Bavière. — Francisco-Dios Moreiro, V. C.
Rio-Grande de San-Pedro.	Bavière. — Ant. Fereira Cardozo, V. C.
Rio-Janeiro.	Bade. — Edouard Lämmert, C. de com.
	Bavière. — J.-H.-Chr. Ten-Brink, C. gén. au Brésil.
	Prusse. — Leo Theremin, C. chargé ad intérim de l'administration du consulat général pour le Brésil.
Santos.	Prusse. — Th. Wille, V. C.

CHILI.

| Valparaiso. | Francfort. — Ph.-Bernh.-Ed. Beyerbach, C. |

DANEMARK.

Aalborg.	Prusse. — P. Wübroe, V. C.
Altona.	Bavière. — (Voyez Hambourg.)
	Prusse. — Jean-Fréd. Wiechers, V. C.
Bornholm (Ile de).	Prusse. — P. Siemsen à Svaneke, C.

Copenhague.	Bavière. — Fréd. Gottschalk, C. gén.
	Prusse. — Tutein aîné, C. gén.
	— — Ferd. Tutein jeune, V. C.
Elseneur.	— — Charles Prytz, C.
Flensbourg.	— — Caspar Andressen, C.
Frédéricshaven.	— — Le conseiller de commerce Pierre-Jules Kall, C.
Gluckstadt.	Prusse. — H.-C. Höger, V. C.
Kiel.	— — Jean-Henri Hoge, C.
Rendsbourg.	— — Pierre-Fréd. Nissen, C.
Svaneke.	— — (Voyez Bornholm.)
Thistedt (Jutland).	— — P. Nisson, C.
Toenningen et Frédericsstadt.	Prusse. — C.-M. Léxow, C.
Wyck (île de Föhr).	Prusse. — N.-F. Nommensen, C.

DEUX-SICILES.

Girgenti.	Bavière. — Raphael Politi, Ag. de com.
	Prusse. — Gaetano Carrano, V. C.
Licata.	Prusse. — Francesco Morello, V. C.
Messina.	Bavière. — George Kilian, Ag. de com.
	Prusse. — W. Jäger, C.
Naples.	Bade. — Edouard Scholl, Agent.
	Bavière. — Joseph-Emanuel Belloti, Ag. gén.
	Francfort. — Fréd.-Alex. Muck, Ag. de com.
	Prusse. — Charles Zehelein, C.
	Saxe royale. — Le conseiller int. de finances Charles Just, Ag. gén. de com.
	Wurtemberg. — Löffler, Agent.
Palerme.	Prusse. — F.-W. Wedekind, C.
Trapani.	Prusse. — Francesco di San-Malato, V. C.

ESPAGNE.

Alicante.	Prusse. — (*Vacat.*)
Barcelonne.	— — (*Vacat.*)
Bilbao.	— — Jean Amann, Ag. de com.
Cadix.	— — Ludolphe-Chr. Uhthoff, C.
Corunna.	— — François Barrié, C.

LA HAVANE (île de Cuba). Prusse. — César Vernet, C.
MALAGA.   Prusse. — H. Roose, C. gén. pour le royaume
                        de Grenade.
PUERTO DE SANTA-MARIA. Prusse. — Lameyer, V. C.
SÉVILLE.   Prusse. — Antoine Merry, C.
VALENCE.   Prusse. — Jean Peratoner, V. C.

ÉTATS ROMAINS.

ANCONE.   Bavière. — Jacob Baluffi, C.
                      Prusse. — Leonhard Maggi, C. pour les ports
                        romains à la Mer Adriatique.
CIVITA-VECCHIA.   Bavière. — François Flaminj, C.
                      Prusse. — Pietro de Filippi, C.
ROME.   —   — A. Marstaller, C.
                      Wurtemberg. — Charles de Kolb, C.

ÉTATS-UNIS DE L'AMÉRIQUE DU NORD.

BALTIMORE.   Prusse. — Ferdinand-Louis Brauns, C.
                      Saxe royale. — Fréd.-Louis Brauns, C.
                      Wurtemberg. — Ferdinand-Louis Brauns, C. gén.
BOSTON.   Prusse. — (Vacat.)
CHARLESTON (S. C.)   —   — Louis Trapmann, C.
ST.-LOUIS.   —   — E.-C. Angelrodt, C.
NOUVELLE-ORLÉANS (la). Bade. — Henry Eimer, V. C.
                      Prusse. — W. Vogel, C.
                      Saxe royale. — Jean-Fréd.-Chr. Vles, C.
                      Wurtemberg. — Jean - D. Fink , C. pour la
                        Louisiane, la Floride, l'Alabama et Mississipi.
NEW-YORK.   Bade. — Jean-Guillaume Schmidt, C. gén.
                      Bavière. — George-Henri Siemon, C. de com.
                      Brunswick. — Jean-Daniel Kleudgen, C. gén.
                      Francfort. — Fr. Wissmann, C.
                      Hesse électorale. — Conrad - Guillaume Fa-
                        ber, C.
                      Hesse grand-ducale. — Antoine Bollermann, C.
                      Nassau. — W.-A. Kobbe, C.

NEW-YORK.   Prusse. — Jean-Guillaume Schmidt, C. gén.
dans les États-Unis.
Saxe royale. — J.-V. Schmidt, C.
Saxe-Weimar. — Edouard Stucken, C.
Saxe-Altenbourg. — K.-E.-L. Hinrichs, C.
PHILADELPHIA. Bavière. — Clamor-Fréd. Hagedorn, C.
Francfort. — Arnold Hallbach, C.
Prusse. — Jean-C. Lang, C.
Wurtemberg. — Fréd. Klett, C.

FRANCE.

ALGER.   Francfort. — Charles-Émile Doer, C.
Hesse grand-ducale. — Hans-Chrét. Hoskiar, C.
Prusse. — Hans-Chrét. Hoskiar, C.
BAYONNE.   Bavière. — Joseph Bonnat, C.
BORDEAUX.   Bade. — Pierre-Paul Clossmann, C. de com.
Bavière. — J.-H. Baron de Sulzer-Warth, C.
Brunswick. — Fréd. Klipsch, C.
Hesse grand-ducale. — Alfred de Luze, C.
Prusse. — J. Michaelsen, C.
Saxe royale. — Théophile Albrecht, C.
Saxe-Weimar. — Charles-Christophe Klipsch, C.
BOULOGNE s/m. Prusse. — Chauveau-Sire, V. C.
BREST.   —   — Bazil jeune, V. C.
CALAIS.   —   — Henri Dupont, V. C.
CETTE et MONTPELLIER. Bavière. — George-Auguste Lichten-
stein, C.
Prusse. — George-Auguste Lichtenstein, C.
CETTE.   —   — L. Cazalis-Garonne, V. C.
CHERBOURG.   —   — Eugène Liais, V. C.
DUNKERQUE.   —   — Constant Bourdon, C.
FÉCAMP.   —   — Aug. Le Borgne, Mand. cons.
GRANDVILLE.   —   — Ernest de Mangnonnet, Mand. cons.
HAVRE-DE-GRACE. Bade. — Jean-C.-Fr. Werner, C. de com.
Bavière. — Henri Meinel, C.
Hesse grand-ducal. — Gottlieb Rosenlecher, C.
Prusse. — Jean-C.-Fr. Werner, C.
HONFLEUR.   —   — Jean-Fréd. Theis, Mand. cons.

Île d'Oléron.	Prusse. — P. Disdier, V, C.
Lorient.	— — J. Rotinat, Mand. cons.
Marennes.	— — Desiré Charron, Mand. cons.
Marseille.	Bade. — Adolphe Denis (résidence aux îles d'Hyères), C. de com.
	Bavière. — Henri Usslaub, C.
	Hesse grand-ducale. — Henri Usslaub, C.
	Prusse. — Gustave Lichtenstein, C.
Nantes.	— — Hippolyte Pelloutier, C.
Noirmoutier.	— — François Pineau, V. C.
Paris.	Bavière. — Gittard, avocat, Agent.
	Hesse électoral. — Alexandre Bleymüller, C.
	Saxe royale. — Thomas Albrecht, C.
Paimboeuf.	Prusse. — Vandersluys, Mand. cons.
Rochefort.	— — André-Charles-Camille Guérin des Essards, V. C.
Rochelle (la).	Prusse. — François-Ant.-Gottfr. de Heimbach, C.
Rouen.	Prusse. — J. Rondeaux, C.
Strasbourg.	Bade. — (*Vacat.*)
	Bavière. — Jacob Hummel, C.
St.-Malo et St.-Servan.	Prusse. — André Bruneck, Mand. cons.
St.-Martin de Rhé.	Prusse. — Dan. Rivaille Dechézeaux, V. C.
St.-Valery-sur-Somme.	Prusse. — Rousselin-Michault, C.
	Prusse. — Hippolyte Cassen, Mand. cons. pour le cas de l'absence du consul.
Toulon.	Prusse. — Marius Crassous, C.

FRANCFORT.

VILLE LIBRE.

Francfort.	Bavière. — Anselm baron de Rothschild, C.
	Prusse. — Maurice de Bethmann, C.

GRANDE-BRETAGNE ET IRLANDE.

A : Angleterre. — E : Écosse. — I : Irlande.

Aberdeen. (E.)	Prusse. — Arthur Thomson, V. C.
Belfast. (I.)	— — Gustave Heyn, V. C.
Berwick-upon-Tweed. (E.)	Prusse. — James Sinclair, V. C.

BIRMINGHAM. (A.) Prusse. — G. R. Collis, V. C.

BRISTOL. (A.)   Prusse. — Harman Visger, V. C.

CAP (LE) (Afrique). —   — John King, C.

CORK. (I.)   —   — Reuben Deaves, V. C.

CORFOU (îles Ioniennes). Bavière. — Richard Peltzer, C. gén.

COWES (île de Wight). (A.) Prusse. — William Stuart Day, V. C.

DARTMOUTH. (A.) Prusse. — Rich. Langworth Hingston, V. C.

DEAL. (A.)   —   — Edward Iggulden, V. C.

DÉMÉRARY (Guyane). —   — Jean-Corneille Schade, C.

DOUVRES. (A.)   —   — Henshaw Latham, V. C.

DROGHEDA. (I.)   —   — James Carty, V. C.

DUBLIN. (I.)   —   — John Walsh, V. C.

DUNDEE. (E.)   —   — William Thornton, V. C.

EDIMBOURG et LEITH. (E.) Prusse. — James Gibson Thomson, C.

FALMOUTH. (A.)   Prusse. — George-C. Fox, V. C.

GIBRALTAR.   Bavière. — Henry-Fréd. Kaeser, C.

Francfort. — Ferdinand Schott, C.

Prusse. — Henry-Fréd. Kaeser, C.

GLASGOW. (E.)   Prusse. — Robert Sanderson, V. C.

GLOCESTER. (A.)   —   — William-Philipp Price, V. C.

GUERNSEY (île de).   —   — John le Marchant, V. C.

HALIFAX (Nouv. Écosse). Prusse. — Stephan Binney, C.

HARWICH. (A.)   Prusse. — Samuel Billingsley, V. C.

HULL, GOOLE et GRIMSBY. (A.) Prusse. — Henry Smith Bright, V. C.

JERSEY (île de). (A.) Prusse. — Philippe de St.-Croix, V. C.

KINGSTON (Jamaïque). Prusse. — Joseph Gordon, C.

LAUNCESTOWN (île de Van Diémen). Prusse. — James Henty, C.

LERWICK. (E.)   Prusse. — Andrew Sutherland, V. C.

LIMERICK. (I.)   —   — Francis Spaight, V. C.

LIVERPOOL. (A.)   —   — Otto Burchardt, C.

LONDRES. (A.)   Bade. — John Simson, C. d. com.

Bavière. — Adolphe-Fréd. Schätzler, C. gén.

Francfort. — Jean-George Behrends, C.

Hesse grand - ducale. — Le conseiller int. de
com. Bernhard Hebeler, C. gén. pour la
Grande-Bretagne et l'Irlande

Prusse. — Le conseiller int. de com. B. Hebeler,
C. gén. pour la Grande-Bretagne et l'Irlande
et C. pour Londres.

Londres.   Saxe royale. — James Colquhoun, C. gén.
                    Saxe-Weimar. — Samson Cahlmann, C.
                    Wurtemberg. — de Hebeler, C. gén.
Londonderry. (I.) Prusse. — Charles Stewart, V. C.
Lynn et Wisbeach. (A.) Prusse. — William Garland, V. C.
Malte (île de) (à la Valetta). Prusse. — R. Ferro, C.
Margate. (A.)   Prusse. — William Cobb jun., V. C.
Montréal (Amérique). Prusse. — John M. Tobin, C.
Montrose. (E.)   Prusse. — Robert Millar, V. C.
Newburgh et Perth. (E.) Prusse. — John Lowe, V. C.
Newcastle-upon-Tyne. (A.) Prusse. — William Losh, V. C.
Newfoundland (Amérique). Prusse. — Benjamin Scott, C.
Newport, Cardiff et Chepstow. (A.) Prusse. — Christ. H. Stone-
                    house, V. C.
Padstow. (A.)   Prusse. — Thomas Richard Avery, V. C.
Pensance, Mountsbay et St.-Ivès. (A.)   Prusse. — Richard
                    Pearce, V. C.
Peterhead. (E.)   Prusse. — Alex. Robertson, V. C.
Plymouth, Exeter et Fowey. (A.) Prusse. — John Luskombe, V. C.
Poole. (A.)   Prusse. — Edouard Patzker, V. C.
Portsmouth et Gosport. (A.) Prusse. — L. A. van den
                    Bergh, V. C.
Prince-Edward (île) (Amérique). Prusse. — James Horsfield Pe-
                    ters, C.
Quebec (Amérique). Prusse. — George Pemberton, C.
Ramsgate. (A.)   Prusse. — Edward Spencer Curling, V. C.
Scilly (île de). (A.) Prusse. — Henry Edwards, V. C.
Sheerness, Rochester et Faversham. (A.) Prusse. — W. W. Ben-
                    tham, V. C.
Schoreham et Brighton. (A.) Prusse. — John Brown, V. C.
Southhampton (A.) Prusse. — Charles Baker, V. C.
Stockton. (A.)   Prusse. — Christ. Martin, V. C.
Sunderland. (A.) Prusse. — George-Robert Booth, V. C.
Swansea. (A.)   Prusse. — Robert Dunkin, V. C.
St.-Vincent (Antilles). Prusse. — Robert Cumming, C.
Waterford. (I.) Prusse. — William Marchant Ardagh, V. C.
Weymouth. (I.)   —   — Joseph Horsford, V. C.
Yarmouth. (I.)   —   — Isaac Preston, V. C.

GRÈCE.

ATHÈNES.
Bavière. — Fréd. Strong, C. (et pour le Pyrée.)
Prusse. — (*Vacat.*)
Saxe royale. — Le chambellan et commandeur de Heidenstam, Chargé d'affaires de Suède et de Norvége, administrateur ad intérim du consulat général.

NAPOLI-DI-ROMANIA. Prusse. — Belisarius Paulides, C.

PATRAS.
Bavière. — André Condoguri, C.
Prusse. — André Condoguri, C.

SYRE (île).
Bavière. — Nicolas Prasakaky, C.
Prusse. — M. J. Salvago, C.

HAMBOURG.

VILLE LIBRE ET ANSÉATIQUE.

HAMBOURG.
Anhalt-Bernbourg. — Guillaume Süberkrup, C.
Anhalt-Coethen. — Chr. Frese, C.
Anhalt - Dessau. — Gaspard - Diedrich Modersohn, C.
Bade. — George Carpzov Gorrissen, C.
Bavière. — Adolphe chevalier de Hildebrandt, C. gén.
Brunswick. — George Parish, C.
Hesse électorale. — Edouard Jacoby, C.
Hesse grand-ducale. — Jonas Mylius, C.
Lippe. — Jean-Charles Schemmann, C.
Nassau. — August Schöne, C.
Prusse. — Le conseiller de com. W. Oswald, C. gén. pour la ville et le territoire de Hambourg, comme aussi pour la rive droite de l'Elbe, y compris Altona et Glückstadt, et la rive gauche, à commencer de Harbourg jusqu'à l'embouchure de l'Elbe.
Prusse. — C.-A. Stægemann, V. C.
Reuss (ligne aînée). — Fréd.-Ferd. Mayer, C.
Reuss (ligne cadette). — Pierre-Edouard Ferber, C.

Hambourg.   Saxe royale. — Charles-Ferd. Michahelles, C.
Saxe-Weimar. — Robert-Victor Swaine, C. gén.
Saxe-Altenbourg. — Le conseiller de légation Jacob-Henri Kerst, C.
Saxe-Cobourg. — Le cons. de légation Jacob-Henri Kerst, C.
Saxe-Meiningen. — Le cons. de légation Jacob-Henri Kerst, C.
Schwarzbourg - Rudolstadt. — Ernst Mämpel, C.
Schwarzbourg-Sondershausen. — Ernst Mämpel, C.
Wurtemberg. — George-Gottl.-Fréd. Schmidt, C.

HANOVRE.

Emden.   Bavière. — Charles Vocke, C.
Prusse. — Hüllesheim, C.
Leer.   Prusse. — Charles Schoelvinck, C.
Munden.   Bavière. — Jean-B. Holzmüller, C.
Saxe-Meiningen. — Le conseiller de com. Charles Willmann, C.

LUBECK

VILLE LIBRE ET ANSÉATIQUE.

Lubeck.   Bavière. — Charles-Henri Müller, C.
Hesse grand-ducale. — Conrade Platzmann, C.
Prusse. — Edouard-G. Kulenkamp, C.
Saxe royale. — George-Fréd. Pfeiffer, C.
Saxe-Weimar. — A.-W.-Charles Grammann, C.
Wurtemberg. — Georg-Fréd. Harms, C.

MECKLENBOURG - SCHWÉRIN.

Rostock.   Prusse. — Martin Kœster, C.
Wismar.   —   — G.-F. Krœplin, C.

MEXIQUE.

(ÉTATS-UNIS MEXICAINS.)

MEXICO.
Bavière. — Hermann Nolte, Ag. de com.
Francfort. — Adolphe de Bary, C.
Prusse. — Seiffart, Conseiller privé de la régence et C. gén.
Prusse. — François Schneider, C.
Saxe royale. — W. de Drusina, C. gén.

MATAMOROS. Prusse. — Charles Uhde, C.
MAZATLAN. — — Th. Kunhardt, C.
TAMPICO. — — Adolphe Meyer, C.
VERA-CRUZ. — — Antoine Hoffmann, C.

OLDENBOURG.

BRAKE. Prusse. — Jean-Aug.-Guillaume Reck, V. C.

(Voyez BRÊME.)

PAYS-BAS.

AMSTERDAM.
Bavière. — G.-Chr.-Charles Fickenscher, C.
Francfort. — A. Wittekind, C.
Hesse électorale. — Adolphe Deichmann, C.
Hesse grand-ducale. — Salom.-Bernh. Sichel, C.
— — — Jules-Bernh. Sichel, V. C.
Prusse. — D.-C. Splitgerber, C.
Nassau. — Frédéric de Rœssler, C.
Saxe royale. — Jules Bunge, C.
Saxe-Weimar. — Louis-Jean-Jacob Serrurier, C. gén. pour les Pays-Bas.
Saxe-Cobourg. — Jacob Willem van den Biesen, C. pour les Pays-Bas.
Wurtemberg. — Guillaume de Kiderlen, C.

DORDRECHT. Prusse. — J. B. t'Hooft, Mand. cons.
HARLINGEN. — — Dirk Fontein, V. C.
HELDER. — — Jean van Herwerden, V. C.
ROTTERDAM.
Bade. — J. H. von der Kuhlen, C. de com.
Bavière. — Charles Köhler, C.

Rotterdam.	Prusse. — Fréd. Carp, C.
	— — Pierre-Henri Schott, V. C.
	Wurtemberg. — Kiderlen, C.
Schiedam.	Prusse. — A. Prins, Mand. cons.
Texel.	— — Jean-Jac. Reinbach, V. C.
Tiel.	Bade. — P.-A. de Reuchlin, C. de com.
Flessingue.	Prusse. — Uyttenhooven, Dr., C. pour la province de Zélande.

PORTUGAL.

Lisbonne.	Bade. — Nicolas-Henri Klingelhöfer, C. de com.
	Bavière. — George Seidel, C. gén.
	Prusse. — J.-G. Poppe, C.
	Saxe royale. — Théodore van Zeller, C.
	Saxe-Cobourg. — Joaquino Rodriques Chaves, C.
	Wurtemberg. — Moser, C.
Madère (île de).	Prusse. — Francis Turner Borret, C.
Porto.	— — Robert van Zeller, C.
	Saxe-Cobourg. — Nicolas Kœpke, C.
Setuval. (St.-Ives.)	Prusse. — François Berens, V. C.
St.-Michel. (Açores.)	— — Henri Scholtz, C. pour les Açores.

PRUSSE.

Aix-la-Chapelle.	Bavière. — Xaver Kuetgens, C.
Cologne.	— — Le conseiller de com. Jean.-Chr.-Dav. Bartels, C.
Magdebourg.	Bavière. — (*Vacat.*)
Stettin.	Hesse grand-ducale. — Ferdinand Koch, C.

RUSSIE ET POLOGNE.

Arghangel.	Prusse. — Charles Brandt, C.
Arensbourg (île d'Oesel).	Prusse. — Jean Bazancourt, V. C.
Cronstadt.	Prusse. — Fréd. Winberg, V. C.
Libau.	— — Henri Soerensen, C.
	— — Jens Koch, V. C.

Kertsch. (Taurie.) Prusse. — Edouard Cattley, C.
Moskou.   Bavière. — Pierre Dreyer, C.
                    Francfort. — Louis Kupffer, C.
                    Hesse grand-ducale. — Fréd. Stutzmann, C.
                    Prusse. — Le conseiller de com. W. Rosen-
                        strauch, C.
                    Saxe royale. — François Brandebourg, C.
Narva.   Prusse. — J.-M. Drawe, C.
Odessa.   Bavière. — Josaphat Ettlinger, C.
                    Francfort. — Louis Stiffel, C.
                    Prusse. — Jean-Albert Bock, C.
                    Saxe royale. — Fréderic Ludolph Hansen, C.
                    Wurtemberg. — Bellino.
Pernau.   Prusse. — Chr.-Joachim Schmidt, C.
Reval.   — — (Vacat.)
Riga.   Bavière. — (Vacat.)
                    Prusse. — C.-H. Wöhrmann, C. gén. pour la
                        Courlande et pour la Livonie.
                    Prusse. — C.-H. Oelsner, V. C.
                    Saxe royale. — Edouard Stephany, C.
                    Wurtemberg. — Rapp, C.
St.-Pétersbourg.   Bade. — P.-C. Berg, Cons. de com.
                    Bavière. — Fréderic Walz, C.
                    Francfort. — Jean-Conr. Plitt, C.
                    Hesse grand-ducale. — Gottlieb-Louis Hauff,
                        C. gén.
                    Prusse. — Le conseiller de cour Ketzler, C.
                    — — Jean-Bernard Kempe, V. C.
                    Saxe royale. — Antoine Gütschow, C.
                    Wurtemberg. — Louis de Müller, C. gén.
Varsovie.   Prusse. — Balan, conseiller de légation et C. gén.
Wibourg.   — — Jean-Fréd. Hackmann, C.
Windau.   — — Hertzwich, C.

SARDAIGNE.

Gênes.   Bavière. — Jean-B. Penco. Ag. de com.
                    Hesse grand-ducale. — Marquese J. César da
                        Passano, C.

Gênes.	Prusse. — C.-E. Schmidt, C.
	Saxe royale. — Lorenz Matteo Oliva, C.
	Wurtemberg. — Marquese da Passano, C.
Nice.	Bade. — Le conseiller de com. J.-P Mages de Clavel, C. de com.
	Bavière. — Le conseiller de com. J.-P. Mages, C.
	Prusse. — Le conseiller de com. Avigdor, C.
	Wurtemberg. — Le conseiller de com. J.-P. Mages de Clavel, C.

ROYAUME DE SAXE.

Dresde.	Bavière. — Gottwald Hesse, C.
Leipzig.	Bade. — Fréd.-Alex. Gontard, C.
	Bavière. — Henri Schletter, C.
	Francfort. — Fréd.-Alex. Gontard, C.
	Hesse grand-ducale. — Guillaume Sulzer, C.

SUÈDE ET NORVÉGE.

(S : Suède. — N : Norvége.)

Arendal. (N.)	Prusse. — Hans Herlofsen, V. C.
Bergen. (N.)	— — A. Konow, C.
	— — L. Konow, V. C.
Carlskrone. (S.)	— — C. W. Palander, C.
Christiania. (N.)	— — Hans Faye, C.
Christiansand. (N.)	— — Le conseiller int. de com. Reinhard, C.
Drontheim. (N.)	Prusse. — Arila Huitfeld, C.
Gothenbourg. (S.)	— — Chr.-Fr.-Guillaume Willerding, C.
Helsingborg (S.)	— — C.-J.-F. Rooth, C.
Landskrona. (S.)	— — L.-A. Frys, C.
Malmöe. (S.)	— — H. Runnerström, C.
Stockholm. (S.)	— — Adam-H. Otto, C.
Tromsoe. (N.)	— — Rasmus Trane Skancke, C.
Wisby (île de Gothlande)	Prusse. — G.-N. Donner, C.
Ystadt. (S.)	Prusse. — Charles-Jacob Hemberg, C.

SUISSE.

ZURICH.   Saxe royale. — Martin Escher-Hess, C.

SAINT-DOMINGUE.

PORT-RÉPUBLICAIN.   Prusse. — Edmond Schlüter, C.

TOSCANE.

LIVOURNE.   Bavière. — Henri-Rudolphe Gebhardt, Ag. de
                        com.
                        Hesse électorale. — Henri de Stichling, C.
                        Prusse. — Chrétien Appelius, C.
                        Saxe royale. — Guillaume Hähner, C.
                        Wurtemberg. — Édouard de Mayer, C.

TURQUIE.

(ÉGYPTE, SYRIE, BARBARIE, MOLDAVIE, VALACHIE ET SERVIE.)

ANDRINOPLE.   Prusse. — Nic. de Giorgiovich, V. C.
ALEP (Syrie).   Prusse. — J. Picciotto, V. C.
ALEXANDRIE (Égypte). Prusse. — De Wagner, conseiller de léga-
                        tion et C. agent pour l'Égypte.
BEYROUTH (Syrie). Prusse. — De Wildenbruch, major et C. gén.
                        pour la Syrie et la Palestine.
BRUSSE.   Prusse. — (Vacat.)
BUKAREST (Valachie). Prusse. — Baron de Sakellario, C.
                        Saxe royale. — Baron Constantin de Sakel-
                        lario, C.
CAIRE (Égypte).   Prusse. — P. Bokty, V. C.
CONSTANTINOPLE.   Bavière. — Grég. Notara, C. de com.
                        Saxe royale. — George-Daniel Schneider, C. de
                        com.
CYPRE (île de).   Prusse. — Giacomo Mattei, C.
DARDANELLES.   Prusse. — Lander, C. ad interim.
GALACZ (Moldavie). Prusse. — Wedeke, conseiller intime de la
                        cour et C.

Jassy (Moldavie.) Prusse. — Neigebaur, Dr., conseiller intime de
            justice, C. gén. pour la Moldavie et la Va-
            lachie.
Jérusalem (Syrie). Prusse. — Schultz, Dr., C.
Patmos, Rhodes et Stanchio (îles de). Prusse. — (*Vacat.*)
Salonique.   Prusse. — A. Blunt, C. *ad interim.*
Saïde (Syrie).   Prusse. — J. Chasseaud, V. C.
Smyrne.   Bavière. — Théodore Baltazzi, C. de com.
            Prusse. — Le conseiller de com. M. Pezzer, C.

VÉNÉZUÉLA.

La Guayra.   Prusse. — Otto Harrassowitz, C.
Puerto-Cabello. Prusse. — Charles-A. Rühs, C.

FIN.

IMPRIMERIE DE F. A. BROCKHAUS A LEIPZIG

ERRATA.

Page 38, § 13, ligne 5, *au lieu de* pont, lisez : port
— 39 (note), — 2, — — Verklärungen — Verklarungen
— 68, § 3, — 12, — — qui leur seront — qui lui seront
— 91 — 30, — — opposés — apposés
— 116, — 26, — — Voir les art. vi et vi — Voir les art. 6 et 7
— 121, — 26, — — Eichhorn — Eichmann
— 123 — 3, — — à leur port — à leur bord
— 127, — 12, — — N° v — N° 5
— 129 — 17, — — § vii — Art. vii
— 177, — 8, — — Grünler, Beiträge des Königreichs Sachsen, 1838 — Grünler, Beiträge zum Staatsrecht des Königreichs Sachsen, 1838.
— 189 (note) — — — le grand-duché — les grand-duchés